经济的律动

读懂中国宏观经济与市场

徐远——著

中信出版集团 · 北京

图书在版编目（CIP）数据

经济的律动：读懂中国宏观经济与市场 / 徐远著
. -- 北京：中信出版社，2018.7（2021.2 重印）
ISBN 978-7-5086-8812-1

I. ①经… II. ①徐… III. ①中国经济 – 宏观经济分析 – 文集 IV. ① F123.16-53

中国版本图书馆 CIP 数据核字（2018）第 061599 号

经济的律动——读懂中国宏观经济与市场

著　　者：徐　远
出版发行：中信出版集团股份有限公司
（北京市朝阳区惠新东街甲 4 号富盛大厦 2 座　邮编　100029）
承 印 者：北京画中画印刷有限公司

开　　本：880mm × 1230mm　1/32　　印　　张：12　　字　　数：277 千字
版　　次：2018 年 7 月第 1 版　　印　　次：2021 年 2 月第 10 次印刷

书　　号：ISBN 978–7–5086–8812–1
定　　价：58.00 元

献给我的妻子唐涯和宝宝徐小唐

目　录

下篇 宏观金融笔记

第四章 利率是车

第五章 汇率是马

第六章 SDR 是个花架子

第七章 增长是个长期问题

推荐序

再谈知识过程与人生感悟

汪丁丁

二十年前，为祝贺《读书》复刊二十周年（1978—1998），我应邀撰文，标题是“知识过程与人生感悟”。

十二年前，我在搜狐博客颇费笔墨向年轻人解释知识是过程而非固定僵死的概念，不得不再贴此文。

今天，我这篇“再谈”，为序徐远（徐建国）这本新书，引述那篇旧文的开篇及全文发表于搜狐博客时我写的编者按语真是很合适的：这篇随笔发表在《读书》二十周年纪念号，汪晖约稿，我答应，但说好只写不超过五千字的文章。贴在这里，是因为我在回应中承诺要贴这篇稿件，为论证“经典作品不会过时”这样一个简单的道理，其实我在这里写的，是我自己对我的生活的感悟，远比一个简单的道理丰富。

理论，在消费主义的时代，便成了消费品。年轻又有才华的理论家，骨子里总是对“以前”的理论怀有不屑一顾的轻视。因为凡是“以前”的理论，必定已经有聪明人继承过和批判过，从而生出了新的理论路向与新的理论，视界既然已经被推向新的疆域，有什么必要“回顾”呢？把“回顾”交给专门负责回顾的历史家去做吧！

于是比我年轻许多的理论家们，会一边摇头一边向我指出某某的某个观点“说到底还是”某某理论里的看法，他们的意思说到底还是要“迎头赶上”所有这些理论，超越一切可以超越的。即便不年轻的理论家们，或许也会作如是说：这理论我见过，有如此这般的局限性，过时了。

能够意识到理论局限性的人，和想要超越一切可以超越的人，当然是有才华的理论家，当然不必是把理论当作消费品的理论家。

在什么样的前提下，理论就成了“消费品”呢？当我依照其他人的见解，尤其是依照“专家”意见，被告知某某理论的某某局限性，从而相信那理论是我不必去理会的时候，那理论便成了我的“消费品”。这里出现的首先是权威专家的反思性意见，其次是专家为理论贴上的标签化的超越自我经验的含义。

把理论当成消费品的倾向，只不过是消费主义时代“精神生活快餐化”的诸种现象之一。经济发展的结果总是提高了人的劳动生产率，劳动时间的市场价值从而日益提高。一方面是精神生活的投入品（书刊、影视、声乐、旅游……）的多样化与专业化，一方面是消费者的时间价值的增长，这两方面的因素合在一起，驱使消费者放弃普遍性的学习，转而依赖专家经验，由专家替消费者来挑选精神消费品。

在学术前沿的研究者与大众之间，出现了一群中介人，他们的社会分工是把学术转化为大众消费。于是当中国进入 90 年代后期时，专门负责生产“精神快餐”的报纸期刊的编辑们开始成为替大众读书的人。可是精神消费的这种“平面化”倾向是对精神生活本身的消解，而精神生活的消解意味着生活意义的丧失。

这后半句话的逻辑还可以这样展开：一方面，任何人生意义只有通过真实的生活才可能感悟到。而“生活”是专家无法替代的，

“专家经验”对于没有亲身体验的人来说不算是经验。另一方面，生活与对生活的理解是不可分离的，没有感悟到的“生活”对生活着的人来说不算是生活。知识，仅当它被当成一种过程来把握时，才具有个人意义。

我的论证分为三段（略去）。……生活是自己的，知识过程是自己的。而知识过程的极限，是信仰。我们无法知道作为整体的知识。我们的心智，靠着作为局部知识的个人知识过程与人生体悟的启迪，才有能力去信仰。我不能够把这信仰符号化，因为任何符号（上帝、神，……）都不确切。关于信仰，我能够说的只是：当你意识到知识过程的极限时，你便获得了信仰。

徐远这本书，分上下两篇。

上篇是他的“知识过程”——我最喜欢第一章“一个人的游学”和第二章的后半部分。徐远在 CCER（中国经济研究中心的初创时期）师从宋国青学习宏观理论，在杜克大学深研经济学、金融学和行为金融学，知识结构相当宽广。他在国家发展研究院讲授的课程是“金融经济学”“投资理论”“高级宏观经济学”。下篇是中国经济与金融时评，字里行间有他的人生感悟，我最喜欢第八章和第九章。

读完这本书，我意识到，徐远也许是朗润园年轻教师当中最堪学术远行的。

首先，徐远不善言辞，故而文笔甚佳，常有令人印象深刻的短句。其次，诚如怀特海所言，理解之前先有表达，而表达之前先有重要性感受。徐远有重要性感受——对具有根本重要性的问题保持敏感性，也许这才是朗润园学术传统的核心。

例如，讨论宏观经济波动，核心是资本回报率（物质资本与人力资本）及投资回报率的预期波动，这就是著名的“费雪公式”。徐远的叙事，上篇与下篇，凡论及经济与金融，他的议题里，这一核心意识（学术界简称“问题意识”）保持不变。

又例如，宏观经济学的基本问题，我始终认为是“集结问题”，徐远沿用宏观经济学教材的短语“加总问题”，即古典政治经济学家想象的“劳动”“资本”“土地”这三项经济要素的加总过程所包含的本质困难以及由这些本质困难引发每一位经济学家基于自己的“微观体验”与“宏观想象”关于微观经济活动各项投入宏观加总的基本假设。

徐远讨论“两个剑桥之争”时，批评“实际经济周期”学派虽大行其道却误入歧途。我在二十年前撰文《卢卡斯批判以及批判的批判》，对合理预期学派及经济学理性主义运动有类似的批评。

再例如，阿瑟在《复杂经济学》里反复强调，任何社会的任何制度都是在博弈中生存的——善于“钻制度漏洞”的人剥削那些不善于钻制度漏洞的人，于是有不满意制度的人努力改善制度，新的制度依然有漏洞，为剥削和反抗剥削的制度改善提供新的激励，这是社会演化的动力学原理。

徐远介绍纳什博弈论，特别以“市场在博弈中存在”为标题。满足“一般均衡存在性定理”的，是完备的市场，不是真实的市场。完备，故而不再演化。肖特尔（《社会制度的经济理论》）特别强调制度之为“规则”是博弈均衡的行为模式。徐远指出，诺斯的经济史研究（尤其关注演化路径锁入消亡的文明）与纳什的博弈论研究，殊途同归。

徐远在“得到”讲课，主题是城市研究及房价走势。与此相关的文章，配合徐远的上一本书《人 · 地 · 城》，收录在这本新的文集里，是我最喜欢读的章节。

古人善读书者，于无疑之处生疑。虽然，值得这样读的书，很少。消费主义的时代，知识服务型的中介努力督促作者以读者为服务对象。徐远写文章，对读者十分友好。也因此，我钦佩他。

2018年4月26日于奥克伍德酒店1582房

自　序

那人不在灯火阑珊处
——开放社会的经济分析

学人讨论治学，经常引用王国维的“三重境界”。从“独上高楼，望尽天涯路”，到“衣带渐宽终不悔，为伊消得人憔悴”，再到“蓦然回首，那人却在灯火阑珊处”，无数学人心有戚戚。尤其是“那人却在灯火阑珊处”，一句话让人潸然泪下。伊人依依，从未走远，楚楚立在街角，回眸可见。

可是，那人真的在灯火阑珊处吗？夜半惊起，拍案叫绝，是大彻大悟，还是一种幻觉？

大彻大悟的意思，是心如明镜，洞察了人世间的真理。可是，人类社会的演进，是一个开放的系统，无时不在变化当中，并没有所谓的终极真理的。明清的士大夫们可能“大彻大悟”了，可是到了鸦片战争以后，国人睁眼看世界，又哪有什么大彻大悟？

我们无数次的顿悟，不过是往前或者往后走了一点点而已。总体来说，我们依然处于知识的黑暗之中。比如说，迄今我们对人脑的规律知之甚少，依然在摸索的阶段。既然连认知的载体都不明白，谈什么终极真理？故步自封而已。

想清楚了这些，我对经济分析，就愈发谨慎。

所有的经济理论，都是对过去经验的总结。所有的分析工具，都隐含地假设过去的规律会重复。然而，世界是不断变化的，历史是不断演进的过程，我们并不处于静止的、重复的世界当中。因此，对于事件场景和边界条件的认定，是一切分析的前提。好在，很多时候，把场景和边界界定清楚之后，事情的症结就已经找到了。事情演化的方向，常常也已经清楚了。

比如说，我国企业杠杆率的上升，一定要放在2009年4万亿财政刺激的背景下看。很多企业在2009—2010年借到了钱，杠杆率已经上升了，这时候又来了宏观调控，结果只能是加重企业的利息负担，同时压缩了企业的营销和盈利，所以才有“越降越高的杠杆”。最后的解决方案，只能是时间换空间，撑不下去的企业慢慢退出。市场差不多出清之后，也就是宏观调控可以放松之时，这是2016年宏观松动、经济反弹的基本逻辑。

人民币汇率，是2015年汇率改革，也就是人民币不再盯住美元以来争论最热烈的一个问题。看空人民币，在很长时间内都是大多数人的主流观点，直到2017年下半年人民币的强势反转。看空方所依据的，无非是2010年以来中国经济的困境。其实，这一短期的、局部的分析没有抓住长期汇率变化的基本趋势。

第一，当今世界处于从单极世界到多极世界的转型中，美国地位的下降和美元的贬值是不可逆转的趋势，伴随的是欧元、日元和其他货币的相对升值。第二，中国经济的相对崛起，和美国经济的相对下降一样不可避免，随之而来的是人民币在中长期的相对升值趋势。第三，人民币不再盯住美元，使得短期内国内外居民有货币重新配置的动机，这是2015—2016年人民币短期贬值的原因，这一短期动机不改长期趋势。

基于这些基本判断，我一直看多人民币，在2016年、2017年初两次发文，写下白纸黑字的预测。幸运的是，两次都侥幸说对。

在这两个例子中，你可以清楚看到分析的思路，是把问题置于长期的趋势和短期的约束之下。分析的时候，做了点简单的加减乘除，做了点数据趋势的滤波分析，做了点弹性和稳健性分析，除此以外，并没有用到太多的量化分析，更没有复杂的模型。

相反，有时候用了复杂的量化方法，结果出来了自己也不知道怎么解读。其实不奇怪，复杂的量化工具往往要做结构化的假设，而这些假设背后的隐含假设，都是某种形式的稳态。说白了，都需要那人立在灯火阑珊处。只可惜，在经济分析中，并没有楚楚伊人，默默站立，等待你去发现。你试图追逐理解的，是一个变化的世界。这句话意味着，一切基于稳态的经济分析，可能都是在刻舟求剑。

最后对本书的上、下两篇做一个简单说明。

上篇是对经济学本身的一些反思，你可以看到我在治学道路上的挣扎和思考。一鳞片爪，不成体系，于我而言，这些文字加深了我对经济分析的理解，避免了盲人摸象，减轻了每次出手时的恐惧。授人以鱼不如授人以渔，希望我的这些反思，对你理解经济方法，使用经济分析工具有所帮助。

在对于经济开放体系的理解上，我受波普尔的影响很大。波普尔在《历史决定论的贫困》中说，我们不能依据过去的知识预测未来。波普尔的论证过程非常简单，其实就是三句话。第一句，人类社会的演进，是由知识的增长驱动的。第二句，知识的增长是不可预知的。第三句，因此人类社会的演进也是不可预测的。

波普尔的论证过程如此简单，几乎不可能错。如果波普尔是正确的，那么人类社会的演进就是一个开放体系，过去的知识和经验，并不包含对未来社会的所谓终极真理。如此，“大彻大悟”就只能解读为一种心理状态，一种自我心理满足，一种类似于“古寺青灯”的心态，而不是对社会变迁的终极理解，因为这个终极理解并不存在。

关于经济学的未来，我相信真正对于经济变迁有解释力的经济学，一定是基于进化论而不是决定论的。基于此，我看好带有演化思想的经济分析，而对带有稳态、封闭性质的模型和方法，抱谨慎的态度。在边界不变的情况下，这些方法有价值。对这些方法的使用正确与否，考较的不仅是对这些方法本身的了解，而且是对边界条件的把握。

下篇是一些具体问题的分析笔记，我尝试着使用自己理解的经济分析工具，去分析自己感兴趣的问题，主要是宏观和金融领域。具体而言，这些问题包括长期经济增长、短期经济波动、利率、汇率、美国和日本的经济形势、人民币加入 SDR、互联网金融、IPO 改革。选题并没有特别的重心，往往是当时重要，自己也有兴趣。对各方面问题的涉猎，也增加了我对全局问题的理解。

这些笔记是一些零散的分析，谈不上系统的研究，写作的时间大多在 2015—2017 年。侥幸的是，几年之后回头看，这些小文章大都还立得住。当初写的时候，都是尝试着下笔，是准备好被打脸的。

有句话是这么讲的。治学就像在漫长的隧道里穿行，大部分时间你身边只有黑暗，偶尔才会见到亮光。短暂的欣喜之后，你又重新走进黑暗。

其实，不仅是系统的研究，连写豆腐块小文章也是这样的。问题拿在手里，千头万绪，从哪里下手？好不容易找到思路，搜集证据又是很繁重的工作，找到的证据也不一定支持当初的猜测，很可能要推倒重来。很多时候，其实并不知道自己想的对不对。文章写完了，也往往是战战兢兢。最深的感受，是并没有想得很清楚，文章也并没有写完。

偶尔也有想得很清楚的问题，这时候你又想放下，因为已经想清楚了，不想再说了。所以，大部分时间，你都在黑暗中摸索，这就是学人的命运。

倘若有来生，不做学者，只想做一只特立独行的猪。

上篇　经济学的修行

第一章
一个人的游学——经济学到底是什么？

未名湖的海洋[①]

源起

恰逢北京大学中国经济研究中心（以下简称 CCER，2008 年更名为国家发展研究院）20 周年院庆，从在这里求学，到回这里教书，转眼竟已续了 17 年的缘分。从此间少年到渐生华发，众多师长，诸多往事，竟历历在目。

1997 年 9 月，我考进 CCER 读硕士，是 CCER 的第二届研究生。说起考 CCER，有一段小故事。1997 年 9 月入学的硕士，考试是在 1997 年 1 月，报名是在 1996 年 9 月底。准备考研的学子，一般前一年的暑假就要开始准备。我本来要考的是法律，因为本科时对于历史、法律比较感兴趣。可是 1996 年 9 月的时候，偶然得知新成立了一个 CCER，是由一批海外回来的博士成立的，立

① 本文成文于 2014 年 4 月 14 日，当时北京大学中国经济研究中心（CCER）筹备成立 20 周年院庆，黄益平教授动员大家写一点纪念性的文字。我曾在 CCER 念书，留学、任教海外之后又回 CCER 教书，遂写此文，回忆念书、留学、回归的往事。其中夹杂的，是对经济学和经济学方法的一点理解。

刻跑到研究生院的招生公告栏去看，居然看到林毅夫、海闻的名字，于是就很快转变主意报考 CCER。

当时已经 9 月下旬，记得离填报志愿只有 4 天。临时变阵不无风险，但是林、海二人在脑海里的印象深刻，也就义无反顾了。很多年以后才明白，人们的很多决策，其实是源于冲动，是所谓的理性无法解释的。

第一次见到林毅夫，是 1994 年冬天，在北大破旧的老二教的一次讲座上。当年的老二教如今早已拆得不见踪影，但是我对那一次讲座依然记忆犹新。林毅夫身材高大，思维敏捷，言语幽默，回答问题快速而清楚。那时北大学风很好，每晚上自习都要占座位，还有各种各样的学术讲座。林老师的讲座，是我听过的讲座中印象最深的。

当时懵懂，不完全听得懂，比较优势、休克疗法、东欧模式这样的词汇，还很陌生。后来才知道，林老师笔耕不辍，可能是唯一对中国经济变迁提出系统性解释，建立了自己的理论框架的人。

初见海闻，是旁听经济学院的课程。查无可查，记得应该是 1995 年春季。听学长说这个老师的课讲得好，于是早早在教室占座位。记得是在三教 101，三教就在五四球场的边上，现在依然还在。临上课时，突然有几个人进来说他们定了这个教室。海老师刚好进来，说我们也定了，且已经满满一屋子的人，对方只好作罢。海老师便开口笑言，这就是先占领市场的好处，尽显日后海老大的风范。

开始上课之后，海老师才让人见识到他的功力。我第一次见到一个老师，可以用一支粉笔，在黑板上把两国贸易中供给、需求、价格、福利的变化讲解得如此清楚。后来自己也教书，知道“台上一分钟，台下十年功”这句话的含义，自己不理解透彻，是决计不能讲得如此清楚明了的。此后多年，海老师一直是北大最受欢迎的老师之一，我一点都不奇怪。

还有一件小事情，促使我义无反顾地报了 CCER。得知 CCER 这个新成立的机构以后，就打听 CCER 在哪里办公，得知是在老地学楼，就在概率系老化学楼的对面，于是立马跑过去看看。本来是要咨询一点招生的事情的，可是跑过去之后，看到拥挤不堪的两间办公室，人来人往地在那里忙碌。因为拥挤，所以大家都是侧着身子过来过去。于是我什么都没有问，默默地在门前站了一会儿，就决定报考 CCER 了。

报考的时候，还不知道宋国青、周其仁、赵耀辉这些即将对自己产生深远影响的名字。

风平

CCER 一年级的课程，是蛮艰深的，有人称作是魔鬼训练营。主要的课程就是“三高”：高级微观、高级宏观、高级计量。高级微观用的是一本被称作“MWG”的教材，“MWG”是三个作者［安德鲁·马斯–克莱尔（Andreu Mas-Colell）、迈克尔·D. 温斯顿（Michael D.Whinston）和杰里·R. 格林（Jerry R.Green）］姓氏的第一个字母，书名叫《微观经济理论》（*Microeconomic Theory*）。本书第一版的出版时间是 1995 年，我们 1997 年上课就用了。此后很多年，这本书一直是世界上最好的博士项目一年级课程的教科书，后来我毕业后到美国杜克大学读博士，用的也是这本教科书。CCER 从成立起，就树立了很高的标准，由此可见一斑。

微观是经济分析的基础，MWG 的微观经济学，集微观经济分析之大成，是极好的教材。研二的时候，有机会担任一年级高微的助教，又学习了一遍。助教的工作是跟课，然后上习题课。不知当年给学弟学妹们讲清楚没有，但是自己再学一遍获益良多，倒是真真切切的。

相比微观，宏观要难一些。微观考校的基本就是逻辑推导能力。给定前提，会推导就行了。推导完了，意义也就明了了。虽然谈不上融会贯通，但基本也算是会了。基本“会了”之后，还有功力深浅之分，那就是另一层的境界了。

宏观不一样。宏观考校的不仅是逻辑推导的能力，还需要对经济系统的运行有比较全面的了解，对现实的情况要有一定的把握能力。不然的话，不知道自己推导出来的东西是什么。有时明明推出来的东西和现实不符，自己也不知道。错了还不知道，这是最恐怖的。因为这一条，我从不相信数学好的人就一定能学好宏观。

初识宋国青，是 1998 年春季，也就是一年级第二学期，听他讲授“高宏二”，即一年级第二学期的高级宏观经济学。宋老师用的是卢卡斯的教材，上课就开始讲模型，推公式，从卢卡斯果树模型讲起。记得当年有点被虐的感觉，因为模型前后线条太长，不太好缝上。前提假设说完了就是一大堆，然后开始推，然后还要加假设，然后再推，然后再说假设好不好，哪一个假设如何导致了哪一个结果，这个结果好在哪里，坏在哪里，怎么换会更合理。逻辑线条长了，头绪多了，就不太容易看清楚，前后不好连上。事后看，宏观讲究一般均衡，头绪自然多一些。

被虐之后，就心甘情愿选了宋国青做导师，有幸一直聆听教诲。此后多年，宋国青常常可以漫不经心地一句话点透你，功力尽显。智力虐待，何尝不是一种精神享受。

整个一年级的时间，同班同学的生活大致都一样，就是看书、上课、做作业。课程之外，还给胡大源老师做过一个学期的助教，课程是商务统计。胡老师做事情极为认真仔细，多年一直如此，CCER 的老师和同学们都是知道的。特别记得的是，有一次胡老师让我讲一个章节，课后说我讲课还不错，也使我增加了一点日后当老师的信心。

虽然课程重，但是大家都很充实。用现在的话讲，当时的幸福感很高。其实忙碌是 CCER 文化的一部分，半夜的时候老师们经常都在。据说老师开会都安排在半夜，因为老师们白天忙，开会很难排时间，晚上都来加班，安排开会反而容易了。学生忙，老师更忙，没有人有怨言。

一年级的生活紧张忙碌，风平浪静。

浸润

从二年级开始，就要真正开始学习做研究了。上课是走别人走过的路，研究是走别人没走过的路，其中甘苦，饮水自知。探索没走过的路，方向感、品鉴力就特别重要了。作为 CCER 的学生和教师，不好评述 CCER 的路数有多正，但是那几年在朗润园的浸润，铸就了自己对研究方法、方向的理解，定了以后做研究的调子，却是实实在在的。我脑子里的经济学方法论，可用三个关键词概括：“从现象出发”“约束条件”“真实世界”。

林老师的观点一直是“好的理论从重大的现象中来”。工业革命以来，英国、美国先后成为世界经济的中心，重大的经济现象先后围绕英国、美国发生，由此先后在英国、美国孕育了一大批经济分析的大家。现今，中国已经是世界第二大经济体，不出意外的话，很快就是世界最大的经济体了，许多重要的经济现象，已经开始围绕中国发生。对于林老师来说，脱离这个“最重大现象”的中国经济研究，都有缘木求鱼的危险。

同时，林老师又强调，经济分析不能脱离现实的“约束条件”。比如，“要素禀赋”就是最直接的约束条件，一国要根据自己的资源状况制定发展战略。从这里出发往前，其实就是“比较优势”了。中国是劳动力资源丰富的国家，当然要优先发展劳动力密集的产业。20 世纪 50 年代的重工业发展战略，违背了比较优势，因此事倍功半。而“比较优势”往前再走一步，就是“动态比较优势”。一国的要素禀赋不是一成不变的，而是随着发展阶段的变化而不断变化的，相应的产业战略也要随之变化，资本、技术密集的产业不断增加，劳动密集的产业相应减少。

大道至简，有用的理论往往并不复杂。多年以后，再仔细回溯日本、亚洲四小龙，以及中国改革以后的发展轨迹，其实都可以在这一框架下解释。看似简单，实则有用。这样的经济学，或者正应该是我们追求的。

周其仁老师刻在我脑子的，则是“真实世界”这四个字。记得当时周老师有一篇关于科斯（Ronald Coase）论文的读书笔记，题为《研究真实世界的经济学》。我看的版本，是 CCER 的工作论文，后来发表在《中国社会科学季刊》，收录在《产权与制度变迁》一书中。这篇读书笔记，写得荡气回肠，前后读了很多遍，出国的时候还带着，可惜后来丢掉了。周老师写字的时候一定用了心。用了心的文字，是不一样的。

周老师对于“真实世界”的强调，源于科斯。科斯很强调经济假设的重要性。经济分析中，“假设”（assumption）是避不开的，因为涉及对现实世界的简化，否则分析没法进行下去。好的假设，几乎就是好的研究的一半了。

科斯认为，好的假设要满足两个条件：一是要真实，假设真实推出来的结论才可靠，要不然怎么知道推导出来的东西靠不靠谱；二是易于处理，这样才能得出结论，否则分析没法进行。“真实且易于处理”，是科斯对于假设的基本要求。科斯针对的，是经济分析中对于真实世界的忽视。科斯曾说，当经济学家们发现他们不能分析真实世界里发生的事情的时候，他们就用一个他们把握得了的想象世界来替代。真是惟妙惟肖。

不得不提的，是米尔顿·弗里德曼（Milton Friedman）的实证方法论。弗里德曼认为，只要预测对了就好，至于预测的前提假设是什么，对不对，并不重要。在经济学日渐量化的今天，弗里德曼的方法论都有大量的拥趸。很多模型，对于假设是否合理并不关注，甚至根本没有明确的假设，而只有量化的公式。不过，这种模型对于“易于处理”的要求，是很高的。本质上，这是一种实用主义的考虑。

但是这种模型对于中长期的分析，往往效果一般。对于政策的分析，就更加无用。“中长期”的意思，是人们的行为方式会发生变化，量化模型难以包含这些变化，效果自然大打折扣。这时候，“真实且易于处理”的假设，就极为重要了。周老师看到了这种量化模型的缺陷，更看到了人们因为短期“实用”就忽视长期风险的倾向，因此更加强调要研究“真实世界”。以周老师的阅历，自然知道这里面的危险。真正的学者，免不了有时要不合时宜地“众人皆醉我独醒”。

与林老师、周老师不同的是，宋老师从未开口谈过方法论。作为宋国青的学生，多年观察的结果是，宋老师惜字如金，不愿多谈，一直忙于在复杂的真实世界里实践这些方法。他脑子里装了无数的现象，不停地考校着约束条件的变化，计算不同情况下的均衡结果。

经常可以隐约看到的情景，是宋老师飞速转动的大脑和语不惊人死不休的嘴巴搏击，隐隐有刀来剑往、火花四溅之势，看得人热血沸腾，叹为观止。超越自己，对于很多人来说或许只是一句心灵鸡汤，对于先生而言，却是多年来的身体力行。

宋老师对于逻辑的严密和精确有近乎宗教的偏好，因此偏爱数理模型。但是他从来不是模型的奴隶。模型只是他的显微镜，是他的工具。模型不适用的时候，他会修正、舍弃。他关注的，是模型能够带来的对真实世界的穿透力。他的出发点和落足点，始终都是实实在在的、重要的问题。对于那些“在约束条件下表现高超智力的经济学研究”（周其仁语），和周老师一样，他亦只是一笑而过。

作为导师的宋国青，教书育人的方式，是把问题像剥洋葱一样一层一层地剥开。只是，有时他剥得稍微快了一点，一下子就到芯了。

因为有幸得识 CCER 的老师们，我从不相信“中国人没有科学精神”这句话。回国教书已好几年，看到一些青年学生依然在科学的路上跌跌撞撞，不时被芒草割伤。

试水

课程的学习，更多是打基础。实际做研究，还是要上手“做”的，否则就是纸上谈兵。CCER 的诸多老师，都提供了这样的机会。而我试水上手做研究，要感谢赵耀辉老师提供的机会。

最早接触赵老师，是 1998 年秋季学期。当时我二年级，给她做一年级高微的助教。赵老师教学一丝不苟，至今依然记忆犹新。后来知道，赵老师做什么事情，都一样严谨。对于我自己而言，有机会再学一遍高微，是再难得不过的机会。每周都要把作业再做一遍，然后给大家讲。自己有了讲课的经历，体会到讲清楚比会做题难多了。对老师的尊敬，又多了几分。

助教工作期间，赵老师问我要不要一起做一点研究，我当然是求之不得，从此开始给赵老师做助研，持续了接近两年。赵老师说一起做研究，其实是客气，我其实就是研究助理，给赵老师打下手，借机接触一些实际问题。赵老师厚道，写文章加我的名字。

当初赵老师带我看过的几个问题，迄今依然记得清楚，现在对养老问题、就业问题、教育问题的理解，都得益于当初打下的底子。赵老师是芝加哥大学的博士，师从著名的盖尔·约翰逊（D. Gale Johnson）教授，分析问题丝丝入扣。其中印象最深的，是着眼的角度。芝大一派，讲究分析经济个体的行为，分析人们随着环境和政策的变化而进行理性的选择，这其实是“卢卡斯批判”的实质所在。赵老师时常问，这样做行不行得通，人们在没有约束下会如何选择，加了约束会有什么变化。

与上面分析方法对立的，是可以称之为“经济工程学”的一种分析方法。在“经济工程学”的分析里面，往往为了分析的简化，大笔一挥，人们就按照“经济学家”的指挥棒行事了。

其实简化并不可怕，人们做分析总要简化，简化完了自己要有数。可怕的是，分析完了之后，“经济学家”们会“忘记”自己做过这样那样的假设，以为真实世界就是他们假定的那个样子，忘记了推敲不同假设下的不同结果，忘记推敲不同结果的合理性。更有甚者，把推导出来的东西作为标准，把现实往推导结果上面靠，而不是根据现实修订推导结果，真是让人无语。

当上帝的冲动，看来不仅政客有，经济学家也有。周老师对于“真实世界”的强调，也是因为这样的“经济学家”太多了。怪不得，周老师有时会开玩笑说，“你们经济学家”。

最难忘的，是和赵老师一起改文章的情景。赵老师的办公室很小，改文章的时候一般是她坐在电脑正前方，我坐在边上，主要是她写我看着。印象最深的，是她对每一字句的雕琢，反复问我这么讲意思是否准确、是否到位，话有没有说过头，有没有意思没有表达出来，还有没有更好的表达方法。我时常诧异，原来写作的过程，可以发现很多新东西。本来脑子里有的一些模糊的东西，经过写作的打磨，可以发现其中的错误，推演出本来就在那里，但是自己却没想到的东西。培根（Francis Bacon）说过，写作让人精确，大概说的就是这个道理。

记忆里，这是我的写作入门课。言传不如身教，多年以后，我也这样改学生的文章。或者，这就是传承的意思。

启蒙

跟宋老师做助研，则如醍醐灌顶，开启了我对经济的理解之门。身为宋门学生，不好评说自己的老师。一定要说一句的话，不妨借周其仁老师金口：宋国青是中国宏观经济的第一人。宋老师守正出奇，语出惊人的风范，是坊间公认的。之所以奇，是因为想不到。问题是，他总能想到，别人总是想不到，这就奇了。

修习经济学的学生，大都会经历这么一个怀疑的阶段，怀疑自己学的东西到底有什么用。比如，高微的数学这么复杂，那么多看起来不合实际的假设、定理和数学定理一样复杂，怎么和经济现象联系上啊？这样严格的假设能用来分析现实中人们的行为吗？宏观模型就更离谱了，假设条件一大堆，推来推去没完没了，到底有什么用？这种迷雾，是初学者时常困惑的。我也一样。

宋老师带学生的方法，是给你一个有趣的题目，让你去看、去想、去体会。记得让我去看的第一个问题，是有关存货的变化。当时是 1998 年底的样子，适逢中国已经步入通货紧缩，实际利率上升。企业和家户对实际利率上升的反应，是减少消费、减少投资，特别是减少存货投资。在总需求的各个成分中，存货的波动是最大的。恰逢前几年中国的通胀率很高，这样企业和个人的存货水平其实很高。一里一外，那一轮去存货的过程可用“惨烈”二字形容。1998 年我国经济增速很低，“保 8”是街头巷尾的谈资，与存货的大调整有很大的关系。

当时的另一个重要现象，是银行惜贷。因为实际利率水平高，企业前几年又借了很多钱，这样债务负担就很重。债负重了，经营自然艰难，银行贷款的时候自然就很犹豫。加上当时加了一条“贷款责任终身制”，哪个银行经理还敢往外贷款？企业拿不到钱，通货紧缩当然就来了。朱镕基总理被称为“铁相”，有时确实够“铁”。

在这个简单的例子里，企业、家户、银行、政府都在里面，各方的行为都可以用教科书的分析来解释。对于存货大调整的周期，宋老师用看似简单的分析预见到了，大声疾呼经济下行的风险。因为亲历他的预见力，经济分析的魔力令人不得不服。

当然，宋老师抓住了当时的一个关键变量，就是实际利率的大幅变化，引起各方行为的变化，这就把很多现象都穿在了一起。这种提纲挈领的本事，当然需要很深的功夫。后来，和宋老师的对话中，屡屡能够体会到一剑封喉的功力。而且，在宋老师那里，这些似乎都很简单。从此我认定，世界上最好的分析，一定是很简单的。不能做到简单极致，往往就是没有真正理解。

当年宋老师有好多精彩观点，至今依然记忆犹新。1999 年的时候，宋老师就提出，未来 10 年，中国经济的支柱，是“房、车、路”。回过头来看，何其正确。其实后来问过宋老师，为何看得这么准。他手里仍拿着一支“三五”牌香烟，淡淡地说，还能是什么。

也是在 1999 年，有一个关于“南水北调”的辩论。宋老师是坚决反对南水北调的，因为经济上不合理，这么费劲调来的水，成本很高，根本没人用得起。替代的办法很简单，就是“北人南移”，放开户籍制度，让人口自由迁徙，人们自然就会向东南沿海迁移，工厂也开到沿海地区，减少华北、西北地区的水资源压力。在此基础上，辅以灌溉技术的改善，在需要的地方加大投资进行喷灌、滴灌，大幅减少水资源的浪费，华北、西北的缺水问题完全可以解决。

事后看，虽然“北人南移”的建议没有被采纳，“北人南移”变成了“北人难移”，可是不能掩盖其背后逻辑的正确性。每年几亿农民工浩浩荡荡地向东南沿海的迁移，就是这一逻辑的最好注脚。户籍制度，或是这个国家最大的一块硬伤。

宋老师当年有一句话，叫作“预测回头看”，意思是做预测要用事后的事实来检验、修正，否则不如不做。在经济学家的世界里，往往 10 个人有 11 种观点，个个都理直气壮，头头是道。多说无益，那就看谁的预测准吧。

CCER 聚集了一群学识与品格并重的师长。言传身教的影响，或是不经意之间的。周老师研究电信改革时那一句振聋发聩的话，“两个魔鬼，总好过一个天使”，是我知道的对竞争机制的最清楚的表达。周老师的另一篇文字《市场里的企业：一个人力资本和非人力资本的特别合约》，抽丝剥茧，丝丝入扣，成为我日后思考和写作试图模仿的一个典范。个人以为，这篇文章超越了科斯和张五常，是现代经济中对企业理论的最好诠释。周其仁常被称为是“最懂企业”的经济学家，头衔背后，是深厚的经验观察和理论修养。

易纲老师在组会上那一句“最重要的一点是什么”，则暗含了“大道至简”“融会贯通”之意，相信很多易门的学生都依然还记得。学生们往往说了很多，但是提炼不出“最重要的一点是什么”，易老师会退一步问，“最重要的三点是什么”。古人讲循循善诱、谆谆教导，大概指的就是这个吧。易老师很尊重别人，总替别人着想，他那一句“你们的时间贵着呢”，至今依然如在耳边。

暂别

2000 年从 CCER 硕士毕业以后，到美国杜克大学念博士，算是和 CCER 暂时离别。杜克位于美国东海岸的北卡罗来纳州，是南部名校。学校位于一片森林之中，风景宜人。我对“小镇”的喜欢，就是在那里养成的。

在杜克的日子，其实是蛮轻松的。由于有了在 CCER 打下的基础，一年级的博士课程并不觉得难。当时的高微老师是个牛人，拿着粉笔讲 MWG，而且清清楚楚。初到美国英语不好，但是得益于在 CCER 的基础，在高微课上还是敢发言的。老师是个妙人，你结结巴巴说一句，他就在黑板上加一笔，然后就很清楚了。

杜克是篮球名校，大多数学生都会几下，小伙伴们每周都会在篮球场上聚一聚。我对篮球的热爱，就缘于此。当时还练过网球，可惜以后日久生疏了。即便如此，高微、高宏、高计都轻松过关。一年级结束时的博士资格考试，也轻松过关。

真正犯难的，是开始做研究的时候，找一个博士论文的题目。周其仁老师早先讲过的果然不假，做研究最难的，一是批评，二是提问，比上课难多了。提出一个好问题，博士论文的题目就有了。可是提出好问题，需要很多的积累，很深的功夫。

最后发现，还是CCER期间的积累起了作用。记得曾经问过宋老师这样一个问题，宏观经济模型，往往都假设一个“代表性家户”，即经济体中的居民都是相同的，具有一样的禀赋，面临相同的约束，最后的优化选择也都是相同的。可是，现实中人们都是不同的，代表性家户推导出来的结果会不会有问题？

宋老师的回答一如既往的轻描淡写：由于异质性导致的问题在代表性家户模型里无法研究。言下之意，如果一个现象是由异质性导致的，那么就要引入异质性的考虑。言下还有一层意思，对于代表性家户模型可以解释的问题，如果异质性考虑只有边际上的影响，就不要过于分心考虑，除非这种边际上的考虑对于正在思考的问题非常重要。

那么这种异质性怎么办？抛开不管吗？该管的时候还是要管的。宋老师的回答里面的最后一层意思，就是这个。于是，我的博士论文，就是研究人们的异质性信念对资产价格的影响。

2005年博士毕业以后的第一份工作，是在香港大学任教。因为运气好，博士论文的第一章得以顺利发表在顶级期刊上，2007年，申请到了加拿大麦吉尔大学任教。加国冰冷，我对红酒的兴趣，就是那时候养成的。

读万卷书，行万里路。游学多年以后，思乡的情绪，越来越强烈了。

归来

2009 年 5 月，在香港大学做一个讲座，其间接到 CCER 的陈曦代表周其仁和巫和懋老师发来的邮件，问我是否愿意回 CCER 任教。我当然愿意，然后就回了 CCER。

周老师后来有一次在 CCER 的午餐会上说，劝我回来很费劲。其实他知道，我心早定。当初犹豫的，是回来以后发表会比较难，而发表是获得学术自由的必由之路。在这一行里的人才会知道，现在“发表”和“研究”其实是两个东西。高校里面的学者，发表完成之后，才能真正开始做研究。你看中国这么多有趣的现象，这么多重要的经济问题，但是高校里青年一代的学者却基本处于“集体失声”的状态。其实这一代青年学者的基本训练要比前辈好得多，只是忙于发表，没时间接地气。

这一点上，我特别佩服林毅夫老师。林老师的博士论文，做的就是中国 1959—1961 年的大饥荒问题，而且能够发表在一流的期刊上，发表和研究都不耽误。林老师一直强调“现象”，强调要关注“重大的现象”，而且身体力行，多年来一直研究中国经济发展中的重大问题。吾辈为五斗米折腰，整天忙于没有实际意义的发表，实是难以望其项背。

不过，周其仁的说服能力是一流的。何况，我内心根本不需要说服。人生苦短，做自己喜欢做的事情，是最重要的。即便不能完全如意，也不能完全放弃。经济学是社会科学，观察现象是第一位的。观察中国的现象，一定要在国内，感受这 13.5 亿人的脉搏的跳动。这一百多斤放在哪里，决定一个人能够看到什么，想到什么（周其仁语）。

回来的第一年，受命组织 CCER 的赛敏讷[①]，请了好多人来给讲座，平均大概一周两次，好不热闹，自己也借机学到很多。从 2000 年到 2009 年，九年间漂流海外，其间所做研究基本与中国的现象无关，其实是退步很多了。正好抓住机会补补课。

组织赛敏讷期间，有两个观察。印象最深的，就是我们确实缺少赛敏讷文化。赛敏讷的本质，是大家坐在一起讨论问题，一般是主讲人讲自己的研究，然后大家各抒己见，围绕这个研究展开批评、讨论。其中批评是最重要的，是学者交流的关键环节。客气话开头讲一句就可以了，讲多了不好。

赛敏讷的要义，是思维之间碰撞、激发，这样才能发现彼此的弱点、盲点，共同提高。好的经济学家，不是一个一个出的，是一批一批出的，比如芝加哥学派，出了那么多顶尖的好手。究其原因，互相批评，互相促进，是重要的一条。一个人自己想，再天才的人也会想错，会走弯路，甚至钻牛角尖，进死胡同。

CCER 的赛敏讷文化传统，算是好的了。记得当年念书的时候，林老师发言总是很积极。有一次杨小凯来做讲座，记得是 1999 年，讲的是中国式渐进改革和苏东式休克疗法的比较，来了很多人，包括德高望重的茅于轼老师。当时的争论很激烈，林毅夫和杨小凯的观点就不同。不过二人君子之争，后来杨小凯过世，林毅夫专门撰文纪念。君子和而不同，由此可见一斑。

茅老当时话很少，几乎未开口。大家争到激烈处，茅老开口说

---

① 赛敏讷的英文是 seminar，一般翻译为学术研讨会。考虑到一般的学术研讨会和我说的 seminar 大相径庭，基本不是一回事，故采用音译。

了一句“中国不能没有共产党的领导”，定分止争，大家都认。学者们讨论问题，角度不同，各有侧重，但又有谁会异想天开，妄想切断历史？除非是真的不懂。历史如此厚重，乃无数的苦难与智慧凝结而成，而游行请愿是不在其中的。我理解杨小凯无非也是担心发展后力不足，难以持续，而不是对休克疗法的肯定。

我从未参加过芝加哥大学的赛敏纳，据说那里的讲座，主讲人常常在第一页幻灯片就被打住，众人狂问不止，场面时常火爆。坊间传闻，有的主讲人被问哭了。真假不得而知，但是讨论的氛围可见一斑。芝加哥大学的教授们，就是在这样的氛围里，打磨出最好的文章，听来不禁令人神往。

学者的荣誉与尊严，在于把问题说清楚、把道理讲透。别人未必同意你的观点，但一定要觉得你有新意、有趣。其他的东西，并不能给真正的学者以尊严。林毅夫常说，“结论不重要”，怎么得出结论才重要，其实也是注重研究本身，包容不同观点的意思。

其次印象深的，是现在学生们的发言已经进步很多了。我念书那时候，学生在赛敏纳上很少发言，包括性格活泼、课下话很多的学生。记得清楚的，是汤弦当时在赛敏纳上比较活跃。可是到了我回来组织赛敏纳，学生时常发言，提问、批评、评论兼而有之，而且质量常常很高。短短10年之间的变化和进步，让人不得不侧目。因为这一点，我是从来不担心人们常说的“80后”“90后”问题的。

回CCER以后，有机会和以前的老师一起工作，继续向他们学习，当然是非常幸运的。卢锋老师主持的中国经济观察季度报告会，是重温中国经济问题的一个重要场所。学习不能白学，有时也做一点打杂的工作。当然也结识了一些新的老师和同事，黄益平老师对我的帮助就很多。

转眼回国已经 5 年，其间感受最深的，还是追随周老师看土地问题。念书的时候，周老师那篇《研究真实世界的经济学》的读书笔记，写得荡气回肠，每次重读都有心神荡漾之感。然而纸上得来终觉浅。当年没能和周老师出去调研，心中常常遗憾。回国后终于能够一了心愿，补上观察真实世界这一课。这一补就是 5 年，估计还要补更长的时间。

研究真实世界，是一句“知易行难”的话。跟着周老师跑了很久，还是不得门道。看着周老师在田间地头和老乡相谈甚欢，我这农家子弟却张口结舌，不得要领，常有“情何以堪”的感觉。参加了无数的座谈会，基本上都是周老师和对方数人对话，有时甚至是舌战群雄，我基本插不上话。看起来，先生多年如一日的坚持、努力和积累，不是看看就能学会的。

回 CCER，就像是回家。或者，不仅对学生而言如此，对老师也一样。你看黄益平不是也回来了，林毅夫不是也回来了。

家园

直至今天，依然怀念当年的老二教。老二教是旧式的建筑，有 6 个 200 多人的大教室，夏天很凉快，常常去那里上自习。老林的那次讲座，也是在那里上自习顺便听的，之前并不知道林毅夫。然而，就是这么一件偶然的事情，很大程度上改变了我以后的人生轨迹。

2009 年回 CCER 的时候，老二教早已拆掉了。有一次在新二教附近逡巡，目测新二教应该就建在当年老二教的原址上。

拆拆建建是常有的事情，本不奇怪。只是时常觉得，拆掉的不只是老建筑，也不只是我们这些“老人”的怀旧情怀，还有凝聚在建筑里面的历史和文化。建筑宛如雕塑，凝聚了设计者的匠心。屹立的时间久了，见证的风雨多了，建筑也会长出灵魂。立足她面前，凝视她的身姿，你会听到她安静的诉说，或大气磅礴，或沉静睿智，或凄婉哀怨。

机构也一样。创立者的品格和匠心，决定一家机构的文化和底蕴。时间越久，这样的底蕴就会越醇厚，如陈年的佳酿。

CCER 就是这样一个机构。创立者和元老们的学识与品格，与古典的北大情怀融合，形成了一种氛围，弥漫在朗润园，浸润一草一木。后人沐浴其中，自然如入芝兰。记得有一位学生说过，CCER 是“最北大”的地方。

正因为如此，不管走了多远，朗润园都是 CCER 学子的精神家园。

（本文写于 2014 年 4 月 14 日）

杜克的森林[1]

篮球名校

杜克大学坐落在美国北卡罗来纳州中部的三角公园地区，罗立、教堂山、德姆三镇三足鼎立，各自拥有一个很好的大学，颇有三国争霸的架势。

杜克位于德姆，是三镇中最小的。罗立是三镇中最大的，是北卡州的首府，也是北卡州立大学（NC State University）的所在地。统计专业的人都知道 SAS 软件包，就是北卡州立大学的作品，实力可见一斑。教堂山是个平缓的小山，似乎应该有座教堂，但我从没注意过。教堂山的大学叫作北卡大学教堂山分校（UNC Chapel Hill），是北卡系列中最好的，担得起“名校”二字。

三镇坐落在大片的森林中，附近还有大片的湖泊，算是个天造地设的好地方。在森林里砍树、修路、造房子，吸引一些高科技公司入驻，就成了一个科技园区。印象里，微软、IBM 和很多制药公司，都在这里有分部，做的主要是研发。这里环境优美，空气清

① 本文回忆在杜克大学的求学经历，夹杂着对学术与学问的理解和追问。

新，远离都市的喧嚣，你会感到每一个细胞都是自由舒张的，很适合科研人员工作。教堂山小镇上，有很好的小学和中学，杜克的医院也是远近闻名的好医院，解决了人们的后顾之忧。吃饭嘛，附近倒是没什么好餐厅。好在，大多数美国人吃饭不讲究。

这地方没多少名人，最著名的可能是篮球之神迈克尔·乔丹，毕业于北卡大学，文森·卡特也毕业于这里。篮球迷们大概还知道格兰特·希尔、肖恩·巴蒂尔、卡洛斯·布泽尔等 NBA 球星，这些人都毕业于杜克。杜克篮球队的教练，老 K 先生，功勋卓著，据说已经执教 30 多年，是杜克最有声望的人，远在校长之上。

还记得到美国的第一年，杜克就夺得了全美大学篮球联赛冠军，全校为之欢腾。庆祝的方式很特别，就是烧一条校园里的大长板凳。这样的板凳到处可见，往往有两三层，颇像小型的移动体育看台，供学生们闲坐聊天用。拖一条这样的板凳到教堂前的大草坪上烧掉，不知从何时开始成为一种庆祝的传统。看起来有点奇怪，其实也无伤大雅。生活需要一点仪式感，只要没什么大损害，为什么不呢？当时刚到美国不到半年，一心想多了解美国，和美国的同学们混得比较熟，记得是和同班的丹尼·韩格曼等人一起庆祝，看着本科生烧板凳。

中国人有瑜亮之争的情结，美国人也一样。杜克和北卡大学教堂山分校相距不到 20 公里，是一对欢喜冤家，大概是因为两所学校的实力相差不远，有的一争。杜克的综合实力强一些，北卡大学也不差，这样争起来才好玩。不管是朋友，还是对手，实力相近才会心有灵犀。对牛弹琴，终究是索然无味，是寂寞到极致才会做的事情。

瑜亮之争，在篮球上体现得特别明显。系里一些老师在杜克教书，但是住在教堂山的漂亮房子里，经常要选边站。在学校选杜克，在家里选北卡的人，估计也不是没有。瑜亮情结，或者是人类基因里的东西。听说，哈佛和麻省理工（MIT），斯坦福和伯克利，都存在这样的情结。

研究院生涯

念博士的第一年很轻松，做作业、考试，对中国人来说，向来不是难事。教微观的两位老师都是妙人，第一学期的托马斯·尼克巴（Thomas Nechyba），可以拿一支粉笔把安德鲁·马斯－克莱尔那本厚厚的《微观经济理论》讲清楚，从来不带讲义。当时英语不好，课堂上偶尔提问，也是结结巴巴。好在老师功力深，总能听懂，加一句话，或者在黑板上加一笔，就清楚了。

教博弈论的柯蒂斯·泰勒（Curtis Taylor）教授也是个妙人。由于先天的原因，泰勒教授几乎没有视力，他信任你的方式，是走路时收起盲杖，牵着你的胳膊，但是是他牵着你，不能是你牵着他。尽管没有视力，不影响他用语言把博弈论讲得很清楚。偶尔需要画示意图，就会请一个志愿者上台，根据他的指示画。一年级的博弈论，就是这样讲下来的。泰勒教授学术成就很高，当时担任《美国经济评论》（*American Economic Review*）的副主编。不时让我想起《阿甘正传》里面的一句台词：把上帝给你的发挥到最好。在自由的国度，的确是有很多人做到了这一点。

轻松过了微观和宏观两门资格考试，真正的研究院生涯开始了。此时，你要选一个导师，找一个有价值的题目，花三四年时间写一篇导师和指导委员会看得上眼的论文。导师一般不会放水，因为对他没什么好处，只会伤害他的声誉。所以，博士论文是真正的研究院生涯。

不过，读博五六年什么都拿不到，也过于残忍。慢慢地，圈子里形成一个不成文的规矩，如果你不进入北美和欧洲的主流学术市场，去业界或者主流以外的地方就职，系里会稍微松一点。程度嘛，不好说，有的人很松，留下个“好人”的形象。大牌的教授，则更爱惜羽毛一些，不会轻易放水。其实，这不仅是爱惜自己的羽毛，也是爱惜学生的羽毛。对学生严厉，让他在最好的年龄里读点书，学会思考，是终生受用的事情。没准那些小小的绒毛，能长大、长硬，有朝一日展翅高飞，谁知道呢？

出国前在北大攻读过硕士，师从宋国青教授。两年半耳濡目染，开始对宏观有了感觉，所以一心是想学宏观的。无奈造化弄人，当时杜克的宏观教授几乎走得干净，无师可从。一年级的老师肯特·金伯鲁（Kent Kimbrough）教授师出芝加哥大学，基本功很扎实，可是严谨有余，犀利不足，不对胃口。

人生的际遇，很多时候源于偶然。记得有一次参加系里的师生快乐时光（happy hour）活动，和一个拉美模样的年轻老师相谈甚欢，发现那家伙有很多想法，不像一个被框死的书虫。后来才知道，他就是系里当时最好的宏观教授恩里克·曼多萨（Enrique Mendoza），后来很快去了马里兰。我在杜克做宏观的最后一丝希望，也因此破灭了。其实，曼多萨教授当时也已差不多40岁了，只是潜心学问的人心思单纯，看起来像个年轻的博士生。

从第二年开始，主要的任务是听专业课和讨论班。辗转听了些微观理论、经济思想史、产业组织理论的课程和讨论班，虽然时有感触，但迟迟不得要领。就像一个年轻的小伙子，还没遇到激发荷尔蒙的那个姑娘。

看上去理性

辗转一年多，最后找到的商学院的皮特·卡尔（Albert Pete Kyle）教授，后来成为我在美国的导师。

第一次见到卡尔教授，就有相见恨晚之感。简单的自我介绍之后，卡尔教授直入主题，提了一些值得做博士论文的题目。当时的语境，是如何识别一个人的行为是理性还是非理性的，这事关经济学和金融学的基本假设。传统的理论，都假定人们是理性的，但是没有论证过，是作为“假说”存在的。“假说”的意思，是我们不知道对不对，暂且提出来，据此进行分析，有待后人去验证。好的假说，往往大大便利了分析，比如理性预期假说（Rational Expectation Hypothesis）、有效市场假说（Efficient Market Hypothesis）。非经济学的领域，比如达尔文的生物进化假说。

卡尔教授的猜测，是从实证的角度看，我们可能无法识别，因为理性行为和非理性行为产生的实证效果可能在计量上是无法区分的。迄今还记得他当初的问题：人们的行为可能看起来是理性的，但实际上是不理性的；或者人们的行为可能看起来是不理性的，但实际上是理性的，二者导致的数据结果如此相近，以至无法区分。

这两个问题看起来简单，其实动摇了20世纪50年代以来经济分析的基础。倘若回答是肯定的，更为行为经济学和行为金融学提供了最坚实的基础。卡尔教授是行为金融的实际奠基者之一，他提出这样的问题，其实并不奇怪。

这两个问题的负面因素，是从根本上否定了很多实证研究。倘若计量不能区分理性和非理性，也就不能区分很多东西，要计量何用？

在计量大行其道的今天，这样的想法几乎是人见人憎的。根本的问题，在于由于统计困难、模型设定等方面的问题，使得计量的“力量”（power）很低，能够给我们带来的确定性知识很少。从这个意义上讲，因为测量的准确度低，经济学的理论是高于实证的。理论功底不深的人做实证，纯粹是瞎掰，生产的噪声远多于信息。

后来在这个问题上花了前后大概一年，做了很多的模拟计算，就是为了得出两套不同的数据生成过程（data generating process, DGS），一个理性，一个非理性，可以产生非常近似的数据结果，无法用反向工程的办法识别。基本的想法，是二者的最大似然函数可能非常相近，因此在计量上难以区分。

迄今为止，我依然相信这个题目是很有意义的。可惜，这个题目在计量组汇报的时候遇到阻力，计量专家们认为缺乏新意。从计量的角度，是寻找区分度大的最大似然函数，而不是区分度小的最大似然函数。计量专家的自然反应是：如果区分度小，去找一个区分度大的。至于现实世界的区分度大还是小，计量专家们是不关心的，这是他们的职业素养和思维导向决定的。

因为这个阻力，后来不得不更换论文题目。尽管如此，我非常喜欢这段经历。这是对经济学的一次深入思考，对计量经济学的仔细玩味，同时加深了对方法论的理解。虽然只留下了电脑里的一堆草稿和程序，却是终生难忘、终身受益的经历。后来的博士论文虽然顺利过关，但是其分量没法和这些草稿相比。

杜克的计量是很强的。发明 GARCH 模型（广义自回归条件件异方差模型，主要用于金融资产收益和风险预测）的缇木·波罗斯莱姆（Tim Bollerslev）之外，计量组的乔治·淘肯（George Tauchen）教授，也是美国计量经济学会的会员。乔治·淘肯教授，也是一支粉笔打天下的主，计量课讲得之清楚，显示了几个甲子的功力。他的口头禅是“假设越多，结果越多”。换句话说，计量的结果，都是“假设”出来的。“假设”的好坏，显示你的功力和品位。

皮特·卡尔教授

和卡尔教授聊天，是我在杜克最难忘的经历。有大概一年的时间，大约是2002—2003年，每一两周找他一次，每次聊一小时左右。卡尔思路敏捷，语速很快，我当时英语不太好，只能勉强跟得上，每次都觉得很吃力，因为他的话信息量太大了。聊完了，会觉得脑袋很累，就抱着篮球到球馆投篮。杜克有东西两个体育馆，篮球馆都很大，白天经常可以一个人霸占一个篮筐。

一语中的，击穿世界，是真正高手的修为。找一个聪明人被他虐，是年轻学子提高自己的途径。那一年，潜移默化，形成了我对很多金融问题的基本看法。卡尔当时还是金融学的副教授，后来在马里兰大学（University of Maryland）拿到了讲席教授的职位，也算是功德圆满。

现在的年轻学者，不一定很熟皮特·卡尔这个名字。早些年，这个名字是很响亮的。据说，每年诺奖评选的季节，这个名字都会被人们提一下，大家都觉得他很厉害。然而，大家又觉得他希望不大，因为他的文章虽然犀利无比，无奈数量太少，要三五年才发一篇。也是因为这个，他虽然少年得志，很早就拿到了终身教职，但是做了很多年的副教授，最终远走马里兰。我不知细节，但是卡尔教授后来应该也不是很开心。

还听说一个故事。说新来的年轻教授喜欢找卡尔教授聊天，把他随口说说的小想法找数据做成论文，发在顶级期刊上。很多人靠这个功成名就，拿到了正教授，可是卡尔教授还是副教授。

卡尔的主要学术贡献，是在金融市场微观结构领域，据说他是这个领域的奠基人之一。他于 1985 年发表在《计量经济学》（*Econometrica*）上的论文，是经典中的经典，被无数次引用。“反复被模仿，从未被超越”这样的评价，大概是为这样的论文量身定做的。后来的很多论文，大都有狗尾续貂的嫌疑。

其实，这篇论文的发表版，并不是卡尔教授的本意。卡尔教授的本意，是看信息的垄断拥有者如何策略性地使用信息，从而在股票市场上获得最大的盈利。“策略性使用”这个词很重要，因为这意味着信息垄断者不能使用固定的规则，而是要玩弄市场。可是，这样的策略既然无法固定，如果不是反常的、异想天开的，至少是随机的。这样一来，显性的均衡几乎是不可能的，更不用说写成论文发表了。

为了发表，卡尔教授不得不修改自己的想法，加上了线性均衡的约束，求解出一个线性的均衡。这样的均衡，只能是多个可能的均衡中的一种，其对现实世界的解释力是不高的。要想真的理解世界，至少要解出所有可能的均衡，并给出均衡出现的密度和条件密度。进一步，要理解非均衡出现的可能性和向均衡演化的路径。这些，都是难以求解的问题。

已故的科斯教授曾经说过，经济学家理解不了真实的世界，就用一个假想的世界替代之。这一点，连皮特·卡尔教授都不能免俗。

文章是发了，而且风光无限，成为经典中的经典。可是，在心有七窍的卡尔教授的内心深处，这无异于一次自我阉割，颇有黛玉葬花的残忍。后来的金融微观结构理论，虽然偶有建树，但主要是在一条已经被阉割的道路上渐行渐远。

赛敏讷

研究院生活的核心，是赛敏讷。

说一句题外话。国内很少有真正意义上的赛敏讷，更多是“学者们”互相捧场，相互给面子的方式。消费研究经费倒是小事，更重要的是消费了学生和听众的时间，是种极大的浪费。时间长了，学生和听众没什么收获，慢慢也就没有了积极性。好在学生人多，像韭菜一样，一茬一茬的，这个游戏还能玩下去。

回归正题。一次赛敏讷，一般是请一个学者宣讲一篇较新的论文，大家倾听、提问、批评、建议。对于演讲者，这是一次梳理；对于听众，这是一次学习；交流切磋，相互提高。

讲课的人都知道，台上一分钟，台下十年功。平常上课讲的是已经成形的内容，赛敏讷讲的是最新的研究和思考，更加考验功力和深度。短短一个半小时，可以把一个人的毕生功力彰显无遗。

功力深的，内容新颖，见解独到，思路清楚，给人启发。功力浅的，就大不一样了。面对观众的提问，5 分钟就被扒光了，赤条条站在那里，窘迫可想而知。更浅的，是被扒光了还不知道，说些不着边的话，甚至强词夺理，令人啼笑皆非。此时大家也会宽容一点，点到即止，不用置人于死地，除非坏了规矩。比如，对问题置之不理，这样就是对邀请者的蔑视了，这种情况是极少出现的。遇到不能回答的问题，说句软话也能过去。

现在不少学生有一个很坏的“优点”，是说软话的本事一流，但是不肯花硬功夫，经常用“这是个好问题，我待会儿再回答你”，“这是个好问题，我们私下再讨论”，“这是个好问题，我是引用某大牛的做法”等话语搪塞。既然是个好问题，为什么要让别人等呢？你说清问题的机会来了，该好好表现才是啊？为什么要私下讨论？你引用别人的做法，有没有把这个做法的前前后后弄清楚？把问题的相同点和不同点弄清楚？再说了，万一这个“大牛”做错了怎么办？

其实，这样的话说出来，就意味着你不想探究问题，只想乞求过关，此时你已经不是学者，与乞丐无异。堂堂正正做什么不好，非要做个乞丐？学者以学问立身，腰弯下去容易，直起来就难了。

最精彩的赛敏讷，是不仅演讲者的水平不错，听众中也有高手，这样评论时出招凌厉，答问时接招巧妙，激发出最好的讨论。

这样的赛敏讷当然不多，甚至非常少。最难得的，不是台上那位，而是台下那位。很多人可能都会有一两篇好文章，朝思暮想之后，对自己的文章很熟悉，演讲、接招都能大致对付。接招的手段，取决于理解的深浅和格局的大小，是个功力的问题，倒也不必过于勉强。台下的那位，要对不太熟悉的文章很快抓住要点，点出要害，则要对整个文献框架都要有理解，不是头脑敏捷就能做到的。不是胸有丘壑之人，万难做到这一点。

能够做到这一点的人极少，卡尔教授，就是这样一位。毫不夸张地说，杜克的赛敏讷，就是卡尔教授的赛敏讷。没了他，会索然无味。其实杜克有很多传说中的大牛，比如凯姆·哈维（Campbell Harvey）教授，盛名远扬，后来担任过美国金融学会扛鼎期刊《金融学》（*Journal of Finance*）的主编，学术地位可见一斑。不过，在赛敏讷上，很少见到他问出一针见血的问题来。或者，是性格的缘故。

说起来，哈维教授也是功力很深的人。一次聊起来，他对我说，做论文要找一个重要的题目，这样即便只有很小的进展，也是很大的贡献。倘若你找了一个不重要的题目，即便有很大的进展，也是很小的贡献，而且很难延续下去。一句之师，没齿难忘。

其实杜克还有一位低调的牛人，就是构建了基于消费的资产定价模型（以下简称 CCAPM）的道格拉斯·布雷顿（Douglas Breeden）。他发表于 1979 年的文章，是 CCAPM 的奠基之作。多年以后我才慢慢明白，CCAPM 其实标志着古典金融学的终结。其后的 30 年，是行为金融学兴起的草莽时代。而布雷顿同志，早早离开了象牙塔学术圈，创立了自己的基金和其他企业，旗下管理基金达到 90 亿美元。据说，某一年他捐赠了 1 500 万美元给杜克商学院。

查一下布雷顿的简历，你会发现他的发表清单很短，几乎和卡尔教授的一样短。发表不多，影响不小，似乎是真正学术大牛的共同特征。布雷顿似乎有七窍玲珑之心，几乎是第一时间意识到了学术的终结，转向投资和实业。和几十年如一日倡导宏观金融学的芝加哥学术大牛约翰·考克雷恩（John Cochrane）相比，布雷顿的悟性似乎要敏锐很多。其实，金融圈子里几位真正顶尖的好手，都去了业界，比如费舍·布莱克（Fischer Black）、三福·格罗斯曼（Sanford Grossman）。

布雷顿当时是杜克富宽（Fuqua）商学院的院长，很少在赛敏讷上出现。偶尔出现，也是安静地坐在最后的角落里。偶尔的发言，会非常简洁，且犀利无比，有顷刻之间把人扒光的穿透力。布雷顿在的时候，能够感觉到卡尔教授的压力，发言略微谨慎。演武场上多了个高手，气场瞬间不同。回想起来，卡尔教授大多数时候应该是很寂寞的。

钱学森之问

能像卡尔教授一样引导赛敏讷的人，越来越少了，几乎难得一见。这样的人，须得“脑中有框架，胸中有丘壑”，谈何容易。除了自身的悟性和勤奋以外，还要多年的积累和沉淀。风云际会，才能成就这样的人才。粗粗想来，至少需要如下四个条件。

第一，需要一个悟性较高的人。这个不难，世间聪明人很多的。只不过，世间“千里马常有，而伯乐不常有”，很少有人能充分发挥自己的天分。

第二，这个人要有学术热情，对探寻世界的真相和本源有兴趣，这个就比较难了。聪明人很多，但是喜欢做学术的人不多。原因很多，其中重要的一条，是学术的特点是发现规律，外部性很大，但是对研究者本人的好处很小，不符合个人优化选择的原理。最后做学术的聪明人，终究是因为两个字：喜欢。

第三，遇到好老师也至关重要。俗话说，师傅领进门，修行在个人。修炼固然重要，可是也要有人领进门才行。方向错了，容易南辕北辙，越努力偏得越远。

现代科学，看起来是一堆资料、数据、公式，似乎就是计算、归纳、演绎。可是，不是天资聪颖、勤奋努力的人，就能做出好学问的。倘若如此，为何学术有先进和落后之说？现在的学术文献，可是全球共享的。进一步问，是不是运算能力强大的计算机就可以做出学问来？至少现在，这样的可能性还停留在科幻中。

问题在于框架和方向。功力深厚的老师，对格局和方向把握很准，避免在细枝末节上纠缠，找到重要线索知道乘胜追击，不至于手握金沙而不知往下继续挖黄金，所以才事半功倍，终有所成。

所有的科学，终究都是艺术。只有匠心独运的人，才能乐在其中，有所建树。好的老师，就是把自己的匠心传承给自己的学生。在大学里无人教书的时代，就不要再奢望这样的老师了。

第四，也是最重要的一条，这个人要能安心积累和沉淀很多年。社会科学不像逻辑科学（比如数学、计算机），聪明和天分固然重要，经验和积累也很重要。没有十多年的积累，很难融会贯通，形成框架，这就对积累和时间提出了要求。

这一点，几乎是致命的。醉心学术的人，往往心思单纯，否则难以专注，而专注是做研究的必要条件。其实很多聪明人的天分相差并不大，就看谁更专注，更沉得住气。

多年安心的积累，需要一个身心愉悦的小环境。金字塔不是奴隶修出来的，精密的瑞士钟表也只能由心情舒畅的匠人制造。身心受到压抑的人，心力大受影响，达不到好的状态，不但很难修炼功成，还容易走火入魔。漫长的修炼过程中，一旦心思散乱，思考力难以凝聚，事倍功半不说，就像中了化功大法一样，本来的功力也会消散，十数年心血付之东流。

现实中一些学术成就高的人，常常看起来木讷，其实是先天或者后天地对一些信息不敏感，这样不受干扰，反而有利于修炼。另一些悟性好的人，因为敏锐，所以敏感，抗干扰的能力差，看起来聪明伶俐，却不能足够专注，反而不利于积累，也是天性使然。心力一散，目光难以穿过表象，深入问题，只能大呼无奈。从肝胆俱裂到欲哭无泪的心情，大概只有自己知道。人类从有灵魂的那一天起，就找到了自己最忠实的伴侣：孤独。

现实中一些学术成就高的人，往往少年得志，早早确立学术地位，不理俗务，潜心修炼，终有所成。卡尔教授，大概属于这一类。当然，大多数少年得志的人不会选择这条道。学术终究是一种苦行僧式的生活，对绝大部分人是没有吸引力的。最终坚持的，只因为喜欢。某种意义上讲，贵族精神是学术的必要条件。你必须是一个精神上的贵族，不求别人的认可，只想做喜欢做的事情。

民国时代，出了一批学术好手，反证了学术是贵族的活动。你看流传下来的名字，大多不但出身名门，而且师出名门，年轻时就已经声名赫赫。还有一个可能的因素，就是当时的人们一心救国图存，以天下为己任，个人的考虑反而置之度外，客观上也是过滤干扰的因素。这样的心境，今天很难再有了。

中华人民共和国成立后，钱学森曾慨叹少见学术大师，后世称为“钱学森之问”。其实简单，学术需要安心地钻研和积累，需要自由的头脑与灵魂。枷锁之下，杂念丛生，心力大减，积累起来就难了。出类拔萃之人，小有所成之后，干扰变多，心力难聚，也往往半途而废。更有甚者，小有名气之后，就玩弄学术“权力”，故步自封，不仅压制了别人，也压制了自己。

学术是人类文明的奢侈品，是自由灵魂的分泌物。学术的金字塔，不可能由奴隶修建。对钱学森之问的最简单回答，是我们每个人灵魂里，依然住着一个奴隶，受惯了别人的压迫，翻身了又去压迫别人。

告别

杜克的时间过得很快，在那个小镇上，有一辆二手车，附近有超市、体育馆，生活甚是舒适安详，就像自由的鸟儿。

我的导师委员会的人都很友善。因为是自己挑的，脾胃也较为相投。卡尔教授、泰勒教授就不再多说了，丹尼尔·格雷姆

（Daniel Graham）教授也是一个老派的教授，看起来总是笑眯眯，话不多，但出言必有重点，时常犀利惊人。西蒙·热尔韦（Simon Gervais）教授异常热心，对我的博士论文提出了很多直接的建议，令论文添色不少。

可惜，美国学术圈这些年变色不少，潜心学术的人越来越少。发表制度下，大家都不得不变成发表机器，用好期刊上发表的文章数目争取学术地位，甚至是“学术权力”。“权力”一词一出，科学面前人们不再平等，是非不看对错，发表就是真理，也就不再有真正的学术了。

临行前去拜访几位教授，说几句感激的话。当时柯蒂斯·泰勒教授是经济系主任，向他感谢系里的培养，希望以后能替系里做点什么。教授淡淡地说不需要，这是我们应该做的。

杜克西侧，有一片不小的森林，里面有一家酒店，旁边是个高尔夫球场。在森林里面开辟了一个跑道，记得一共 4 英里[①]长，读书期间曾经去跑过几次，之后再也没有去过。

年岁不算大，惰性却渐长。不知不觉中，已经好几年没去过美国，没回过杜克。曾经珍惜的游历，曾经见过的天空，都慢慢模糊起来。捡拾零星的记忆，以防全部忘记。

（本文起笔于 2016 年 5 月 16 日，终稿于 2016 年 6 月 1 日）

---

① 1 英里 ≈ 1.609 公里——编者注

第二章

那些美丽的灵魂——诺奖获得者在说什么？

纳什：市场在博弈中存在

> 市场是在博弈中存在的。市场和繁荣的关系，更可能是“伴生”，而不是“因果”。

前两天经济学家约翰·纳什的突然离世，使得这位远离人们视线的学者再度引起人们的关注。不过，也就两三天而已。各种信息圈中就再也没有了纳什的踪迹，估计以后也很难再有。

一点也不奇怪。纳什不是电影明星，也不是体育明星，没有什么娱乐价值，流行媒体中当然没有他的位置。纳什是一个“语不惊人死不休”的思考者，理应远离人群，落寞远行。孤独是思考者的宿命，就像飞蛾扑火。反复地“扑”，直到翅膀被烧焦。思考者的宿命，是在思维中掠过闪电，讥笑这个浑浑噩噩的世界多么荒谬，把自己佩服得五体投地，把自己感动得稀里哗啦。然后痛哭一场，孤独远走。

张五常说过，学者文章的价值，是看30年后还有没有人看。张维迎说过，学者的使命，是呕心沥血作一幅画，挂在墙上，留给后人评判。今天的经济学已经病入膏肓的重要标志，就是拿今天的发表去评判人。往好里说，今天的发表是对未知世界的探索，其中无数结论一定是错的，这是探索的代价。往坏里说，发表制度下，“学者们”皆在寻租，真心学问的有几人。

所以，这是最坏的时代，学术的世界乌云密布，无知的雾霾在学术的外衣下升腾、蔓延。这也是“最好”的时代，因为学者实在太少，以至于没有竞争。代价，就是孤独。或者，学者本来就是要孤独的，就像飞蛾本来就要投火。

纳什无疑是幸运的。作为颜值不高、无甚娱乐性的人，居然可以作为人物原型上电影，在过世之前就举世闻名，当真是学者中的幸运儿。网上有一篇沈诞琦女士的文章，介绍了普林斯顿的糟老头子纳什。笔者也在学校里混饭吃，相信那才是真实的纳什。

纳什是个数学家。他对经济学的贡献，和“博弈论”三个字联系在一起。对于博弈论的理解，特别是博弈论在中国经济社会现象中的应用，张维迎教授功力深厚，笔者望尘莫及，也不赘述。笔者的角度，是经济学说史。想问的问题，是纳什在经济学 200 多年的进化中，到底处于什么位置？

不妨从亚当·斯密说起。斯密教授发表于 1776 年的《国富论》，被认为是现代经济学的开山之作，后世的经济学不过是在斯密著作基础上的修修补补。也有人说，斯密之前和同时代，都有很多重要的学者，比如大卫·休谟。其实不重要，一部如此重要的著作，必定有很多思想准备，斯密一定借鉴了很多前人和同时代人的思考。或者，我们不妨把斯密作为那一代学者的一个代名词。

重要的是，斯密说了什么？洋洋洒洒的一本巨著，将近 800 页，斯密其实说了很多。或者是因为书太厚了，读完的人估计不多。很多人读到“制针”的18道工序，就已经很烦了。然后大笔一挥，说斯密强调了“分工”的重要性。

好吧。这句话并没有错，分工在斯密的理论中的确非常重要。稍微往后面读几页的话，斯密强调了“分工的程度是受到市场的约束的”。在自给自足的经济中，分工是很不发达的，所以斯密强调的是分工和市场的重要性。

纳什的贡献在哪里？斯密说市场重要。纳什加了一句：市场是很重要，可是市场机制很多时候是不适用的，比如“博弈”的时候。现实世界里，大家都为自己考虑，钩心斗角的时候不在少数，导致的结果不但不一定有利于大家，也不一定有利于自己。最著名的例子，就是“囚徒困境”。抛开囚徒困境的细节不谈，其中最重要的结论是，各自都为自己谋划，反而各自都会伤害自己。

现实中，厂商也好、消费者也好、政府也好，无时不处于博弈之中，完全竞争性的市场很少存在的。博弈的结果，远比市场竞争复杂，具体情况、约束条件，甚至是随机扰动，都会改变结果。这时候，价格能够反映的信息就非常有限了，远远不是决策的充分统计量。斯密教授的市场带来繁荣的结论，也就需要反思了。

比方说，既然市场能够带来繁荣，为什么在这么多落后国家难以建立有效的市场呢？建立了岂不就一劳永逸了？问题问到这份儿上，答案也就不难了：市场的建立，也是博弈的结果。换句话说，在很大的程度上，市场或者是繁荣的结果，而不是繁荣的原因。至少，市场和繁荣是“伴生”，而不是“因果”的关系。

说到这里，纳什的贡献就清楚了。现代经济学无非是斯密《国富论》的拓展，而纳什则说了一句和《国富论》同等重要的话：市场固然重要，却是在博弈中存在的。

从这个意义上讲，纳什不是斯密的信徒，而是可以比肩斯密的人。

（本文写于2015年5月29日，原文标题为《比肩亚当·斯密的人》）

科斯：市场是有成本的

科斯教授的真正贡献，在于指出通向繁荣的市场不是“免费”的，而是有成本的。

对于科斯教授，中国的学者学生们再熟悉不过了。一代狂生张五常，最早把科斯的理论介绍到中国。温文尔雅、魅力四射的周其仁，也从不讳言最早从张五常那里得知了交易费用理论，并从此开启了他的“制度经济学”苦旅。

或者并不苦。至少，周其仁是时常面带微笑的。一条路倘若太苦，一定走不太远。不管别人怎么看，走的人要自己喜欢才好。“文化苦旅”这个词是极好的，感情色彩很浓。美中不足的，是“苦”字太重，“文化”反而成了装饰。

笔者从未见过科斯，煞是羡慕周其仁、薛兆丰等人和这位智者有面对面交流的缘分。生性愚钝，科斯的文章读过很多遍才有所悟，对他的敬意是很深的。前年科斯教授仙逝（科斯教授生于1910年，逝世于2013年9月2日，享年103岁），本想写一点纪念性的文字，可是当时情绪很低，写来写去，纸上也就“学者中的贵族”

几个字，黯然搁笔。

前几天数学家纳什突然离去，警醒于时间之流逝。那些在灵魂中划过闪电的陌生人，一个接一个离去了。于是不再拖拉，开始整理脑海中的那些碎片。

科斯教授著述不丰。在其百岁的学术人生中，文章不足100篇。加上文集、著作、评论、报告等，也就100篇出头。按今天的标准，可谓低产。不过，这一点也不影响科斯教授震烁古今的学术地位。山不在高，有仙则名。文不在多，一篇就够。

科斯教授最重要的作品，当属1937年发表的《企业的性质》一文。发表时，科斯教授只有27岁。写作时，只有25岁。感叹之余，不禁又想，或者正是因为年轻，没有受到太多教条的约束，才能有这么独到的见解。当然，细致的观察，缜密的演绎，不跳跃的逻辑，都功不可没。

1776年亚当·斯密发表《国富论》以来，劳动分工和自由市场带来经济繁荣的理念，是深入人心的。后来那么多的研究，最多可以算是这句话的注脚。科斯问了个一直被忽略的问题：既然市场是繁荣的钥匙，为什么还会有企业？为什么大家不“各自为战”，那不是完全“自由”的市场了吗？为什么那么多人要牺牲“自由”，“卖身”于企业呢？在企业里听命于上级，可是有背“自由”宗旨的呦？

经济生活中，企业是最普遍、最重要的存在。个体、合伙、公司，这各种形式的企业，是经济生活的主要载体。或者恰恰是因为太普通、太司空见惯了，人们一直没有认真想过，为什么企业会存在？用科斯的话讲，为什么在“无意识的市场海洋里”，会存在“有意识的企业孤岛”？

好的问题，是研究的一半。这个问题一旦提出，答案就不远了。科斯在调查了企业的实际运行之后，发现了关键所在：市场是有成本的，企业是一种节约成本的机制。

比如说，一个人“单干”的话，要同时处理上游购货、自家生产、下游销售等各方面的事情，运作的成本是很高的，也违反劳动分工和专业化的原理，不利于在竞争中胜出。于是，为了节约这些成本，大家不妨“合伙”组成“企业”。

“合伙”的方式可以多种多样，“合伙制（的企业）”是合伙，有限责任公司是合伙，现代的公司制也是合伙。即便是传统的“个体”企业，里面也有合伙的成分，只不过是通过“婚姻家庭关系”达成了合伙。至此不难看出，“平等”的市场合约和“命令性”的企业内部指令，从来都是人类分工合作的两种形式。

简言之，市场交易是有成本的，于是一部分交易转移到企业内部，企业内部的行政性“指令”替代了在市场中进行交易的“合约”，这是企业存在的根本原因。

故事到这里，还没有完。一“合伙”不要紧，就要有一个“谁雇用谁”“谁指挥谁”“谁向谁汇报工作”的问题。处理这些问题，也是需要花很大成本的。比如，厂长经理们要监督、激励员工，调动员工的积极性。员工没有积极性的企业，是不会有竞争力的。即便是奴隶，也需要激励，靠鞭子抽的效率是很低的。再比如，厂长经理们也需要约束、激励的。兵熊熊一个，将熊熊一窝，决策者胡作非为的话，企业差不多就完蛋了。

既然市场运行有成本，企业运行也有成本，那么什么交易应该在市场里通过“合约”进行，什么交易应该在企业内部通过“指令”进行呢？这个问题，问的是“企业”和“市场”之间的“边界”。这个边界，取决于“市场里的交易成本”和“企业内部交易成本”的权衡，当这两个成本大致相等的时候，边界就达到了。

所以，交易成本的理论，同时回答了两个问题：一是“企业的性质”，二是“企业的边界”。一个简单明了的理论，可以轻松回答两个基础性的问题，科斯教授观察、演绎的功力，实在令人佩服。

更妙的是，“交易成本”这个词一经诞生，就概括了上述讨论中所有的意思，真是一字千金，精妙无比，可以比肩的词汇不会太多。能够想到的，也就“围城”二字，有类似的效果。

故事到这里，依然没有完。交易成本理论的精髓，远不止于此。笔者鲁钝，多年以后才慢慢明白。

科斯教授的真正贡献，在于指出通向繁荣的“市场”不是“免费”的，而是有“成本”的。否则，如何解释在落后国家建立市场如此之难？企业的存在，不过是这一洞察的实证注脚而已。市场运作成本很高的时候，就会被替代，比如被“企业”替代，或者被“政府”替代。

迄今为止的经济学，已经把市场的好处说得很清楚了。未来的经济学，需要说清楚如何建立市场。

（本文写于 2015 年 6 月 6 日）

罗宾逊：被遗忘的世纪之争

学习经济学的主要目的，就是不受经济学家的欺骗。

——琼·罗宾逊

中国有句古话，叫“人走茶凉”。经济学的世界，更是如此。不管多么重要的理论，倘若当年力挺的大师不在了，后面又后继乏人，很快就会被人遗忘。曾经沸沸扬扬，几乎影响了经济学走向的剑桥之争，大概是最好的例子。倘若不是像我这样的老古董提起，今天的人们，大概已经不知道“剑桥之争”是怎么回事了。

所谓剑桥之争（又叫“两个剑桥之争”），是以美国麻省理工学院（地处美国麻省的剑桥镇）教授萨缪尔森、索洛、莫迪利安尼等人为代表的新古典综合派，和以英国剑桥大学（地处英国的剑桥镇）经济学家罗宾逊、卡尔多、斯拉法、帕西内蒂为代表的新剑桥学派之间的争论。

中国的学者，对于萨缪尔森、索洛、莫迪利安尼等人可能更为熟悉，这几位都是赫赫有名的诺奖得主。其实，罗宾逊、卡尔多等人的资历和声望，绝对在萨缪尔森等人之上。不说别人，罗宾逊是有史以来最著名的女性经济学家，世界级经济学家当中的唯一女性。倘若不是意识形态的原因，罗宾逊本有三项贡献值得诺奖：创立垄断竞争理论，发展补充完善凯恩斯理论，创立新资本积累理论。

更有趣的是，这场争论中，其实麻省理工学院的掌门人萨缪尔森曾公开承认自己的方法存在逻辑上的谬误。各位看官，掌门人说自己的方法有逻辑谬误，相当于公开举白旗认输。然而，这毫不妨碍他们的方法后来继续大行其道。

现在的经济分析，基本沿用麻省理工一派的方法，经常使用“总量生产函数”这一概念。简单说，经济的产出是由资本和劳动，在给定的技术条件下生产出来的。用数学函数表示，就是 $Y = F(A, K, L)$，其中 Y 表示产出，A 表示生产技术，K 表示资本，L 表示劳动力，F 表示 A、K 和 L 在一起能产出多少产品。对于一个经济体而言，Y 就是 GDP，A 就是生产技术，K 就是总资本存量，L 就是劳动力总量。

今天的宏观经济分析，就是在这样的框架下进行的。年轻的学生，已经把这一框架当作理所当然。不过，你若和做企业的人谈，他会问你，开餐馆的和剪头发的，还有炼钢铁的，干的完全不是一码事，怎么体现在这么整齐划一的生产函数里？

对此，新古典经济学家的回答是，这是个简化的表达，K 表示加总的资本，L 表示加总的劳动，Y 表示加总的产出。换句话说，所谓总量生产函数，不过是把不同行业、不同企业的生产函数加总到一起。那么问题来了，如何加总？餐厅和理发怎么加到一起？

答案不难给，经济中什么都有个价格。给个价格，再给个数量，二者相乘，就得到了货币化的资本、劳动、产出。这样一来，就可以加总了。比如说，你看一家上市公司的财务报表，会告诉你总资产多少，工资总额多少，销售多少，利润多少。这些，就是货币化的资本、劳动、产出，这就可以加总了。

这样看起来似乎对，分析也可以进行下去。想追问的是，这些东西的价格怎么定？现实中，我们知道资本品和劳动力的价格波动都是很大的。一台机器，买新的和二手的，价格差很多，到底应该用什么价格进行加总？两家差不多的企业，一家经营稳健，另一家流动性出了问题而破产，前者用很低的价格收购了后者的所有机器设备和工人，这机器的价格应该怎么算？

这里想说的，是资本价格的不确定性很大，波动也很大，很难找到一个大家认可的价格来对资本进行加总。教科书中，常常使用一个叫作资本边际产出的概念来衡量资本价格。在完全竞争的前提下，未来资本边际产出的贴现值就应该等于资本的均衡价格。那么问题来了，谁见过完全竞争的市场？即便是小农经营的农产品市场，也远远不是完全竞争的。现实中的市场，都存在一定的垄断性，程度不同而已。这样一来，资本的价格，就不是边际产出决定的了。

更重要的是，这里面有一个逻辑上的悖论。在总量生产函数中，为了加总计算资本的存量，需要知道资本的价格。为了计算资本的价格，需要知道资本的边际产出。而为了计算资本的边际产出，就需要先知道资本的存量。这样，就回到了逻辑的起点，进入了一个鸡生蛋、蛋生鸡的死循环。

需要说明的是，这里的资本价格，并没有考虑货币的因素，指的是资本的实际价格。倘若把货币，也就是通胀的因素考虑进去，问题只会变得更加复杂。

上述讨论，对于经济周期理论有直接的含义。你看，资本及其价格的波动都是很大的，加总得到的总产出的波动也就很大，这不就是经济周期吗？这一点，在凯恩斯的论述中早就出现过。凯恩斯曾断言，每一次经济周期，都伴随着资本回报率的大幅下降。而资本的实际价格，和资本回报率是高度相关的。因此，经济周期的变化，实际上就是资本回报率的变化。从这个角度讲，凯恩斯是触及经济周期的实质了。

只可惜，后来的经济周期理论，完全没有沿着这个方向发展，而是沿着“实际经济周期”（real business cycle）这个方向大行其道。不难理解，既然“主流”的经济理论已经采用了上述“总量生产函数”的分析框架，其中的资本已经是“给定”的变量，就业是个“滞后”的变量，那么主动变化、引起周期的，就只能是剩下的“生产技术”一项了。呜呼哀哉，本来资本只是个加总起来的中间变量，并没有实际的意义，但是分析中常常被当作实际的资本看待，真是让人哭笑不得。这样一来不要紧，加总过程中的所有精彩故事，都被轻轻地一笔勾销了。宏观经济分析，就此沦为数学工具的玩物。

回头看，这场“剑桥之争”事关经济学的走向。倘若经济学沿着剑桥学派的观点走下去，今天的经济学势必是另外一副样子。曾有一段时间，英国剑桥学派声称自己赢得了争论的胜利。然而，罗宾逊、卡尔多等人过世后，他们一派的观点再也无人提及，就像这场争论不曾发生过一样。一场决定经济学走向的世纪之争，就这样悄无声息地消失了。看起来，罗宾逊们赢得了辩论，却输掉了整个世界。

不过，严格意义上讲，他们输掉的，只是“经济学”的世界。“经济”的世界，该怎么着还怎么着。

（本文写于 2015 年 9 月 23 日）

诺斯：从历史出发

新古典理论根本就不宜分析发展问题，更遑论政策建议了。

——道格拉斯·诺斯

2015年注定是个不平常的年份，约翰·纳什和道格拉斯·诺斯两位巨星先后陨落。看起来，这两位经济学大师的人生轨迹截然不同。纳什的人生，充满了特立独行的悲剧色彩，在疯人院里度过了漫长的时间，因为离婚不得不一度依靠母亲照顾。而诺斯却有着一个学者难以企及的美满生活，享受狩猎、摄影、美酒、美食、音乐、田园风光，还喜欢驾驶飞机，巡航天际。

不过，倘若撩起二人的面纱，抛开两幅截然不同的皮囊，你看到的，竟然是惊人相似的灵魂。

在他们之前，对于市场如何运作、如何有效配置资源已经有了充分的讨论，但对于市场能否存在、是否稳定、如何形成、如何演化这些问题，人们却知之甚少。纳什和诺斯的共同点，是他二人都不把市场的存在作为前提假设，而是把市场的存在放在显微镜下拷问。

纳什均衡的思想内核，是市场无时无刻不在博弈中存在，个体博弈不一定达到新古典理论的有效均衡，甚至差之毫厘，谬以千里。对于大行其道的新古典理论，这是一个逻辑上致命的打击。可惜，人类是靠直觉和印象的物种。逻辑上的致命，在纳什那里是致命的，在现实中却可以云淡风轻。所以，纳什疯了。

对新古典理论的反思和批判，一个角度是逻辑，这是纳什的角度；另一个角度是经验，这是诺斯的切入点。诺斯的博士论文，写的是美国人寿保险的历史。正如诺斯自己所说的，历史的演化是“路径依赖”的。或许正是这一早期的切入点，培育了诺斯对经济史的兴趣。诺斯于 1966 年出版了第一本主要著作，题为《1790—1860 年的美国经济增长》。然后，他的兴趣转向了欧洲经济史。1973 年，另一本主要著作问世，题为《西方世界的兴起》。

据诺斯自己回忆，他在研究经济史的过程中，深深体会到新古典理论的局限，无法帮助理解社会和经济变迁。因而，诺斯开始寻找新的理论工具，由此导致了制度变迁理论的诞生。诺斯的制度变迁理论，集中体现在两部著作中：《经济史中的结构与变迁》和《制度、制度变迁与经济绩效》，先后于 1981 年和 1990 年出版。

在 1981 年的《经济史中的结构与变迁》中，诺斯抛弃了市场和制度必然有效的新古典假设，开始研究无效、低效的制度为何会存在。只有这样，诺斯才能回答“为何有的国家变得富有，而另一些国家保持贫困”这样的基础性问题。一扇通往制度变迁的门，就这样被打开了。后来引出的国家理论、社会意识理论，都是作为制度变迁中的重要因素而存在的。国家是制度的主要实施者和最后执行者，而社会意识决定了人们对于现象的理解和决策，深刻地影响制度演化。

这样，诺斯从历史出发，书写了一套制度变迁的理论。生活在发展中国家的人们，很容易被制度变迁理论吸引。无他，身边的很多变化，都可以归结到制度变迁。而且，发展中国家的人们，不需要回到遥远的过去，就可以观察制度变迁背后的驱动力量，颇有点“参与历史”的感觉。或者，这是为什么对制度的研究在发展中国家热火朝天，但是在欧美主流的学术圈，却几乎无人问津。

滑稽的是，就是这群对发展现象最多有走马观花的经验观察，对制度变迁理论不感兴趣的人，天天被发展中国家的人们请来把脉、问策。怪不得诺斯在他的诺奖致辞中强调：“新古典理论根本就不宜用来分析发展问题，更遑论政策建议了。”诺斯继续说道：“新古典理论谈的是（理想状态下）市场如何运作，而不是（摩擦状态下）市场如何发育。”

其实，即便是诺斯自己，也承认对于制度变迁的细节知识知之甚少。在诺奖致辞中，诺斯强调了社会和政治团体在制度演化中的重要作用，但是也坦承对于如何培养社会和政治团体知之甚少。诺斯尤其强调，现有的理论大多从欧美的历史经验中得来，对其他国家未必适用。不同国家的历史渊源、社会心理意识大不同，决策和行为的方式大不同，制度演化的路径必然也大不同。

也许，从历史出发，研究自己的社会形态和约束条件，放弃简单的制度移植和拷贝，是发展中国家的人们应该从诺斯那里借鉴的经验。

约翰·纳什和道格拉斯·诺斯，一个数学家，一个历史学家，殊途同归，完成了对新古典经济学的完美批判，拓展了市场分析的边界和维度。

2015 年，二位再次殊途同归。

（本文写于 2015 年 11 月 28 日）

契约理论：从“资本雇佣劳动”到“劳动雇佣资本”

> 工业革命后的早期，金融资本稀缺，人力资本只能附着在金融资本上，否则价值无法体现。“二战”以后，特别是20世纪70年代以来，金融资本越来越丰富，人力资本的相对重要性提升。人力资本开始具有股权融资功能，突破了“资本雇佣劳动”的传统说法，逐步转变为“劳动雇佣资本”。

奥利沃·哈特（Oliver Hart）和本特·霍姆斯特姆（Bengt Holmström）分享2016年诺贝尔经济学奖，可谓众望所归。二人的贡献，集中在合约理论（contract theory）上。显性的和隐性的合约界定人们分工合作的方式，是经济分析中具有基础性的问题。

霍姆斯特姆的贡献，在合约和机制设计领域。他的一系列发现，现在已经是经典，甚至上升为常识。比如说，员工的工资要和所有反映其能力的信息相关联，而不仅仅是员工自身的业绩和表现。举个例子，快递小哥的业绩，可能受到拥堵程度的影响，可以在其他小哥的业绩中体现出来。

再比如，对高风险员工的激励不能太强，否则高风险行业的小哥靠运气发财，努力的作用容易被风险淹没，反而不愿意努力了，就像赌博一样，还不如给个稳定点的收入，也好有个盼头。

机制设计的一个经典例子，是多任务下的激励机制。比如说，教师的工作是培养学生多方面的能力，包括阅读、写作、思考、创造力、交流能力等。倘若给教师的激励过于注重考试成绩，则会牺牲学生其他方面能力的培养（写到这里，不知为何觉得有点心有戚戚焉）。

霍姆斯特姆的文章不算太多，但是大多很精致，用严谨的模型说明简单的道理，而且应用很广泛。经济学发展到一定阶段，需要的就是这样精致的知识，不一定都要去做宏大的叙事。何况，这些应用广泛的简单逻辑，谁说就不重要呢？毕竟，每个人的激励问题，永远是经济生活中的大问题。

和霍姆斯特姆相比，哈特的着眼点颇有一点“宏大叙事”的感觉。哈特起手就关注了一个重要的现象，就是合约是“不完全”的。现实世界中，因为未来的不确定性太多，信息不对称，或者即便能观察到也很难提供切实的证据，无法进入诉讼，很多事项无法写入合同。因此，绝大多数情况下合同是“不完全”的。

那么，合约未尽事项，谁说了算？

这个问题映射到企业里，企业每天都要面对新的情况，谁来做决策？谁做老板，谁做员工？因为决策权影响企业的绩效、前景和收益分配，因此决策权分配也是个激励问题。

着眼点是大问题，切入点却可以很小。哈特教授与合作者的角度，是看谁拥有资产更有利于企业效益的最大化。答案也不难，就是谁的行为最难写入合同，决策权就给谁，这样这个人也就是剩余索取者了。换句话说，给他决策权和剩余索取权，其实就是一种隐性的激励机制，用来替代显性的，难以书写的合同。

举个例子，投资是企业最重要的问题，可是很难写进合同。即便写进去，也可以因为事后的各种原因而不一定能执行。观察过企业运营的人都知道，投资常常是说说而已，离实际投资还有无数的环节可以扯皮。一旦签了合同，各方已经被“锁定”了，即便不投，也还有“好死不如赖活着”一说，于是就继续将就，进入一种低效的合作。此时的一个办法，是把控制权和剩余索取权给要投资的人，变成他的激励。

故事讲到这里，一切近乎完美。问题是，这个理论上应该得到控制权的人，是个穷人怎么办？现在讲“大众创业，万众创新”，可是创业创新的人没有钱怎么办？啃老不是个好办法。互联网时代，很多创业者几乎是白手起家的。即便小有积蓄，或者已经挖到第一桶金，资金实力常常很不够。

在这里，我们触摸到人力资本在企业中的作用，这是企业理论的一个基本问题。企业的成功，依赖于企业家和各级员工的人力资本，以及他们持续不断地对人力资本进行投资。然而，人力资本的使用和积累，是难以写进合同的。如果我们假定人力资本是最重要的资产，那么企业就应该归人力资本的占有者所有。那么问题来了，这些人没钱，但是巧舌如簧，看起来就是一群大忽悠，让我们怎么相信他们。做股权投资、天使、私募、孵化器的，对这个问题应该深有体会。

现实中看到的，是一种叫作“共有产权”的设计。就是有钱的出钱，没钱的出人，讨价还价决定各自的股份，共享未来的收益和风险。

对于这个“共有产权”设计，可以从两个角度解读。第一种解读，这是一种激励机制。为了激励经理人和主要员工努力工作，把他们的收入和未来的企业表现挂钩，给股权激励。这一点，霍姆斯特姆有专门的文章论述。

第二种解读，可以看作是“劳动雇佣资本”。按照哈特的理论，人力资本密集的企业，应该归企业家和经理人所有。但是这些人没有足够的资金，于是就去“融资”，付出的是部分的股权。

两种解读都有道理，看你从哪一个角度看。霍姆斯特姆的解读，是从金融资本的角度，着眼点在于激励企业家和经理人。哈特的解读，是从企业家的角度看，着眼点在于用人力资本“抵押”，进行“股权融资”。

人力资本的股权融资功能，突破了“资本雇佣劳动”的传统说法。进一步，倘若我们预期人力资本相对于金融资本越来越重要，那么人力资本的融资功能会越来越强，“资本雇佣劳动”的传统说法，值得进一步商榷。

可以看到的是，工业革命后的早期，金融资本稀缺，人力资本只能附着在金融资本上，否则价值无法体现。“二战”以后，特别是20世纪70年代以来，金融资本越来越丰富，人力资本的相对重要性提升。正是在这样的背景下，人力资本开始具有了融资功能。

自从科斯教授的经典研究以来，企业的性质引起众多的关注。理解企业的本质和边界，是经济学的一个基础性的问题。张五常认为，企业无非是一系列合约的集合，是“企业合约”代替了“市场合约”，并无本质区别。张五常并没有错，可是错失了重要的问题。尽管都是合约，可是现实世界的合约很精彩，值得深究。

霍姆斯特姆和哈特等人的研究，提供了很多精细的知识。近年来的新变化，新的企业组织形式和融资形式，为更深入理解企业的合约性质，打开了新的窗口。

（本文写于2016年10月13日）

回报率预测：贴现率那点事儿

2013年的诺贝尔经济学奖，由三位美国金融学者分享，分别是尤金·法玛、拉尔斯·汉森和罗伯特·席勒。把这三人的主要研究工作穿在一起的，是“贴现率”这个词。

资产回报率可预测性与诺贝尔经济学奖

2013年的诺贝尔经济学奖，由三位美国金融学者分享，分别是芝加哥大学的尤金·法玛、拉尔斯·彼特·汉森和耶鲁大学的罗伯特·席勒，颁奖的理由是“对资产价格的实证分析”。得知消息后，我的第一反应是：谢天谢地，尤金·法玛同志再也不用抱怨没拿诺奖了。

把这三人的主要研究工作穿在一起的，是“贴现率”这个词。资产（股票、债券、房产等）的价格等于资产未来收益贴现到今天的现值，这是所有金融理论的基础。这一基本理论，最早在17世纪就有了完整而系统的表述。1671年，荷兰贵族杰恩·德维特出版了《永续年金的价值》一书，对于不确定性下的贴现理论进行了系统的阐述。

有趣的是，杰恩·德维特是当时重要的政治家，职位几乎相当于现在的荷兰首相，由于直接面对计算年金价值的实际需求，而且本人是那个年代了不起的数学家，才导致这一重要著作的诞生。可见，金融从一开始就是一个学以致用的学科，现代金融的诸多进展，无一例外都是由实际的投资、融资需求推动的。

把未来的收益贴现到今天，核心是一个贴现率，也就是明天、后天的一块钱今天值多少钱。反过来看，这个问题等价于今天投下去多少钱明天可以拿到一块钱。因此，贴现率其实就是资产的预期收益率，或者回报率。这些不同的词语表达的都是大致相同的意思。那么，到底是什么决定这个贴现率或者回报率？回报率可以预测吗？

资产回报率的可预测性，是人们投资决策中的基本问题。现实中很多人一边盯着 K 线图一边收集公司的基本资料，然后研读宏观经济形势、产业资讯、政策变化，自学经济学、金融学教科书，不就是为了找到一只好股票，获取高一点的回报率？然而这是可能的吗？

尤金·法玛：短期回报率不可预测

尤金·法玛的主要贡献之一，是在 20 世纪 60 年代以来的一系列研究中，确立了资产的回报率在短期内不可预测这一结论。所谓短期，就是一天、几天、一周、几周、一个月、几个月，直到一年这样的时间跨度。

通过一系列严格的统计分析，尤金·法玛和其他研究者发现，使用所有的公开可得的信息，是不能够预测股票未来的回报率的。一个解释是股票现价已经包含了这些信息，或者说股价已经对这些信息做出了恰当的反应，未来的股价变化只能由已有信息中没有包含的“惊诧”驱动。既然是惊诧，就是不可预测的，由惊诧驱动的价格变化自然也就是不可预测的。这个逻辑，就是著名的“有效市场假说”的基本内容。

法玛的这一发现，直接导致了消极投资和指数基金的诞生：既然回报率不可预测，大家就不要费尽心思挑选股票了，买个一揽子的股票，获取一个平均收益，是个不错的选择。

华尔街的人，大多对“有效市场假说”不以为然。倘若回报率不可预测，华尔街的人就是不做贡献白拿钱的，这个是万万不能同意的。那么，这里面的冲突根源是什么？完全是屁股决定脑袋吗？

有一点是很重要的。法玛的研究和几乎所有的验证“有效市场假说”的研究，使用的都是公开可得的信息，而且假定所有投资者同时获得这些公开信息，然后发现根据这些信息不能获得超额的回报率。这一看似简单、技术化的假设，其实直接导致了“短期回报不可预测”的结果。

试想，在现实中，大家获得信息的时间是不完全相同的，有人早一些，有人晚一些，早一些的人早买或者早卖股票，就可以获得更多的收益。因此，现实中炒股的人们机警、勤劳地通过各种渠道收集信息，力求做到早起的鸟儿有虫吃，还是很有道理的。走在曲线前面，哪怕一点点，也意味着巨量的财富，也就难怪人们呕心沥血了。

那么然后呢？这些行为会导致什么样的资产价格的变化规律？当人们勤劳地努力走在曲线前面，结果就是很多人越来越早获取信息，然后马上买卖获利。结果，这些信息就很快反映到价格里面了。于是，当后来的统计学家试图用这些信息预测未来的股票回报率，就发现没有预测力了。换句话说，统计学家使用的信息，已经是过时的了，也就难怪没有预测力了。这个，就是所谓“有效市场假说”背后的工作机理。

可是世间还是有早起的鸟儿，以及自以为起得早实际上起得晚的鸟儿，于是就有了赚钱和赔钱的投资人，这是现实中每天都在发生的现象。但是，这一点在自以为精细但是其实依然很粗糙的统计分析中，是根本无法识别的。

加一句题外话，相对于其他经济领域，金融市场的数据是很丰富的，但是依然不能识别很多重要的问题。统计和量化不能代替思辨，由此可见一斑。

这里面还有一层含义，就是市场是不可能完全有效的，也就是资产的回报率不可能完全不可预测。一个假想的反推可以帮助清晰说明这一点。倘若市场完全有效，就是完全没有获利机会，那么华尔街的精英们无利可图，只好给自己放长假，带着家人到沙滩、海岛度假，看着孩子捡贝壳。可是当很多人这么做，就没有人搜集、分析信息了，资产的价格也就不知道对什么做出反应了，于是“价格充分反映已有信息”这句话就成了“巧妇难为无米之炊”。这时候，有很多潜在的信息需要被收集处理，在海滩上捡贝壳的华尔街精英们会发现华尔街上又有了很多贝壳，于是回来捡这些更值钱的贝壳。当华尔街上的贝壳被捡得差不多了，一些人又去度假。这个逻辑，意味着市场的有效性是一个动态的均衡，既不可能是百分百有效，也不可能遍地都是获利机会。

这个有趣的逻辑，通常被称为“市场不可能完全有效定理”，由另外两位金融学者赛佛·格罗斯曼和约瑟夫·斯蒂格利茨发现，后者也是大名鼎鼎的诺奖得主，前者更是金融界公认的天才。赛佛·格罗斯曼不但学术成就大家公认，跻身超一流的境界，武林中大概只有“东邪、西毒、南帝、北丐”可以与其相提并论，而且他自己运营的基金也非常赚钱。后一点，学界的人其实没有几个人做得到。

说到这里，市场回报率短期不可预测的含义就比较清楚了，这无非是一个竞争获利导致利润变薄的故事。考虑到金融二级市场的参与者很多，二级市场上的高度竞争导致利润很薄，就很容易理解了。

罗伯特·席勒：长期回报率可预测

上文说的是股票回报率在短期内不可预测，那么长期可以预测吗？正常的逻辑，既然短期不可预测，长期就更难了。可是现实里面是怎样的呢？恰好是反过来的。罗伯特·席勒的主要贡献，是发现股票的回报率在长期，比如三五年甚至更长的时间跨度上，是可以预测的。

早在 1981 年，席勒就发现股价的波动无法用基本面的变化来解释。具体而言，席勒画了两条线，一条是市场里面实际观察到的股票价格，另一条是用实际观察到的未来很长一段时间的股利贴现出来的基本面价格，或者说是公司的基本面决定的股票的内在价值。因为有很长时间的历史数据，站在历史上的某个时点，未来一段时间的事情其实已经发生了。所以，后面一条线也可以画出来。席勒发现，实际的股票价格的波动远远大于内在价值的波动，也就是说股票价格的波动远远无法用后来实际发生的基本面的变化来解释。

这是一个很奇怪的现象，和传统理论的预测是完全相反的。从传统的理性预期的角度来说，现在的价格等于预期到的未来收益的现值，因而价格的变化取决于预期到的未来收益的变化。而实际发生的未来收益的变化包括预期到的变化和没有预期到的变化，因此应该比预期到的变化要大。所以，市场价格的变化应该小于，而不是大于未来基本面的变化。席勒的发现，与这个预测恰恰相反，不是差了一点点，而是在相反的方向上差了好多倍。

上面的逻辑有一点绕，所以举个例子来说明一下。在天气预报里，气象专家根据气象资料计算明天的天气情况，是根据今天的信息预测的明天的天气，这里面不包含突发情况导致的天气变化。因此，预报的天气变化应该小于实际发生的天气变化，因为突然飘来一片云下一场雨，是可以理解的，但是本来没雨，偏要预测下雨就很奇怪了。对应到股票价格，市场里观测到的价格是人们根据已有信息推算的价格，相当于是天气预报，未来实际发生的基本面变化相当于实际发生的天气，后者的变化应该比前者大的，而不是相反。

上面说的现象，实际上是股票价格的过度波动，股价波动的程度远远超过基本面波动的程度。观察过市场的人，大多对过度波动这一现象有直观的感受。很多时候，价格的大幅波动，往往基于子虚乌有的说法，过两天又回调过来。所谓股市泡沫，就是价格太高了，超出基本面能够支撑的价格，早晚要破灭的。

过度波动的另外一个表现形式，就是股价过高或者过低的时候，未来的股价会回调或者反弹，导致未来回报率很低或者很高，这一规律在美国历史数据中非常明显。比如说，1998—1999 年的时候，美国股市的平均市盈率很高，远高出历史平均水平，意味着股价太高了，未来价格要回调。当时席勒跑到美国国会去作证，说股市存在泡沫，而泡沫总是要破灭的，就是基于这个逻辑。2000年美国股市泡沫破灭，席勒因此声名鹊起。席勒后来预测房地产危机，也是基于类似的逻辑。一招鲜吃遍天其实不是坏事情，这一招如果很简单，就更是上乘武功了。

都是贴现率惹的事

理解股价短期不可预测与长期可预测这一悖论，关键在于贴现率。席勒的计算里面，有一个重要的假设，就是在计算基本面价值的时候假定贴现率是一个常数。从简化计算的角度来说，这本无可厚非。可是这里面的含义是，因为贴现率的变化导致的资产现值的变化，就全部被省略了。如果资产价格的变化主要是由贴现率的变化导致的，而不是未来收益的变化导致的，那么假定贴现率为常数就是把主要问题给省略了。丢了西瓜，专注研究芝麻，估计各位不搞学术的看官只好呵呵了。

从研究的角度，第一步就是要把贴现率的变化考虑进去，看上面的现象还在不在。如果考虑了贴现率的变化之后，长期的回报率还是可以预测的，席勒的结论依然成立，那么丢掉的也许不是个大西瓜，而是个小芝麻。

这一点并不容易，因为贴现率的变化很复杂，与收入消费的变化、经济周期、财富总量以及分布等变量都有关系。比如说，在经济衰退中，人们的收入紧张，消费也紧张，融资也比较难，这时候人们的贴现率会高一些，因为现在手头急需钱，明年的事情明年再说吧。反之，经济情况好的时候，贴现率会低一些，道理和存粮过冬差不多。更不容易的是，这些因素对贴现率的影响往往是非线性的，而传统的计量方法大多只对线性的关系适用，很难处理非线性的关系。

拉尔斯·汉森的贡献，就在于发现了适当的技术手段，可以处理这些复杂的变化。这种叫作“一般化矩估计”的方法，一经发现，就得到广泛应用，并且被应用到经济分析的其他领域。把所有实证研究加在一起，发现由经济周期、收入消费、财富总量、财富分配等因素导致的贴现率的变化可以解释部分，而不是全部的资产价格波动。换句话说，考虑到由经济基本面导致的这些贴现率的变化以后，长期回报率的预测性依然存在，人们必须寻找基本面以外的解释。

行为金融就是在这样的背景下被引入的。既然基本面的、理性的因素不能完全解释资产价格的波动，那么只好从其他地方找了。比如说，人们的投资行为也许受到周期性的情绪波动的影响。比如说，经济不好的时候，人们倾向于变得特别悲观，对于风险的容忍变得特别低，这时候人们要求的贴现率特别高。这实际上是在经济基本面变化的基础上加上情绪的变化，而且情绪的变化实际上放大了基本面的变化。于是，贴现率的变化比基本面的变化来得更大，资产价格的过度波动就迎刃而解了。

方向上，谁也不能说这种解释不对。可是，这也正是问题所在。科学的要义在于一个命题可以被证否。因此，进一步的探究，应力求推导出可被证否的命题，然后进行实证的检验。在这一意义上，行为金融还在襁褓阶段，处于用一些不完全理性的行为模式解释观察到的现象的阶段，还没有推导出大量的可被证否的预测，更没有进行仔细的检验。

把短期的不可预测性和长期的可预测性放在一起，更加说明一个问题，就是回报率的可预测性来自贴现率的变化。短期内，贴现率是不变的，或者变化很小的，因此股价的波动基本就是没有预期到的“惊诧”驱动的，自然不可预测。长期内，贴现率是可变的，现在价格太高意味着贴现率太低，未来贴现率会回升，因此价格就会回调，导致股价大幅降低。

回过头来重新审视席勒 1981 年关于股价过度波动的发现，你会发现其实席勒是一个作了弊的孩子。这里的逻辑很简单。股价的变化要么是未来收益变化导致的，要么是贴现率变化导致的，因为只有这两个可能性。席勒先假定贴现率不变，然后发现未来收益率的变化不能解释股价的变化，这是因为席勒已经把大部分的变化假定掉了，过度波动的结果实际上是假定出来的。不过，高明的作弊，就是作了弊，还让人觉得很有道理，很新奇。这一点，席勒做到了。

文章最后，似乎要对 2013 年的诺奖做个评价。国人对于诺奖的膜拜，早就超过了科学理性可以解释的界限了。其实国内一些资深学者的学术功力，特别是对于中国经济现象的观察，对于中国经济问题的理解，是任何西方学者都不可能比拟的。

如果一定要对诺奖的发放置评的话，我只好说经济学里面公认基础性建设的时代已经过去了，我们可能很难再有凯恩斯、哈耶克、科斯、阿罗这样的人物了，就像物理学中牛顿的时代也早已过去了。近代的研究，都是在边际上的推进和修正，其中不乏功力深厚的学者，都可以获奖，大家举杯祝贺一下，然后各忙各的。下一个基础性的贡献，要等待基础性的经济现象来催生，要等待基础构架的重新建立。一个多月前逝去的科斯教授看好中国，我们大概也都希望科斯是对的。

（本文写于 2013 年 10 月 22 日）

萨金特和西蒙斯：因实证政策研究而获奖

> 托马斯·萨金特和克里斯托弗·西蒙斯在经济学界都大名鼎鼎，在理性预期、动态优化等理论研究领域的造诣而广为人知，他们获诺贝尔经济学奖却是因为“宏观经济中因果关系的实证研究”。

2011 年的诺贝尔经济学奖授予纽约大学的托马斯·萨金特和普林斯顿大学的克里斯托弗·西蒙斯，以表彰二人对于“宏观经济中因果关系的实证研究”。

这二位在经济学界都是大名鼎鼎，著述颇丰，获奖并不奇怪。值得琢磨的，是获奖的原因。这二位的研究领域很广泛，但主要是因为在理性预期、动态优化等理论研究领域的造诣而广为人知，那么为何因“实证研究”而获奖？

萨金特的主要获奖贡献是发明并且应用结构性计量方法，分析货币政策的实际效果。为了理解这一贡献的重要性，让我们暂且回到 20 世纪 70 年代。当时美国等发达国家陷入滞涨，也就是经济停滞与通货膨胀并存，这是之前人们没有遇到的现象。第二次世界大战结束后的20世纪五六十年代，凯恩斯主义大行其道，政府采取积极的需求管理政策，每逢经济不景气就使用货币和财政政策刺激经济，增加需求促进就业，付出的代价就是通货膨胀率的上升。用通胀换就业，是需求管理的如意算盘。然而70年代发生的新情况是，通胀没有换来就业和增长，以前的分析哪里错了？

错在以前的实证分析里没有考虑预期的变化。20世纪五六十年代的平均通货膨胀率较低，人们预期通胀也较低，货币供给增加后需求就会上升，导致就业上升，同时由于需求大于供给，导致通货膨胀。但是这种做法实行一段时间以后，人们的预期已经调整，知道货币增加之后会带来通胀，实际需求和就业的增加也就有限了。因此，到20世纪70年代，通货膨胀率的上升，并没有换来就业的增加。以前的分析没有考虑到通胀预期的变化，所以误认为可以用通胀换就业。萨金特的重要贡献之一，在于发明了结构计量的方法正确测度预期的变化，从而使得正确评价货币政策的效果成为可能。

从上面的简要回顾中可见，萨金特的获奖成果，起源于实际的经济问题，而且是政策问题，他致力于发现分析政策问题的有效方法。萨金特的实证方法，是在当时先进的理性预期理论的指引下发现的。没有对理性预期理论的深刻理解，难以想象会实现这一目标。而且，萨金特并没有死守理性预期的教条，而是创造性地引入了人们对于政策变化的学习过程。这一方法一经发明，就可以推广、改进和应用，对后来的研究产生了深远的影响。

与萨金特一样，西蒙斯的获奖成果也是源于对实际政策效果问题的关注。宏观经济分析中，许多变量，比如GDP、通货膨胀、利率、投资、就业等，都交织在一起，因果难辨。倘若采取了一项政策，其效果也难以评价。西蒙斯首创了向量自回归的方法，来分解政策变化的实际效果。回过头来看，这一方法并不复杂，但是直到现在，实际效果依然非常好，超过绝大多数的大规模计量模型。这二人创造的实证方法着眼的角度不同，方法上有互补性，为后人研究宏观经济变量之间的因果关系奠定了基础。

倘若翻开经济研究的历史，那些真正对学科发展有影响的研究，大都是从现实生活当中的重大经济问题出发，特别是从政策问题出发，在理论的指导下，寻找恰当的视角、方法进行分析。比如说，弗里德曼为理解消费的变化而提出恒常收入假说，提供了理解消费变化的基准，而消费是最重要的宏观经济变量，是理解投资、就业、通货膨胀等变量的基础。再比如理查德·斯通在国民经济账户体系的发展中做出了奠基性贡献，极大地改进了经济实践分析的基础，现在每个做经济分析的人都从中获益。严格来说，国民收入核算表中并没有太多的理论可言，但是其对于经济分析的影响却谁也无法否认。

经济学本来就是理解经济现象的科学，好的研究应以重大的经济问题为对象。选好了研究问题，还要有好的方法。萨金特和西蒙斯两位掌握了当时先进的理论，选准了宏观政策的实际效果这一重大的问题，意识到当时使用的方法中的错误和不足，并加以改进。因此，他们的工作对后来研究产生了重大影响。这些，对后人的经济研究应该有所启示。

首先，学者应从现象出发，特别是应该关注国内经济生活中的重大现象。从现象出发，是经济学者思考问题的出发点，对中国的经济学者更应该是这样。中国经济改革中存在大量的变化，有大量的问题值得研究。萨金特的研究，就是源于对通胀和就业二者关系发生变化这一重大现象的关注。

其次，从解决问题的角度分析问题，学者可能会有新的发现。经济分析中常见的一种思路是，倘若市场是完全竞争的，倘若法律制度是完善的，倘若价格是合理的，等等，那么结果会怎样怎样。这样的分析方法用一个假想的标准来要求现实，对现实中存在的各种约束没有给予足够的重视，思路过于简单，容易产生有偏差的结论。中国的经济处于转型之中，变化比较复杂，在使用西方标准的经济分析时应该谨慎小心，注意约束条件的变化。这不是说中国有一套特殊的经济理论，而是说每一个问题都有其特殊性，了解这种特殊性是正确应用经济理论解决问题的一个关键环节。

最后需要强调的是，这里绝不是忽视理论研究的重要性。对实际问题的好的研究，往往是建立在好的理论基础之上。在很多情况下，理论源于实际，对实际问题的关注，又反过来催生新的思考和理论。

（本文写于 2011 年 10 月 18 日）

第三章

学派的悖论

百姓日用即道：金融学和经济学的视角区别

香帅（唐涯）的《金钱永不眠》躺在行李箱里已经很久，这篇书评却迟迟无从下笔。作为香帅每篇文章的第一个读者和评论者，对香帅的文章是了然于胸的。写这篇书评的难点，在于说几句自己认为新鲜的话。即便没有新的思考，至少也要有新的表达。

香帅曾经问我：什么是“金融学”？它和“经济学”的区别是什么？作为一个经济系的学生，曾在金融学上花了十多年的功夫，这应该是个简单的问题。然而，我却一直没有很好地作答。

脱口而出的回答，“金融”是“经济”的一部分。显然，这是个没有意义的回答，既没有说“经济”是什么，也没有说“金融”是什么，更谈不上二者的区别。依据的，不过是一句陈词滥调：金融是经济的一个研究领域。其实，这句话本身也不准确。在传统经济系当中，金融的教授很少，金融的课程也很少，金融学研究的问题，经济系的老师知之甚少，甚至不感兴趣。顶尖大学的金融系，大多在商学院。从学术的组织构架上看，金融学已经独立于经济学，与管理、营销、会计、战略等共同组成广义上的管理学。

真正回答这个问题，要看这二者给我们带来了什么。

先说经济学。现代意义上的经济学，可以追溯到亚当·斯密的《国富论》，后来的著作，在方法和分析上有进步（退步）和细化（走偏），但是在方向上并没有突破。翻开这本书，共分为5篇，第一篇讲劳动产品的提高和分配，包括劳动分工，货币的起源和作用，商品价格的决定，工资、利润和地租的决定；第二篇讲财富存量的性质、积累和用途，包括财富的分类、资本的积累、利息和资本的各种用途；第三篇讲不同国家财富发展的不同路径，侧重于罗马帝国崩溃之后的欧洲国家，包括城市的兴起，城乡的协同发展；第四篇讨论政治经济学问题，包括重农主义、重商主义、限制进口、通商条约、殖民地等；第五篇讨论君主或者国家的收入和支出，包括国防、司法、公共工程、公共机构、礼节支出、公共收入、公共债务。

看来看去，亚当·斯密的《国富论》都是一部“经世济民”的学问，讲的是“国民财富”的来源、性质、积累、分配，都是些“高大上”的问题。其实，这本经济学开山之作还有一个更加达意的副标题：“国民财富的性质与起源的探究”。说白了，这是“君主”的学问，“国家”的学问，不是站在寻常百姓的角度看问题的。

换个角度看，其实可以问的是，你学了经济学能干什么？你会记账吗？那是会计专业。你会销售吗？那是营销专业。你会管理吗？那是战略专业。你会管理信息系统吗？那是信息专业。你会投融资吗？那是金融专业。

说白了，倘若你学了经济学之后进了一家普通的企业，那你的专业什么技能也没教你。经济学中的消费者行为，和市场营销是有很大差异的。经济学的厂商理论，和企业管理是有很大差异的。尤其是近代的经济学，为了分析的便利，做了太多、太抽象的假设，和实际的企业管理和市场营销，有很大的差距。

反反复复看，经济学都是一门“国师学”，是研究国民财富的来源、性质、积累、分配这些大问题的，并不研究草根百姓如何生存。经济学不教人如何就业，不帮助人们怎么发家致富。想想古今经济学大师，靠着经济学发财的，还真想不出来有谁。凯恩斯可能是一个，可是主要靠的是投资。大名鼎鼎的欧文·费雪、保罗·萨缪尔森等人，在现实世界里的投资和预测，都是一塌糊涂的。

那么，学好经济学能做“国师”吗？看你怎么定义“国师”了。政府是个庞大的企业，需要各种研究报告，市场也需要很多报告，学好经济学可以打下基础，加上你的努力，是可以写一些好报告出来的。

可是若认为写报告可以影响决策，改变历史，不妨想想鲁迅先生的话：“人类血战前行的历史，正如煤的形成，当初用大量的木材，结果却只是一小块，但请愿是不在其中的，更何况是徒手。”各式各样的报告，甚至连徒手的游行请愿也算不上，至少没有像刘和珍君一样用生命到街上去抗争。倘若真被采用了，或者疑似被采用了，也不过是恰好顺手合用而已，写报告的人不用太过沾沾自喜。读书写字的人，最忌讳的就是太把自己当回事。

那么，经济学没有用吗？也不能这么讲。不妨问一问，学哲学有用吗？学历史有用吗？看起来也没有什么用。可是，不懂历史的人，是永远长不大的孩子。不懂哲学的人，时常会失去方向。所以，有些知识，本来就是没有直接的用处的，是一个人自身修养的一部分。经济学和历史、哲学一样，都是基本知识修养的一部分。

不是没有用，而是没有直接的、必然的作用。

现在的大学，大约分为5个学院，文理学院、工学院、商学院、法学院、医学院，其中的文理学院，包括传统的人文学科、社会科学、自然科学，常常离直接的就业有一点距离，更多培养文史和科学修养。后面的四大学院，和就业的关系相对更加直接一点，也被称为职业学院。

经济学和历史、哲学还有一个共同点，就是众说纷纭，并没有定论。你看哲学流派、历史学流派，都是争来争去的，谁也说服不了谁。经济学也一样，古典、凯恩斯、新古典、新凯恩斯、新古典综合、后凯恩斯，各成一体、互不买账。究其原因，就是没有重复实验，没法验证，被案例证否了之后，修订一下继续辩论，就这样周而复始下去。

历史只有一个样本点，哲学、历史、经济学都是解释历史的，可以有无数种解释，谁也说服不了谁。所谓学派，只不过是一个解释的侧面和角度。终究，是个思考深度和修养的问题，并没有谁说服谁的问题。纵观百年经济学说史，各类学派竞相粉墨登场，考校的并不是思考的深度和逻辑的严密，而是勤奋的程度和嗓门的大小，以及当时的历史环境。最终决定谁占上风的，是当时历史浪花的颜色，而不是哪个流派更有道理。

罗宾逊夫人曾说，学习经济学就是为了防止上经济学家的当，这句话很有道理。除了这个，经济学其实也没有太多的用处。当然，职业经济学家中有一些有用的分析，比如对宏观经济周期的分析。问题是，非职业的经济学家也不知道谁是骗子，谁是有用的，无从分辨。

从一出生开始，金融学和经济学就截然不同。现代的金融学，可以追溯到20世纪50年代的资产组合理论，实质是为了解决人们的投资组合问题。这里的要点，是金融学不关心“高大上”的“君主”或者“国家”的问题，而是关心百姓的问题。后来的资产定价模型、套利定价模型、有效市场假说、资本结构理论、市场微观结构、行为金融理论，也都是冲着企业和家户的投融资问题去的，着眼点并不是抽象的“国民财富”，而是具体的张三或者李四的财富。从“国家”到“居民”的角度切换，是金融学和经济学的本质区别。

事实上，现代金融学之前的发展，也是冲着解决实际问题去的。比如，金融学的基础，是计算现金流的现价，尤其是不确定的现金流的现价，这个是17世纪荷兰人发明的，是现实问题驱动的结果。再比如，众所周知的投资圣经《证券分析》，也是教人怎么投资的。

这样一来，经济和金融的区别就清楚了。经济学是“上帝”的学问，讲的是“国民的财富”。金融学是“百姓”的学问，讲的是你我他的财富。

香帅自画像是“非典型博士，非典型北大教授，嗜武侠，星爷粉，不小心做了严肃学术的非严肃女青年”。这个非典型的北大教授，一脚踹开了传统的国师情怀，从寻常百姓的角度，解析资本市场的暗流涌动。一切历史都是当代史，香帅借历史的镜子，用武侠的笔墨，照今天的金融市场之乱花渐欲迷人眼。

既然谁也不是上帝，就安心做好自己的百姓，关心粮食和蔬菜，面向大海，春暖花开。

（本文写于2017年5月）

禀赋约束下的经济变迁——读林毅夫《新结构经济学》

> 在涉及第一推动力的时候，牛顿想到了上帝，“华盛顿共识”想到了政府。在这一刻，广为诟病的政府，似乎顷刻之间变为万能。

本文是应“金融 40 人论坛”海明秘书长之邀，为林毅夫先生的新书《新结构经济学》作评。作为 CCER 的学生，为先生作评本轮不到我。然先生提出的这一“新结构”的概念，把经济理论与政策实践中的诸多重要问题串联在一起，实在有趣，借此机会好好学习之，便勉为其难答应了，只希望不要太误解先生的思想才好。

卢卡斯曾曰：经济增长问题如此重要，以至一旦开始思索，便再难以搁下。是的，卢卡斯因对经济周期理论，特别是理性预期理论的突出贡献而获 1995 年的诺奖。然而，在 1988 年写了第一篇经济增长的论文以后，就一直醉心于此，再也没有回到经济周期的研究。林毅夫又何尝不是如此。先生从念书开始，就一直思索国富民强的道路，从未停止。早年提出的比较优势理论，已经被证明是成功的发展战略。这一本《新结构经济学》，是多年思索之后的一次提炼。

对于所有发展中国家而言，如何实现经济增长，提高收入，接近和赶上发达国家的生活水平，都是一个首要的问题。所谓“华盛顿共识”开出的药方简单明了，就是实行“市场经济”，让价格体系来配置资源。为了让价格体系成为配置资源的主导，就要建立完善的产权制度，因为完善的产权制度，是市场机制运行的基础。而且，还要辅以完善的法治来保护产权制度，让市场机制能够持久、有序进行。市场、产权、法治三位一体，是市场经济的基础。

“华盛顿共识”描述的图景不可谓不美好，但是没有很好地回答市场机制如何建立，以及建立后能否稳定运行而不变形问题。新古典经济学是“华盛顿共识”的理论基础，新古典经济学家常挂在嘴边的一句话，是“没有免费的午餐”。市场机制作为迄今人类发现的最有效的资源配置机制，当然也不是免费的，而且很昂贵，需要耗费很多“资源”。不仅建立需要资源，维护也需要资源。

对于建立和维护市场机制的巨大资源要求，不可低估。很多实行休克疗法的国家，市场制度似乎在一夜之间建立了，但是后来却严重走形，具体的原因当然五花八门，但终究都可以归结到市场制度的基础不实，没有足够的资源来维护，或者没有人愿意花足够的资源来维护。市场其实可以被看作一种公共物品，而且是最大的公共物品，有着巨大的外部性，像所有公共物品一样，也有投入不足的问题。

那么，这个资源谁来花呢？现代民族国家的权力，掌握在政府的手里，建立和维护市场制度，当然也就是政府的责任。然而，政府不是万能的，市场制度的建立与维护，是市场参与各方共同作用的结果。正如政府不能完美监控国有企业，政府其实也不能完美监控市场的运行。市场里的人，固然都希望他人遵守市场秩序，却往往希望自己有点特权，比如各种形式的垄断。在一些涉及非对称信息的场合，人们往往立即想让政府有所作为，人们没有意识到的是，政府也未必知道如何作为。我国医疗改革这几年的讨论，各种想法众说纷纭，争得不亦乐乎，就是一个很好的例子。一个市场的良好运作，需要各种力量与智慧的结合。“华盛顿共识”把在发达国家运转相对良好的市场在想象中移植到了发展中国家，对于市场机制的复杂性，存在严重的认知不足。

“华盛顿共识”对如何建立市场机制的问题并非没有作答，而是做了一个简单激进的回答，大声呼吁发展中国家的政府大力推动市场化。市场化改革绝对没错，但是在路径上，“华盛顿共识”显得粗糙甚至幼稚。在涉及第一推动力的时候，牛顿想到了上帝，“华盛顿共识”想到了政府。在这一刻，广为诟病的政府，似乎顷刻之间变为万能。“华盛顿共识”对于政府作用的认知，存在明显的自相矛盾。

发展中国家的市场机制，往往是在政府参与下推动的，但不会是朝夕完成的。举一个例子，我国的农村产权制度改革，是我国市场化进程的重要基础之一，在 1978 年就开始了，然而直到今天，离完整的产权制度依然遥远，讨论中的不同意见，依然很多。建立产权制度的复杂性，由此可见一斑。现实中的制度演进，受到复杂的现实情况的约束，简单激进的做法，往往欲速则不达。

林毅夫先生提出的新结构经济学，有三个基本要素。第一，在经济发展的任何特定阶段，要素禀赋的结构是相对给定的。这一禀赋结构决定了其最优的产业结构，以及与之相适应的市场基础设施，包括硬件基础设施，例如道路、交通、通信等，以及软件设施，例如金融结构、法律服务、市场管制等。第二，经济发展不是简单的穷和富两个阶段，而是分布在从低收入传统农业经济到高收入现代工业化经济的连续频谱之上。每一阶段产业结构和基础设施升级的目标，并不必然是发达国家现有的产业和基础设施，而是由禀赋结构决定。第三，在每一个发展阶段上，市场是最有效率的资源配置机制。由于外部性的存在，企业的行为不是社会最优的，政府在市场基础设施改进方面应该发挥积极的作用。在这里，政府与市场的协同关系得到了体现。

第一个要点，把要素禀赋的约束引入，认为最优的产业结构，以及与产业结构相应的市场基础设施，都是内生于禀赋结构的。这一洞见，比起过于简单化的“华盛顿共识”，充分考虑了经济结构的复杂性，是一个巨大的进步。第二个要点，把经济结构变迁置于连续的频谱上研究，并研究相应的产业和基础设施升级的最优阶段性目标，充分考虑了经济结构变迁的动态性。最后一点，充分肯定市场在资源配置中的基础性作用，也考虑到外部性的存在，政府在软件和硬件的基础设施的改进上应该作为。

综合上述三个要素，林毅夫把“新结构经济学”定义为“研究结构变迁的新古典框架”，强调了“结构变迁”和“新古典”分析框架。学生以为，禀赋约束在“新结构经济学”中处于核心地位，产业结构和市场制度的演进都内生于禀赋约束。这一思想把抽象的市场制度置于具体的现实约束之下，打开了研究制度演进的一个可能的方向。因此，倘若把“新结构经济学”表述为“禀赋约束下经济结构变迁的新古典框架”，似乎更为达意。

“新结构经济学”区别于“新古典经济学”，在于强调不同发展水平的国家的禀赋结构和经济结构的差异。“新结构经济学”区别于“旧结构经济学”，在于使用新古典分析方法，充分认识到市场是资源配置的基础，而不是简单强调市场失灵，片面强调政府的作用，甚至支持系统性的政府干预。从历史延续的角度，新结构经济学可能代表了发展经济学思潮的第三波。前面的两波，分别是旧结构经济学和所谓的华盛顿共识。

（本文发表于2012年3月26日《21世纪经济报道》）

凯恩斯：天然容易被滥用

凯恩斯可能是经济学说史上最有争议的人物，甚至都没有之一。弗里德曼的那一句以讹传讹的“我们都是凯恩斯主义者了”，还有张维迎的那一句“彻底埋葬凯恩斯主义”，充分体现了学者群体对凯恩斯理论的矛盾心态。需要指出的是，这两个人都是自由主义的代表人物。

凯恩斯的贡献与非议都集中在一本书上，就是1936年出版的《就业、利息和货币通论》(简称《通论》)。一方面，《通论》开创了宏观经济学，发明了经济波动管理理论。在此之前，是没有“宏观经济学”这个概念的。另一方面，许多批评者认为《通论》很不严谨，想到哪里说到哪里，甚至谬误百出。更重要的是，《通论》为政府干预经济打开了方便之门。

政府是什么？在不涉及国家理论的前提下，这一问题是无法完全回答的。一个不严谨的、描述性的回答是：政府至少不是一个抽象的概念，而是一个组织，里面有领袖，有不同层级的官吏，是很多人的集合体，不是“铁板一块”。

换句话说，政府由很多人组成，他们的信仰、利益、观点，对问题的解读、看法都不同，对凯恩斯理论的理解也不同。于是当有些人想做点啥，需要论据，凯恩斯的大名正好可以一用时，就号称自己是凯恩斯主义者；转过脸去，又强调自己是市场的信徒。这样的事情，屡见不鲜。

凯恩斯的著作里面，无疑有一些看起来模糊，甚至不够严谨之处。笔者愚见，《通论》的写作，对凯恩斯而言是个思考和探索的过程，而不是梳理和表达的过程。因此，他天才的大脑不可能把所有问题都说得很清楚。实际上，复杂的问题本来就很难说清楚，何况是在思考和探索过程中，这样也有些强人所难。而且，凯恩斯的思维长于飘逸而短于严密。于是，后人的理解、整理、发展工作，也就很重要。

问题也就出在这发展和整理上。整理要先找出好的和坏的，去掉坏的，留下好的，然后补齐漏洞，衍生出进一步的理论，才曰发展。然而理论的发展往往以“与时俱进”的方式出现。说白了，世间需要什么样的发展，他就会有什么样的发展。政府作为庞大的、掌握资源最多的组织，其需要当然更强一些，发展出来的东西当然更符合其需要，这也是自然的事情。

凯恩斯理论的核心在于需求管理。经济危机来了，风险增加，人们的避险情绪也增加，投资和消费的意愿下降，导致总需求不足。本来可以渡过暂时难关的企业，可能因为短期的问题而倒闭，比如流动性枯竭，比如资金链断裂，比如防守性收缩等。企业一旦倒闭，损失的不仅仅是企业的利润和资产，还有很多看不见的东西，比如企业的组织资本，员工之间的熟悉和信任，协作关系，时间积累起来的信息成本的节约，进行一半甚至将要完成的研发，等等。这些都是社会福利的净损失。

但是需求管理，与“政府主导”是有本质区别的。需求管理是在以市场机制为主的基础上，对市场的运作进行“微调”。基本的逻辑，是萧条时期的总需求不足。相比较而言，一遇到困难就大上投资，祭出“4万亿”之类的大旗，已经远远不是“微调”了，而且后患无穷。试问，投资的效率谁来保障？出了问题谁来负责？市场与政府的边界是一个永恒的争论话题，但是市场里企业的运行效率高于政府干预的效率，这一点早有公论，是不在讨论之中的。

何况，“微调”的边界是很难界定的。在政府面对危机不能不作为的舆论之下，大刀阔斧的投资可以声称是为了避免更深的衰退。毕竟经济观察只有一个时间序列，却有无数个解释变量，怎么说都是可以的。这时候，胆大妄言大行其道，就不奇怪了，反正最后都可以解释。

于是，凯恩斯的需求管理就变成了政府主导经济。

凯恩斯发明了需求管理理论，可是使用这一理论的并不是理论本身，更不是早已作古的凯恩斯，而是后来的凯恩斯主义者和号称的凯恩斯主义者。

凯恩斯本人的那一句“长期我们都死了”，引起了无数的争议与非议。语不惊人死不休，世间天才大抵如此。未曾想到的是，这句话成为后来无数人的座右铭了。至于凯恩斯的原意，早已被人们忘却。

真是满纸荒唐言。

新古典：市场原教旨主义，还是市场干预的智库？

> 研究市场运作的新古典经济学，生产了几乎所有用来攻击自由市场的概念和理论。这里的悖论是，推崇市场的新古典经济学，成了干预市场的智库大本营。

一个有意思的观察，是研究市场运作的新古典经济学，生产了几乎所有用来攻击自由市场的概念和理论：外部性，非对称信息，道德风险，公共物品，囚徒困境。市场不完美，似乎成了近年来经济学的主要贡献，也成了市场干预的主要理论来源。推崇市场的新古典经济学，成了干预市场的智库大本营。

一位学友的观察很有启发性。最近他看了很多理论模型，发现一个套路。首先，求解一个全社会最优解，也就是假设有一个全能的上帝来为人类做经济决策，看能够达到怎样的“大同社会”。然后，再求解一个市场竞争均衡解，也就是通过市场自由竞争能够达到的均衡解。下一步，就会如获至宝地发现，市场竞争解不是最优的，而是次优的。最后，语重心长地讨论福利改善的方法和工具。

谁来做“福利改善”呢？只能是政府。理论模型里那个全能的上帝，现实中当然只能由政府来充当。上帝天然不是政府，但政府天然就是上帝。

说白了，这样的理论，无非是为政府干预经济找到了“科学”的外衣、“理论”的依据。于是，标榜信仰自由市场的经济学，沦为不折不扣的政策干预的辩护人。不是所有的文章都是这个套路，但是确实有许多文章是这个套路。需要指出的是，这些模型本身往往都是对的。要不然，就是编辑和匿名评审的失职，这样的文章不在讨论之列。

在讨论“福利改善”的工具时，这些研究都或明或暗有如下几个假设。首先，这种干预是可以按照模型设计进行的，模型中已经考虑了社会经济生活运作的各个方面。其次，这种干预在执行中不会走样，不会因为执行者的个人利益等因素产生误差。第三，这种干预不会改变人们的行为模式，更不会产生进一步的连锁反应。简言之，社会经济生活按照模型设计的方式运作，每个人都可以被看作是机器的一个部件，不允许走样。

至此不难明白，这些假设的要求之高，简直是难以想象的。其中重要的一条，是干预的成本其实也很高的。首先，很难保证干预的细节都对头，而魔鬼往往都在细节里，所谓差之毫厘，谬以千里也。其次，执行中有很多问题的，特别是执行者都是人，不为自己牟利是不可能的。牟利就罢了，政策就是这么扭曲的，带来的副作用往往很大。再次，你干预政策一来，大家都会做出反应，行为会发生变化。政策效果如何，就不得而知了。

这里要说一句公道话。一般均衡模型里面，会尝试考虑第三条，考虑个体在经济环境变化下的反应，但是由于反应复杂，往往做很简单化的假设，要不然模型很难解出来。但是假设完了，就往往忘了做了这样那样的假设，信以为真地以模型来讨论现实。

更要命的是，这些模型往往都不讨论前两条的，似乎政策设计、执行都是没有成本的。倘若这些成本可以忽略而不影响分析的结论，那也就罢了。但问题是，加上这些成本以后，分析的结论往往是大相径庭的。所有的干预、管制，初衷往往是好的，但是效果往往适得其反，经常就是因为忽略了这些考虑。

简而言之，这些新古典的分析，其初衷往往并不错。但是强调了市场失灵，而绝口不提政府失灵，不知为哪般，也不知是有意还是无意。

市场当然不完美，古典的框架抽象掉了这些不完美，描绘了市场汇集信息，促进贸易和分工的基本图景。后来的研究在此基础上不可避免地要细化，找到了一些市场机制运作中遇到的困难，比如非对称信息、道德风险等。问题是如何看待这些问题，是市场来解决，还是政府来解决？是“市场失灵”，因而政府必须介入？还是市场本来不完美，因而需要进一步完善市场？经济学在这里产生了巨大分歧。一念之差，走向背道而驰的两条路。

一个有意思的问题是：市场不完善是一个巨大的发现吗，还是一个不应该被忘记的基本常识？

倘若以一个假想的完美无缺的市场为参照，我们很容易感到很受伤。倘若我们接受市场从来不完善的基本判断，而是处于不断的演化当中，那么在发现市场“失灵”的时候，就不会大惊小怪，不会手忙脚乱，慌忙请出政府来充当上帝。或者，心态真的很重要。

着急的心态也容易产生无谓的二分法。讨论中，时常会把人和观点分类，说某某信奉自由市场，某某信奉政府干预，某某信奉奥地利学派，某某信奉凯恩斯主义。其实，具体分析问题时，或者把信仰抛开，就事论事好一些。

信仰是人类把不能清楚认知的事物打一个包，放在书架或者祭坛上，餐前饭后拿来品味一下。剩下的大把时间，不妨认真做点调查研究，不谈信仰，不谈情怀，不贴标签。

（本文写于 2013 年 2 月 16 日）

下篇　宏观金融笔记

第四章
利率是车

杠杆的故事，才刚刚开始

有人的地方就有金融，有金融的地方就有杠杆。2015 年，“杠杆”一词借着“疯牛”“股灾”“高负债”等进入人们的生活。在全球储蓄率上升，投资需求减少，资金成本下降的背景下，杠杆的故事，才刚刚开始。

2015 年过去了。和 2010 年以来的每一年一样，它很热闹。年年热闹年年闹，失望之后继续望。中国经济的有趣之处，莫过于此。

既然以经济建设为中心，财经界当然会热闹。数数 2015 年的热词，还真不少——改革牛市、股灾、互联网金融、P2P 跑路、SDR（特别提款权）、人民币贬值、国企改革、全民创新、万众创业、供给侧改革等。人们的茶余饭后，是不缺谈资的。其中无疑充满了噪声，噪声也无疑是生活的常态。而滤除噪声的一个方法，是问这样一个问题：若干年后，哪一个词能依然留下实质性影响？

看来，答案不在国企改革，因为 2015 年进展并不大；也不是互联网金融，因为这从一开始就是一场泡沫，而且体量很小，无伤大雅；至于供给侧改革，这个概念不属于特定的哪一年，而且在2015年我们也没有看到供给侧改革的任何实质性措施；不会是全民创新、万众创业，因为对于伤心事，人们总要选择遗忘；不会是SDR，因为它本来就是小事一桩，实质性影响可以忽略不计；不会是人民币贬值，因为人民币目前只是波动，贬值幅度5%，谈不上大幅贬值，而且从中期看难说有贬值压力。

若干年后，人们可能还会记得的，是“杠杆”。

杠杆本是一个物理学名词，利用力臂的原理，放大力的作用。阿基米德曾说，给我一个支点，我就能撬起整个地球。这句话固然有夸大的成分，操作起来难度很大，但是杠杆的放大原理，却是说清楚了。

把杠杆一词借用到财经讨论中，就是利用自己的资本金，借用别人的钱，放大收益或者损失。借钱的过程，就是加杠杆，还钱的过程，就是去杠杆。

杠杆的作用，不可小瞧。2015年股市的“疯牛”和“股灾”，背后的推动力，都是“杠杆”。从2015年初到6月中旬，上证综指从3 235点上涨到5 178点，半年间上涨60%。你若买了和上证综指高度相关的ETF，就赚了60%。倘若你加了5倍杠杆，就可以赚300%，投入100万，拿回来400万。这是上证综指，因为大盘股、银行股的“拖累”而上涨偏少。中小板指从5 400多点上涨到12 000多点，涨幅超过一倍。创业板指从1 470点上涨到超过4 000点，上涨几乎两倍。

亏本的买卖没人干，砍头的生意有人做。面对这样的利润，又恰逢融资融券开放，场外配资如火如荼，很多人当然跃跃欲试。借钱炒股，似乎成为致富的捷径。当借钱的额度达到四五万亿，撬动十几万亿的流通股、小盘股、创业股，“疯牛”行情就毫不奇怪了。加上眼红跟风的散户自有资金，“疯牛”当然更疯。

成也萧何，败也萧何。6 月中旬的查配资，实质就是降杠杆。既然“疯牛”是杠杆撬动的，抽掉杠杆之后“疯牛”自然倒戈，瞬间就变成了“疯熊”。从 6 月中旬到 8 月底，上证综指从 5 178 点的高位一直跌到 2 850 点的低位，全年涨幅全部回吐不算，还反跌了 400 多点，跌幅高达 15%。杠杆可以放大收益，也可以放大损失。中国的股民，学到了切肤的一课。

2015 年夏，A 股的一个奇观，是好几次的“千股跌停”。背后的力量，无非是人们急于卖出股票筹集资金降杠杆，却缺乏交易对手方，因而导致流动性枯竭。遇到“救市”的“利好”消息，又直接买到涨停，形成“千股涨停”。而“千股停牌”，作为上市公司在风暴中的自保策略，则是加剧了流动性枯竭，因为没有停牌的股票会遭遇更加惨烈的抛售。

A 股这次精彩的剧情，注定要记入中国股市的里程碑。剧情跌宕、剧烈只是表象，更重要的是大规模地使用杠杆首次在背后推波助澜。

杠杆不仅股市有，实体经济更有。企业借贷，就是加杠杆。以前融资不发达，企业家只能用自有资金，积累和发展很慢，很多机会都错过了。另一个极端，是融资变得很容易以后，企业大量借贷，甚至空手套白狼。倘若项目不好，产生的现金流少，甚至不够付利息，杠杆就成了沉重的负担。2009 年开始的新一轮扩张，很多企业借着资金便宜加杠杆，后来经济不景气，就着了杠杆的道。

加杠杆最牛的，无疑是政府。因为有政府信用做担保，财政借钱的成本向来比企业低。美国的财政赤字余额相当于一年的 GDP，两个点的利息，财政收入占 GDP 的 30% 的话，就意味着每年税收的七分之一要用来还利息。看起来，美国政府最喜欢的是通胀，因为它可以帮助吃掉财政赤字。美联储加息？财政部的人一定不喜欢。美国的情况还不是最惨的，日本的财政赤字超过 GDP 的两倍，怪不得这么多年它一直保持低利率，而且一直努力制造通货膨胀。

杠杆看起来恐怖，其实是人们的最爱。否则，怎么理解半个世纪以来的杠杆率的上涨趋势？看数字的话，“二战”以来，美国的总体杠杆率，也就是社会总债务和 GDP 的比率，从 125% 增加到 250%，翻了一倍。注意，这是在没有大规模战争的背景下发生的。我国的杠杆率也从 1980 年的 50% 左右上涨到目前的 250% 左右，上涨了五倍。2008 年以来上涨尤其快，从 150% 上涨到 250%。

这些数字告诉我们，杠杆就在那里，喜不喜欢都一样。其实，只有在完全自给自足的经济里，才不会有杠杆。杠杆作为经济生活中的大规模杀伤性武器，人们在享受其好处时，往往是默默无声的。只有遭遇其痛苦时，才大声疾呼。

2015 年，“杠杆”一词借着“疯牛”“股灾”“高负债”等进入人们的生活。在全球储蓄率上升，投资需求减少，资金成本下降的背景下，杠杆的故事，才刚刚开始。

（本文写于 2016 年 1 月 11 日）

越降越高的杠杆

> 杠杆是债务和经济总量的比率。降杠杆若同时降低了经济总量，则杠杆率不降反升。

2015 年夏以来的股灾，让国人切身体会了高杠杆的危险。股市跌得梦碎，回头再看实体经济，杠杆率竟也高得吓人。大致算一下，中国居民、企业、政府的总债务已经达到 GDP 的 2.5 倍左右。这是什么概念？平均利率 6% 的话，每年的利息就要高达 GDP 的 15%，超出 GDP 名义增速的一倍。GDP 的增量不够还利息的，压力之大不言而喻，还本就更不用说了。而不还本，是没法降杠杆的。

总量的问题是一方面，结构的问题也不容乐观。倘若借债的企业经营和利润良好，问题就不大。但是倘若低效的国企借了很多的债，就只能借新还旧，拆东墙补西墙了。还有一个问题，就是地方政府的债务。前几年地方政府借债投资基础设施，而基础设施的直接回报率低，依赖于间接产生的税收。在经济下行、税收增速下降的背景下，偿债压力也很大。潜在的债务风险，是中国经济的一枚不定时的炸弹。

正因为如此，“降杠杆”成了眼下最热门的财经话题。怎么降呢？

杠杆率的上升，是因为金融危机以来“票子”印得太凶，地方政府和企业，特别是国有企业大规模借贷。既然如此，降杠杆是否应该收紧银根，少印票子？这简单的反向思维，看起来顺理成章，效果却未必好。

事实上，收紧银根不仅效果不佳，还可能适得其反。银根收紧的意思，无非就是利率上行，经济增速下行。利率上行的意思，是债务的利息负担更重了。增速下行的意思，是企业收入和利润、政府的税收、居民的收入都会减少。债务负担重了，还债的收入却少了，很多借贷者只能借新还旧，结果是杠杆率上升，而不是下降。

掰着手指头这么一算，在高杠杆的前提下收紧银根会抬杠杆，而不是降杠杆。也就是说，货币政策的效果是不对称的：多印票子升杠杆，少印票子却不会降杠杆。为什么会这样？其中的关键，是初始条件不同。杠杆加上去之后，就会产生还本付息的压力，收紧银根将进一步抬升杠杆。

上面的推测和中国经济运行数据高度吻合。图 4–1 展示了 2003 年以来我国的通胀率和杠杆率的关系。这里的通胀率，是居民消费价格指数（CPI）和生产价格指数（PPI）的简单平均，用来表述货币政策的松紧——通货膨胀率高表示货币政策比较松。货币的松紧要相对于实体经济的货币需求，通货膨胀是一个综合的指标。这里的杠杆率，是广义的社会融资总量和 GDP 的比率，广义的社会融资总量包括本外币贷款、信托贷款、委托贷款、企业债券、未贴现银行承兑票据、财政负债余额，不包括股票融资。

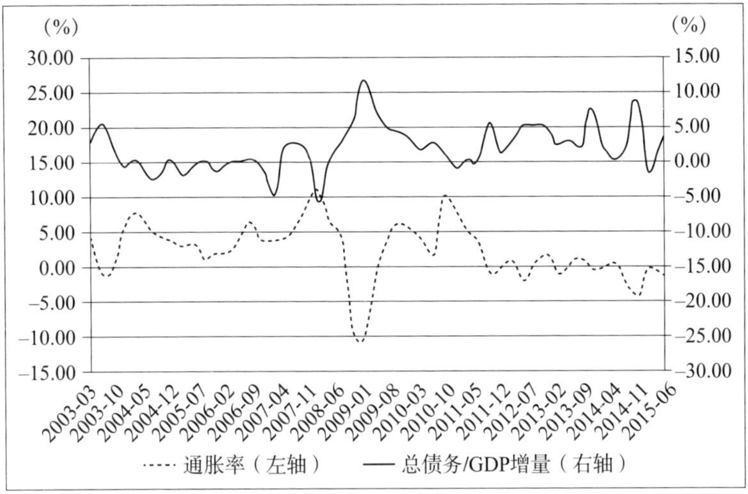

图 4–1 杠杆越去越高（季调）

图 4–1 显示，我国的杠杆率上升，主要是金融危机以来的事情。2008 年以前，尽管社会融资总量增长很快，但是 GDP 的增速也很快，考虑了通胀之后的名义 GDP 增速就更快，这样总体杠杆率不仅没有上升，反而有所下降。

直觉上，2008 年以前票子印得也不少，但为什么杠杆率没有上升呢？这里面有两个原因：一是收入的快速增长使得债务的增长没那么恐怖，杠杆率在经济下滑时才特别危险；二是通货膨胀可以吃掉以前的债务，这一点因为存量债务是用名义价格计算而特别重要。

从 2008 年下半年开始，经济增速开始下滑，杠杆率快速上升。看水平值的话，从 125% 左右上升到 250% 左右，上升了将近一倍。

图 4–1 中更重要的信息，是杠杆率的变化和通胀率的变化是高度相关的。当通胀比较低的时候，杠杆率增速很高，比如 2008 年下半年、2009 年上半年，比如 2014 年以来。而当通胀率上升的时

候，杠杆率往往是下降的，比如2010年底的时候，再比如2015年二季度。

仔细看图4–1的话，通胀率的变化微微领先于杠杆率的变化——虽然这不能证明通胀和杠杆之间的因果关系，但是可能的故事是，货币放松之后，GDP增速特别是名义增速超过负债的增速。考虑到存量负债部分会被通胀吃掉，这里并不需要GDP实际增速快于负债增速。

这里的杠杆率以名义GDP为分母，是经济的总体负债指标，没有考虑结构性问题。倘若考虑结构性问题，则需要进一步考虑国民收入的分配。一般而言，由于工资、成本相对稳定，放松银根后企业利润和税收的增速高于居民收入的增速，这样放松银根对于降低杠杆的效果会更好。过去七八年的一个情况，是工资和人力相关成本上涨较快，原材料成本下降较快，一里一外，成本在销售中的占比应该比较稳定。

综上所述，我国目前的高杠杆，主要是2008年金融危机以后，以前的增长模式中断，杠杆率在2008年、2009年有一次大幅的上升。而2011年以来的紧缩政策，不仅没有降低杠杆，反而增加了杠杆。实际上，杠杆率从2011年的170%左右上升到目前的250%左右。换句话说，今天的高杠杆,2008—2009年的加杠杆只占小头，大头是后来的降杠杆政策导致的。

上述是对经济逻辑的描述，不包含任何政策评价的因素。政策评价不是完全客观的问题，涉及评价标准的确定、长短期的取舍等。

可以进一步讨论的是，给定降杠杆的目标，有什么政策组合可以选择，效果如何。看起来，货币政策会比较无力。松货币不符合结构调整的目标，紧货币反而会抬高杠杆，进退为难。这里的关键是，货币政策作为一个工具，不能同时完成调结构和降杠杆两个目标。而且，至少在短期内，这两个目标还是矛盾的。

幸运的是，财政政策的空间依然存在。金融危机以来，中央政府的负债不升反降，从 GDP 的 30% 下降到 20% 左右。尽管地方债从 GDP 的 18% 上升到 28%，总体债务水平并不高，不到 GDP 的一半。在调整经济结构、转变经济增长方式得到高度重视的情况下，可以看到的一条路径，是适度增加政府负债，增加短期总需求，保持一定的经济增速。不过，在此过程中，杠杆率并不会显著下降，而是会维持稳定，甚至进一步上升。但是，在经济下滑、结构转型的情况下，用政府的负债置换企业的负债，有利于短期的调整，并换取调整的时间。

另一种可能性，是增加企业的资本金。在居民储蓄率很高的背景下，企业融资并不缺乏资金来源。不过，通过银行和债券市场融资会增加杠杆，并不会降杠杆。剩下的可能性，是通过股市融资，把居民的储蓄转化为企业的股本和资本金，通过增加权益的方式降低杠杆。这里，需要的是推进 IPO（首次公开募股）制度的改革。

不管是增加中央政府财政赤字，还是 IPO 改革，看起来都有阻力，也没有看到成熟的方案，效果也不会太快。因此，短期的情况，大概率的可能性，还是以时间换空间，高杠杆将与我们同在。

（本文写于 2016 年 1 月 13 日）

孤军深入，船行浅滩——中国利率市场化接近尾声

从 1993 年十四届三中全会算起，到 2015 年基本完成，中国的利率市场化用了不过 22 年的时间，并不算慢。倒是其他领域的改革没有跟上，使得利率市场化孤军深入，船行浅滩。

利率市场化接近尾声

2015 年 5 月 1 日，论证达 10 年之久的存款保险制度正式实施。5 月 10 日，央行宣布自 2015 年 5 月 11 日起下调金融机构人民币贷款和存款基准利率 0.25 个百分点。同时，央行将金融机构存款利率浮动区间的上限由存款基准利率的 1.3 倍调整为 1.5 倍。这次上浮区间扩大以后，存款利率已经实现差别定价，标志着利率市场化接近尾声。

最近的几次降息，实际上都伴随着利率市场化的举措。2014 年 11 月和 2015 年 2 月的两次降息，都伴随着存款利率浮动上限的扩大，先由 1.1 倍上调到 1.2 倍，再由 1.2 倍上调为 1.3 倍。这样的浮动范围，其实意味着商业银行的存款利率已经基本放开了。这次调整以后，银行存款利率已经和国债利率相差无几。

表 4–1　中国利率市场化大事记

时间	事件
1993.11	十四届三中全会通过《中共中央关于建立社会主义市场经济体制若干问题的决定》，提出了利率市场化改革的基本设想
1995.03	《中华人民共和国中国人民银行法》颁布
1995.05	《中华人民共和国商业银行法》颁布
1996.06	央行放开银行间同业拆借利率：利率市场化破冰
1997.06	放开银行间债券回购利率
1998—1999	央行三次扩大金融机构贷款利率浮动幅度，上浮幅度达到 30%
2004.01	贷款利率浮动区间扩大到 [0.9，1.7]
2004.10	贷款利率上浮不封顶，下浮 0.9 倍；允许存款利率下浮，下不封底
2012.06	存款利率浮动上限 1.1 倍，贷款利率下浮 0.8 倍
2013.07	全面放开贷款利率管制
2014.11	存款利率浮动上限 1.2 倍
2015.02	存款利率浮动上限 1.3 倍
2015.05	存款利率浮动上限 1.5 倍，存款保险制度实施

回顾利率市场化的改革进程（表 4–1），不可谓不快。从 1993 年十四届三中全会通过《中共中央关于建立社会主义市场经济体制若干问题的决定》，首次提出利率市场化的基本设想，到 1995 年《中华人民共和国中国人民银行法》和《中华人民共和国商业银行法》颁布，奠定银行业改革和利率市场化的基础，不到两年时间，可谓是紧锣密鼓。紧接着，1996 年、1997 年就放开了银行间同业拆借利率和债券回购利率，实现资金批发市场的利率市场化。其后历经 1997—1998 年亚洲金融危机、1998—2001 年严重通货紧缩、2008 年金融危机，采取“存款管上限、贷款管下限”的办法，逐步扩大利率浮动区间。到 2013 年，贷款利率全部放开。到了今天，存款利率基本放开。

在2015年初的第十二届全国人大三次会议记者会上，央行行长周小川表示：今年放开存款利率上限是大概率事件。分管货币政策的副行长易纲在同一记者会上说："存款利率浮动上限扩展到1.3倍以后，商业银行的定价出现了不同的阵营。大银行上浮得少一些，约在10%，中型银行上浮20%左右，小型金融机构如农村合作金融机构上浮得多一些，在20%~30%。"既然商业银行已经可以实行差别利率，存款基准利率在边际上不再成为存款利率的紧约束，利率市场化已经接近完成了。此外，作为利率市场化的重要配套制度的存款保险制度已经于5月1日开始实施。

货币政策孤掌难鸣

2015年6月27日，央行再次宣布降息0.25个百分点，并同时伴随着定向降准，是年内第三次降息、第三次降准，也是2014年11月以来第四次降息、第三次降准。那么，效果如何？

总结过去多年的经验，小幅降息效果并不明显，也并不能显著降低企业融资成本，原因有两个：（一）无风险利率基本没有下降；（二）风险贴水由经济总体风险和企业资质决定，也不会因为一次小幅降息而产生显著变化。由此需要引起进一步思考的问题，是在目前的情况下，货币政策对于显著降低企业的融资成本，到底有多大帮助？

比如说，假如央行再次降息0.25个百分点，而且不再伴随着存款利率上限的进一步扩大，结果会怎样？大型国企、少数大型非国企、房地产企业的贷款利率是会下行的，可是大量中小企业的贷款利率会下行吗？不一定。其一，在贷款总供给基本不变的情况下，贷款利率下降会导致大型企业的贷款需求增加，这样留给中小企业的贷款反而会更少。其二，降息会小幅降低短期经济风险，使得贷款总供给有所增加。一里一外，中小企业的贷款供给的变化，是不确定的。

从经验上看，在我国的经济周期中，中小企业的资金可得性在经济繁荣的时候要相对好一些。但是到了经济收缩的时候，中小企业的融资总是先收缩，而且收缩幅度大于大型企业。这里的关键，是在经济总体风险上升的时候，风险溢价上升，（影子）收益率曲线变得更加陡峭，资金避险情绪上升，因此会避开中小企业，寻找相对安全的投资对象。

必须指出，即便在发展良好的市场经济中，大型企业的风险抵御能力也显著高于中小企业，在经济下行的时候受到的冲击少一些。中国的特殊情况是，占用了大量信贷资源的大型国企和地方融资平台效率低，运营机制不够灵活。在经济向好的时候，这些企业随行就市，看起来也还不错。这时候不是没有问题，而是问题被快速的经济增长掩盖，所谓“一美遮百丑”是也。但是在经济下行的时候，这些企业缺乏开拓市场的激励，占用了资源却不扩大生产，不能带动经济走出收缩，问题就暴露出来了。潮水退去，才知道很多企业其实效率很低。

问题的根本，在于货币政策是总量政策，不能包治百病，尤其不能解决结构性的问题。近两年来货币政策有很多创新，寻求“定向”的降息，或者降准，其实是不得已而为之。货币如流水，随着沟渠、地形而流动。不改变沟渠、地形，单纯改变水量，是不能改变水流的方向的。

推进实体改革，降低“隐性”杠杆

降低企业融资成本，对抗经济下行，关键在于降低经济的总体风险。方法有两种，一是货币政策大幅宽松，同时辅以宽松的财政和其他政策，实行“强刺激”；二是推进实体领域改革，提高经济运行效率。

第一种方法，也就是“强刺激”的思路，是大水漫灌，促进经济快速扩张，在发展中寻求解决问题的机会。以前经济起点低，发展是硬道理，这个思路的正面效果大一些，负面效果不明显。现在情况发生变化，经济总量已经很大，人均收入已经达到中高收入水平，结构问题已经很严重，这种思路的成本在上升，收益在下降。

小幅的刺激难奏效，大幅的刺激才有效，反映了中国经济中的一种独特的“二元”现象。低效率的、类国企的部门，获得资源容易，在经济下行的时候吸收了大量资源，成为资金和资源的“黑洞”。高效率的私营经济部门获得资源困难，只有大水漫灌才能获得资源，这就导致了中国经济的大起大落，在“过热”和“过冷”两种状态之间切换，而没有中间状态。

这种资金黑洞的存在，实际上使得整体经济的实际杠杆率总是偏高。从经济总体而言，很大一部分资金实际上是沉淀的，这就使得经济的活力部门获得资金的难度变大，而且波动性变大，风险变大，效果上等价于高杠杆。正是资金黑洞和“隐性”高杠杆的存在，使得货币政策的效果大打折扣。微调效果不彰，必须大水漫灌，就是这个原因。打个比方，田地若是平整的，少量水就可以完成对所有秧苗的灌溉，但是若是地上有很多大坑，就得大水漫灌了，否则稍高位置的秧苗就灌不上水。在中国经济体系中，有活力的部门，恰好地势较高，上水比较难。

第二种方法，是推进实体领域改革，提高经济运行的效率。比如说，大中型国企的效率相对于中小企业的效率要低很多，政府主导投资的效率也比较低。可是现行体制下，大中型国企和政府投资平台有政府的隐性担保，风险低，因此占用了大量信贷资源，导致经济总体杠杆率偏高，经济风险进一步扩大，陷入恶性循环。这个问题，不是单纯的货币政策能够解决的。2014 年实施了几轮的“定向”三农、中小企业的“微刺激”政策，也是不得已而为之，但是实际效果很有限，而且很快就消退了。

客观地说，实体领域的市场化改革已经取得了进步，但是远没有完成，导致市场运行效率不高，特别是资金配置效率不高，货币政策进退维谷，处境尴尬。

资金倾向大企业，尤其是在经济紧缩的时候倾向大企业，这是一个普遍的现象，并不是中国特有。但是，这个问题在中国特别严重。归根结底，还是改革没有到位的问题。中国的国有企业多为大中型企业，拥有的不仅是自身的企业信用，还有政府的信用。银行在经济紧缩的时候当然理性地寻找最安全的避风港，在中国，这就是政府信用能够触及的地方。

利率市场化：孤军深入，船行浅滩

回首中国的利率市场化进程，其实是很快的。从 1993 年十四届三中全会首次提出构想，到 2015 年基本完成，不过 22 年的时间。要知道，利率市场化绝非是放开利率这么简单，还需要做很多准备工作，比如剥离国有银行的不良资产，进行国有银行的股份制改造，推动国有银行上市，建立竞争性的银行和金融机构体系，培育银行间市场，培育债券市场，建立收益率曲线等。

从国际比较的角度，中国的利率市场化进程，也是非常快的。比如说，美国的利率市场化也用了长达17年时间（1970—1986）。别忘了，美国1970年的金融基础已经很好了，理应比我们快很多。其他国家中，法国用了21年（1965—1985），德国用了6年（1962—1967），日本用了18年（1977—1994），韩国用了17年（1981—1997）。主要大经济体中，只有英国的利率市场化是一蹴而就的（1971年）。不过，英国的制度基础和金融基础，远远不是中国可以比拟的。认真思考过中国利率市场化问题的人当中，也没有几个人认为应该效仿英国。

利率市场化的工程如此复杂，却已经接近完成。相比之下，其他领域的改革进展，是非常缓慢的。比如，农村土地制度改革在1979年就破冰了，开始实行家庭联产承包责任制，后来在1988年取得进一步突破，国有土地的使用权可以流转，但是在其后漫长的27年里，再无重大进展。再比如，国企改革，从20世纪80年代中期开始就是改革的重点领域，迄今依然全民热议，是改革的重中之重，实在是令人无语。再比如，价格改革在1987年就闯关，后来因为1988年的严重通货膨胀而被迫停摆。这一停不得了，直到现在很多价格还是受管制的，比如资源、土地、医疗、教育等领域的价格。

市场经济的高效运行，需要各个方面的协调配合，否则一个扭曲带来另一个扭曲，没有哪个领域能独善其身，政策层面也会进退两难。金融无非是实体经济的映像，实体经济运行中存在那么多扭曲，金融市场的效率也高不到哪里去。

船行浅滩，磕磕绊绊固然难免，碰上暗礁，破个大洞，也是常有的事。从这个角度讲，利率市场化不仅是很快，而且可能是太快了。孤军深入，固然可以震慑敌营，但若援军迟迟不到，全军覆没也不是不可能。

（本文写于 2015 年 8 月 5 日）

“金融创新”的陷阱

“创新”一词包含了“尝试”“失败”“风险”这些听起来不那么美好、浪漫的成分，有些金融创新经不起逻辑推敲，经得起逻辑推敲的金融创新也会遭遇现实风险。金融发展中，不妨多用一些已经经过现实考验的金融安排。

罗伯特·席勒是我很喜欢的一位学者。他 1981 年的关于股市过度波动的论文，以及 1984 年的关于社会心理与资产价格的论文，都是我在课堂上经常引用和讨论的。文中想法都很有意思，或许现在看来已经没有那么出奇，但是在将近 30 年前提出这样的想法，显示了他确实是个思考问题、有独到见解的人。

所以当我得知他在北大光华管理学院有个讲座时，就一早赶过去了。早上堵车，我一般不喜欢赶场，但是觉得有趣的事情，还是不会在乎这点成本的。不是吗？人们对于自己认为重要的事情，总会挤出时间、克服困难的。

结果却很失望。

席勒教授演讲的题目叫作“金融与好的社会”（Finance and the

Good Society）。题目很有意思，基本的思想就是金融创新会帮助解决问题，构建一个更美好的社会。这个想法本身当然没有错。倘若一个本科生说金融创新和金融发展帮助了经济与社会进步，并且提出一些哪怕是非常粗糙的想法，作为教授都是应该要去鼓励的。并且，如果可能的话，帮助他去整理、深化。

可是著名的学者则不仅要给出想法，还要分析想法的可行性、风险、可能导致的副作用等各个方面。每个人的观点都会不同，每个人的分析都有侧重，但总还是要有一定的深度、一定的透彻程度、一定的全面性，否则就无异于误导。中国古话说能者多劳，电影《蜘蛛侠》中有一句台词说“能力意味着责任”，而作为著名的学者，则要注意自己所说的话的影响。

席勒教授重点建议了五种金融创新，笔者的感觉是乍听来很新鲜，但是大多经不起推敲，值得商榷之处颇多。

比如，席勒教授建议了一种叫“Trill”的股票，每一股相当于一国 GDP 的万亿分之一，每年的“股息”也相当于一国 GDP 的万亿分之一。比如说，美国发行这样的股票，那么看好美国经济的人就会购买。更妙的是，美国政府就不用发行债券了。这就相当于是我国 1998 年那阵子搞过的“债转股”。当时的目的在于帮助国有企业和银行脱困，现在席勒教授的建议则旨在帮助美国和欧洲一些债台高筑的国家脱困。

目的和意愿当然是好的，问题是如何实施？首当其冲的问题，是 Trill 的股利从哪里来？也就是谁出钱发这个股利。基本的常识告诉我们，公司发行股票的支撑物是净利润，是一个可以分配给股东的净现金流，那么国家的“净现金流”从哪里来？倘若把国家类比成公司，那么 GDP 就是每年的现金流，可是这个现金流不是“净”

的，而是各有其主的：工资归劳动者，利润归资本所有者，租金归特定的资产所有者，税收归政府。这里面并没有“剩余”的“净现金流”。那么谁会买一个没有“净现金流”的股票呢？实际上，欧美高负债国家不仅没有净现金流，而且现金流是负的，要不然就不会借那么多债了，他们实际上已经预支了未来的现金流。

所以，这个叫“Trill”的新事物，大概很难被称作股票。倘若作为一种期货，让有意愿的人去对冲，看多的人做多，看空的人做空，相当于一个赌场，是一个零和的博弈，则是另一回事。不过，这样就没有了“债转股”的功能，也帮不了债台高筑的欧美政府。

而且，不知有意无意，席勒教授在提出这个想法的时候，好像忘记了他给本科一年级学生讲解的关于资本结构的基本理论：债券的约束功能。简单说，在一个公司融资的时候，如果通过债券融资，则公司需要定期还本付息，倘若不能履行偿债义务则面临破产风险。这样一来，经理层就受到了约束，不能为所欲为。发股的话，则没有这个压力，因为股息是公司状况好时才会分的。

倘若世界各国投资者，包括主权基金投资者，买的是欧美国家的“主权股票”，而不是国债，那就只能像无数中国股民一样被“套牢”了，而且一点办法都没有，被逼得只好要求分红。试问，强制分红的股票，是不是有一点像债券？当然，你不能强迫破产清算。但是这种破产清算的威胁恰恰是债券给管理层的约束，可以促进公司管理和经营。

还有一种可能性，就是这个叫“Trill”的新生事物，其实不是股票，而是债券，分的不是股息而是利息，只是所分利息多少与GDP挂钩，类似于早已存在的收益与通货膨胀挂钩的债券。倘若如此，明眼的投资者一眼就会看出GDP不佳时这种债券的收益也少，因其收益顺周期，市场必然将这种风险计算在内，也就是这种债券的价格应该低一些，可以视为具有一定的股票的性质。更重要的是，既然是债券，就有一个按期还本付息的问题，对于欧美国家的主权债务危机，这种债券的贡献应该不大。

可见，席勒教授推荐的这个创新，在很多细节上需要更多推敲，而不是这样异想天开就说出来。其实，很多技术和细节上经得起推敲的创新，现实中的效果也是不敢恭维的。比如说，次贷危机愈演愈烈的一个重要原因是大量的信用违约对冲交易（CDS）。笔者恰好学习金融，也和很多同事讨论过这个金融新产品，大多数人都同意作为一个金融衍生品，CDS 其实技术上没有什么问题，是一个不错的新产品。可是，CDS 客观上帮助放大了金融危机，却是一个事实。CDS 的教训是，一个产品本身可能没什么问题，却可能帮助放大其他问题。现实世界的复杂性，由此可见一斑。

行文至此，不由得再次反思“金融创新”这个充满诱惑的词。我国恰逢金融改革的关键关口，利用金融创新来解决问题，当然是很有诱惑力的。可是创新一词本来就包含了“尝试”“失败”“风险”这些听起来不那么美好、浪漫的成分。人们往往只看到了成功的创新，却不太注意到每一个成功的创新之后都有很多个失败的创新。

中国是一个发展中国家，金融市场的发展比较落后。作为后来者，仔细学习吸收先行者的经验和教训，稳中求进，或许是一条有效的道路。比如说，一个成熟的债券市场已经被证明是金融发展的重要环节，对企业融资、分散风险、资本定价、宏观稳定都有巨大的作用。对这样的经验不妨来个“拿来主义”，而不用费心想那么多新奇，却不见得管用的所谓创新。

熟悉金融史的人，大概都知道保罗·沃克尔（Paul Volker）。这位身材高大的巨人，在1979—1987年间担任美联储的主席，顶住压力与美国20世纪70年代的高通胀抗争，虽然功成，却不得不身退。他最近对金融创新有这样一句评论："近年来唯一有实际价值的金融创新就是自动柜员机（ATM）。"这句话看似极端，但是出自保罗·沃克尔之口，让人不得不深思。

（本文写于2012年11月21日，原文标题《反思金融创新》）

降息之后：实际利率依然很高

2014年11月21日晚，央行降息0.4%。降息之后，实际利率依然很高，对降低企业融资成本和刺激经济作用有限。事后，股市应声而涨，经济复苏要等到2016年初的宽松之后。

不算意外的意外

2014年11月21日晚，央行突然降息0.4%。A股市场应声上涨，从21日开始，三个交易日累计涨幅4.61%。各路专家也按捺不住，纷纷力证“牛头初现”，“卖房炒股”之大时代已经来临。那么，这次降息对于经济的刺激效果到底如何？

首先看看大背景。这次降息的大背景，是经济这两年一直不太景气，GDP增速已经从2010年的超过10%，一路下行到现在的7.4%左右，而且看起来还稳不住。2014年以来已经出台了几轮微刺激政策，但是效果有限，而且很快就消失得无影无踪。看起来经济的内生增长力量已经很疲弱，就像一个孱弱的病人，被扶起来，走几步，就又摔倒了。

这种情况下，市场对于宽松的货币政策早有呼唤。可是在原有增长模式不可持续，急需结构调整的大背景下，降息降准的政策迟迟没有出台，市场已经开始不再有太多期待了。也正因为如此，这次降息才显得颇为意外。有识之士当然是有的，坚持预期降息降准。不过，这年头又有谁真敢说自己预测得准呢？

实际利率高企，投资需求不足

最重要的问题是，降息是否会对经济增长有显著疗效呢？理解短期的经济波动，还是要从总需求的角度看。总需求无非是出口、消费、政府支出、投资。出口取决于外需，国内小规模的降息影响有限。居民消费需求向来平稳，增长也一直不错，并不需要刺激，对利率的微小波动也不敏感。政府支出取决于财政政策。那么，剩下的就是投资了。一般说来，企业投资对利率较为敏感。那么，这次降息是否能够刺激投资，缓解经济增长的压力呢？

目前的情况，是企业面临的实际利率很高。套用一句时髦的话，叫作“企业融资成本很高”。这里面有多方面的因素。其一，前两年企业借债比较多，利润增长率又比较低，这样累积的债务负担比较重。其二，贷款利率一直比较高，大约在 7%~8% 的水平。考虑到借贷可能存在诸多隐性成本，实际还要高一些，估计在 8%~9%。其三，工业品出厂价格指数这两年在零以下徘徊，均值在 –2% 左右，最近两个月下降得更厉害，年化增长率下滑到 –4.8% 的水平。这样，企业面临的实际利率就要高很多，达到 12.8%~13.8% 的高位。这是企业的平均实际利率，中小企业特别是小微企业面临的实际利率还要高很多。

在企业负债率很高，实际利率又高达 12% 的情况下，企业是不太可能积极借贷扩大再生产的，经济自然会收缩。原因很简单，全社会平均的资产回报率乐观估计也不到 10%，估计在 7% 左右，这种情况下一个平均水平的企业借钱就等于赔钱。当然，借贷还是会发生，但是大多数借贷是为了还旧债和展期，维持运营等待机会，而不是扩大经营。

银行资金成本不变，企业融资成本难降

那么，降息有用吗？效果当然多少会有一点。取决于实际的调整过程，企业已有债务的利息负担可能会减轻一点，但是新增贷款的效果就很难讲了。

需要特别注意的是，这次降息并不仅仅是一次降息，同时伴随着利率市场化的措施。具体地说，这次利率调整实际包括两个方面。一是下调金融机构人民币贷款和存款基准利率，一年期贷款基准利率下调 0.4 个百分点至 5.6%，一年期存款基准利率下调 0.25 个百分点至 2.75%。二是存款利率浮动区间的上限由存款基准利率的 1.1 倍调整为 1.2 倍。在商业银行竞争较为充分的情况下，可以预见很多中小型银行会充分利用存款利率上浮的幅度，提高存款利率，吸收存款。大中型银行的竞争优势明显，动作可能慢一点，但是长期看估计也顶不住竞争的压力，存款利率也会上浮。

实际上，很多城市商业银行，比如杭州银行、南京银行、宁波银行均将一年期存款利率上浮到顶，达到 3.3%，股份制商业银行中中信银行和华夏银行也一次性上浮到顶。这样，实际上一年期存款的利率并没有下降。不仅如此，拜存款利率上浮空间的扩大，降息后部分银行的存款利率不降反升。例如一些银行的活期存款利率由 0.35% 上升到 0.42%，三年期存款利率从 4.675% 提高到了 4.8%。

总体上看，这次降息之后银行存款的利率基本保持不变，也就

是银行的资金成本并没有降低。那么，银行的贷款利率，也就是企业的融资成本，会降低吗？看起来不太可能。

从银行的角度看，目前贷款利率已经放开，贷款基准利率只有参考性的意义，对于大多数企业特别是中小企业而言，贷款利率已经市场化了。这样，贷款利率等于资金成本加上风险溢价，风险溢价取决于企业的资质，不会因为一次降息而有显著变化。既然资金成本没变，风险溢价又没有显著变化，那么最后的贷款利率也很难下降。

相对而言，对于利率比较刚性的贷款品种而言，利率下调的影响会比较直接。比如说，房贷一般是参考贷款基准利率浮动，会随着基准利率的下调而下调。所以毫不奇怪的是，这次房地产股票的表现异常抢眼。比如，降息公布后的第一个交易日，也就是24日，地产龙头万科A股一改颓势，大涨8.32%，保利和招商地产则直接涨停。

再比如，大型国企的贷款利率一般也随着基准利率浮动，因此也会随着贷款基准利率的下调而下调。而且，大型国企往往和大型国有银行打交道，这些银行的存款利率也是下降了的，贷款利率下调的空间也就因此而存在。不过，这些企业的融资成本本来就比较低，央企贷款利率往往是根据基准利率下浮。当人们呼吁“降低企业融资成本”时，更多是针对中小企业。而中小企业的融资成本，看起来不会有明显下降。

回过头来说增长。千呼万唤始出来的降息，当然是肩负着保增长的使命的。不过，既然企业融资成本这么高，短期内又不会明显下降，看起来投资也很难明显回暖。既然如此，保增长的使命仍然任重而道远。无他，实际利率实在是太高了。革命尚未成功，同志仍需努力。

（本文写于2014年11月27日，原文标题《降息背后：实际利率、融资成本、与经济增长》）

第五章
汇率是马

2016 年人民币汇率预测：不会破 7

> 本文写于 2016 年初，估算当时人民币兑美元均衡汇率在 6.6 左右，考虑汇率超调和央行干预等因素，预测年内汇率不会破 7。到 2017 年初回头看，当初的估算依然成立，人民币不破 7 的预测成立。

“8·11 汇改”以来，人民币兑美元汇率从 6.2 贬值到 6.6，贬值 6%。货币贬值这么多，对持有人民币资产或者美元负债的人们，是很大的冲击。在经济金融全球化的背景下，其实就是身家缩水了 6%。对于加了杠杆持有美元负债、买入人民币资产的人，损失就更大。

比贬值更严重的，是贬值的预期。人民币汇率的“底”在哪里，人们是不知道的。正如 2005—2012 年间人民币升值的时候，人们不知道“顶”在哪里一样。问题是，预期如何形成？

在科学主义的时代，人们的第一反应是听专家学者怎么说。哈耶克对科学主义之危险的警告，早已是过眼烟云。但其实，深谙理论和计量模型的人都知道，绝大多数模型都很简略（笔者能想到的唯一例外是期权定价模型），做了无数的结构性或者技术性的假设，加上测算和计量中的误差和偏误，算出来的“均衡汇率”很难准确可靠。言者姑且说说，听者姑且听听，也就罢了。否则，有貌似科学，实为科学迷信的嫌疑。

历史经验的指导意义也有限，因为人不能两次踏进同一条河流，每次的情况都不太一样。过去的金本位下，有黄金一个价值的“锚”。货币之间的浮动，诞生于20世纪70年代布雷顿森林体系解体之后，不过半个世纪的历史，而且当时主要的货币都浮动了。在此之后，美元一家独大，未逢敌手。像中国这样的新兴大经济体放开汇率，允许浮动的事情，还是头一回。其他国家的经验，参考价值有限，因为过去的不确定性不同于未来的不确定性。今天的汇率波动取决于对明天的预期。但谁又知道明天会怎样呢？

所以，现在的人民币汇率，颇像置身一望无际的沙漠，不知道该往哪里走。方向不明的结果，往往是跟着第一个抬脚的人走，或者跟着嗓门最大的人走。贬值来得气势汹汹，加上国内经济一路下滑，悲观气氛浓厚，“破7望8”成为市场里一部分人的观点。

国际大投行高盛、摩根士丹利等发布预测，说人民币兑美元将贬值到7.3左右。这里面隐含的，是对中国经济前景的极度悲观的预期。其实，几乎是同一批人，在2012年时，发布了对诸如“改革牛”之类的极度乐观的预期。说说而已，反正百年老店，也不会因为几句话怎么样。

看起来，“均衡汇率”是个“神一样的存在”，因为没有人见过，只能靠交易和试错逼近。而且，在交易和试错中，即便达到了“均衡”，人们也是不知道的，只能继续交易和试错。价格频繁波动，甚至矫枉过正，都是正常现象。市场的有趣之处，莫过于此。爱之者，恨之者，都不在少数。

要猜测这个“神一样的存在”，还是要看一点数据，依据逻辑和常识进行判断。我们要做的，是在头脑中进行试错。

让我们做一点基本的假设。首先，在 2005 年的 8.28 的水平，人民币应该是低估了，否则不能理解其后 8 年间（直到 2013 年中）的单边升值。

其次，2014 年 1 月，人民币触及 6.04 的高位，然后开始波动。波动的中枢在 6.15 左右，从 2013 年下半年一直到 2015 年“8 · 11 汇改”之前。6.15 的水平，高估、低估、均衡的可能性都有。考虑到 2010 年以来中国的经济增速依然快于全球，经常账户除了个别月份依然处于顺差，6.15 的汇率水平是高估的可能性不大。即便高估，程度也有限。保守起见，不妨认为 2013 年、2014 年间的均衡汇率接近 6.15。

新的变化发生在 2014 年 7 月。美元加息的预期渐起，以及背后的美国经济的起色，使得美元进入升值的通道。从 2014 年 7 月起，美元指数从 85 左右的水平上升到现在的 99 左右，累积升值 16%。在此之前，从 2011 年起，美元一直在 85 左右的水平震荡，持续了差不多 3 年的时间。

由于人民币实际上盯住美元，人民币实际有效汇率跟随美元升值，人民币实际有效汇率指数从 2014 年 6 月的 115 上升到 2015 年的 130 左右，然后进入震荡整理，累积升值 13%。

关键的问题有两个。首先，2014 年 6 月底的时候，6.2 的人民币汇率是低估、高估，还是接近均衡？如上文所言，基本面看 6.2 的水平难言高估，毕竟中国经济增速强于世界，经常账户还是顺差。此时说人民币高估证据不足，保守起见，不妨认为 6.2 接近均衡。

其次，怎么看2014年6月后人民币实际有效汇率13%的升值？这一波升值，是因为盯住美元的被动升值。美元的升值又加息预期等因素，而这些因素是人民币不具备的。而且，在此期间，因为财政货币政策的紧缩，中国经济的表现呈下滑态势，人民币不具备如此大幅升值的基础。可以判断，这13%的升值，是之前的实际盯住美元的汇率制度导致的被动升值。

不过，把13%全部归结为被动升值也值得商榷。从2014年6月至今，中国的经济增速大约在7%，倘若不相信7%，6%问题应该不大，稳妥起见以6.5%计算。同期世界经济的增速不到3%，去掉中国也就是2%的样子。这样中国经济增速超过其他国家4.5%左右，一年半累积超过6.7%。

在人口总量变化不大的情况下，经济总量的增长，其实就是人均收入和产出的增长。简单化的计算中，可以作为技术进步的测度。和TFP这样的指标相比，人均产出的指标各有优缺。

换句话说，13%的升值中，大约有一半是经济增长带来的升值，另一半是跟随美元的被动升值。此时，人民币要回调，幅度应该大约等于被动升值的部分，大约在6.3个百分点。以6.2作为起点，贬值6.3%就是6.6。目前人民币兑美元的汇率，是6.57。

上面的简单推算，有两个因素没有考虑。

其一，是对未来经济的预期。对未来的预期是见仁见智的事情，不属于经验研究的范畴。只想说一句，即便增速下降到5%左右，甚至下降到3%，还是较高的水平。呼吁结构调整的人们，应该对经济增速的下降有更大的容忍力。

其二，是汇率趋近均衡过程中的过度调整，或者叫“超调”。

此时，人们的预期、资产的配置、恐慌的情绪，都会产生作用。倘若相信市场，在中国基本面虽然不好，但是增速依然显著高于其他国家的背景下，我倾向于猜测超调的程度不会太大。倘若6.6接近均衡，超调到6.7~6.8的概率存在，但是年内到7的可能性可以忽略。

而且，当恐慌情绪消退，人们意识到中国经济依然是“瘸子里面的将军”时，人民币回升可期。

（本文写于2016年1月14日）

2017 年人民币汇率走势：波动加大，企稳回升

> 考虑各方面因素，预计 2017 年底人民币兑美元的均衡汇率保持在 6.6 左右。市场汇率会向均衡汇率逐步靠拢，但是在悲观情绪的影响下，有可能依然达不到均衡汇率，大概率达到 6.8 左右，落在 6.6~7.0 的区间内。综合来看，2017 年汇率走势可以概括为“波动加大，企稳回升”。

2015 年“8 · 11 汇改”以来，人民币兑美元汇率快速贬值，从 6.1 左右贬到 6.9 左右，贬值幅度大约 13%。除了偶尔的回调，这个贬值几乎是单向的。下一步走势如何，会不会进一步贬值，贬值的底部在哪里，是无数人关心的问题。

笔者曾在 2016 年初做过分析，当时估算的均衡汇率在 6.6 左右，并综合各种因素做出 2016 年“人民币汇率不会破 7”的判断，侥幸说对，迄今也依然成立。一年来国际、国内宏观形势发生了很多新变化，本文是对 2016 年文章的回顾和更新，并对 2017 年汇率走势做出判断。

判断汇率的变化，首先要对均衡汇率水平有一个估计，其次

要对资本流动、美元升值等冲击因素有一个估计，本文从这两方面展开。

对均衡汇率的讨论

“8 · 11 汇改”以前，人民币汇率实际上一直是盯住美元的。从2005 年“7 · 21 汇改”开始，人民币实行的是一种类似于“爬行盯住”的汇率制度，对美元缓慢升值。金融危机期间（2008 年 6 月）曾经暂停升值，停留在 6.83 左右的水平上，直到 2010 年 4 月重启升值。

从 2013 年 6 月开始直到 2015 年“8 · 11 汇改”之前，有大约两年的时间，人民币兑美元汇率在 6.1~6.2 的区间内稳定。在此期间，美国尚处在金融危机之后的恢复期，货币政策比较宽松。中国经济虽然保持高速增长，但是高位下行，GDP 增速从 8% 左右下降到 7% 左右。汇率稳定，GDP 下行的情况下，中国的经常账户除了个别月份一直是顺差的，这显示人民币并没有高估。

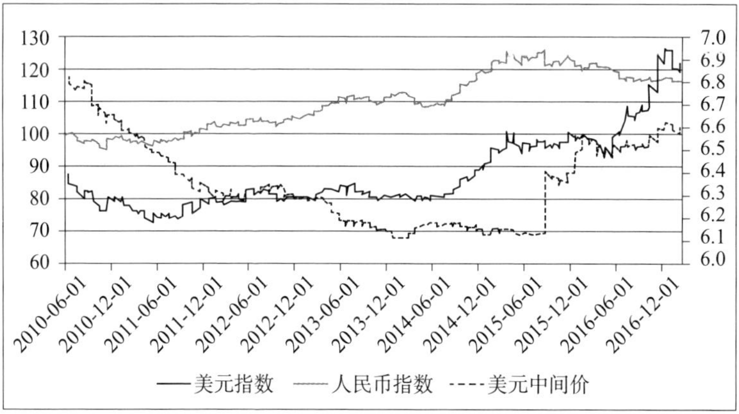

图 5–1 人民币被动升值和快速贬值

新的变化发生在2014年年中，在美国经济复苏、量化宽松将要退出的背景下，美元开始升值。这一美元升值是美元加息预期的影响，是美元自身作为国际基础货币的属性决定的，人民币并没有这一属性。此时，由于人民币盯住美元而被动升值，客观上使得人民币汇率可能高估。

一个思路是，可以把美元升值前（2014年中）的汇率水平（6.15左右）作为分析的起点。至少在当时，这一汇率并没有高估。随着美元指数从80左右上涨到96左右，美元累积升值大约20%。由于人民币盯住美元，人民币被动升值，深交所编制的人民币指数从110左右升值到124左右，升值约13%。用国际清算银行的人民币有效汇率指数计算，也同样得出人民币升值13%左右。

需要仔细考校的，是被动升值后的人民币汇率是高估还是低估。一方面，人民币被动升值，存在高估的可能性。另一方面，经常账户一直处于顺差状态（除去个别月份，大多是年初春节期间的季节性因素），人民币被动升值之后存在显著币值高估的证据同样不足。

保守起见，假定被动升值前6.15的汇率是均衡汇率，升值的13%是被动升值，考虑到经济增速快于国外，用经济增速差作为汇率客观升值需求的测度，估算得出其中的一半是客观要求的升值，另一半是被动升值。这样，大约有6.5%的币值高估。从6.15贬值6.5%大约是6.55。

这样的匡算无疑是粗糙的，很多因素都没有考虑。比如，中国的通货膨胀高于美国，客观上要求人民币贬值。但是，2014年下半年到2015年上半年两国的通胀水平都不高，差异也不大，影响不大。再考虑到6.15的起点偏保守，而且2014—2015年间中国的经常账户大幅顺差，6.6的估计应该是偏保守了。

上述讨论是到“8·11汇改”时的情况。“8·11汇改”以来，人民币贬值到6.9左右，已经超过了当初的计算。而且，此次汇改一年半的时间里，中国经济回暖，增速继续显著高于国外。综合考虑国内外经济基本面、投资回报率、通货膨胀、美元升值等因素，人民币汇率的均衡中枢大致保持不变，估计目前在6.6左右。

对2017年汇率形势的判断

“8·11汇改”以来人民币的快速贬值，源于资本的快速流出。资本的快速流出，并不是居民部门在国外有大量的优质投资机会，把资本转移到国外，而是源于人民币脱钩美元之后的资产债务重新匹配。人民币脱钩美元之后，持有人民币不再等价于持有美元。在美元升值的预期下，居民部门增加美元资产，减少美元负债，二者都需要增持美元，减持人民币，因此导致大量的资本外流。

需要判断的，是这一趋势还会持续多久，何时开始企稳、反转。从三方面因素看，应该已经接近企稳反转。

首先，从均衡汇率的角度看，目前的6.9左右的汇率显著低于均衡汇率，基本面因素不支持进一步的大幅贬值，这是长期基本面的因素。而且，由于国内增速继续高于国外增速，国内通胀小幅高于国外通胀，且国内外增速的差异大于通货膨胀的差异，均衡汇率有提升的压力。

其次，从国际资本流动的数据看，居民部门已经开始不仅增持国外的资产，而且增持国外的债务，显示去债务的过程已经接近尾声，国际资本流动逐渐常态化，不排除发生逆转的可能性。历经一年半，汇率市场化改革的一次性冲击的效果正在消退。

第三，预计2017年美元升值的幅度不大，且美元进一步升值的预期减弱。目前美元指数在101左右的水平上，预计美元还将进一步波动，但是单向升值的预期减弱，由此带来的对资本流动的影响也在减弱。

综合以上因素，判断2017年人民币汇率将逐步企稳，并可能回升。由于美元升值和短期资本流动的影响，人民币可能进一步贬值，破7是大概率事件，达到7.2、7.3一线的可能性都不可忽略。但是随着汇率改革冲击的消退和资本流动的逆转，2017年人民币汇率大概率触底回升，向均衡汇率逐步靠拢。

由于汇率波动性的增大，对汇率的点估计愈发困难，因此区间估计更加有意义。首先，从均衡汇率的角度看，升值和贬值的因素相抵，预计2017年底人民币兑美元的均衡汇率保持在6.6左右。其中美元升值的不确定性比较大，对人民币汇率的影响也比较大。其次，市场汇率会向均衡汇率逐步靠拢，但是在悲观情绪的影响下，有可能依然达不到均衡汇率，大概率达到6.8左右，落在6.6~7.0的区间内。考虑到年中汇率大概率破7，2017年的汇率很可能是先破7，再回升到7以上的态势。综合来看，2017年汇率走势可以概括为“波动加大，企稳回升”。

（本文写于2017年3月5日）

为什么不用担心资本外逃？

> 目前境外的投资回报率并不比境内高，资本其实是无处可逃。“8 · 11 汇改”以来的外汇储备减少，是因为企业和家户的资产债务的货币重新匹配，不能简单认为是资本外逃。

2015 年写过一篇小文章，题目是《2016 年人民币汇率预测：不会破 7》（以下简称《不会破 7》）。当时人民币贬值风声鹤唳，市场一片恐慌，“破 7 望 8”是很多人的判断。文章贴出来以后，批评之声四起。高盛的兄弟找上门来打赌，也只好接了。其实预测都有可能出错，文章的本意也是在市场恐慌的时候说一点理性的分析，本意也不是预测。但是毕竟点名批评了人家，不接招也说不过去。

其实不仅是高盛，市场主流意见都很悲观。包括较为熟识的师友，也替我捏了一把汗。其中，不少人持悲观的反对意见，拿不定主意的也替我担心，担心被市场“打脸”。

好在年前至今的市场走势，暂时验证了当初的判断，人民币似乎逐步企稳了。前几天（2016 年 3 月 15 日至 3 月 16 日）美联储又开会议息，不但没有加息，还大幅降低了年内加息的概率。这样美元升值的压力暂缓，美元指数已经从年前的100左右跌破95，贬值5个点。人民币贬值压力暂缓，对美元升值到6.46左右，比6.6的低点升值1 400点。一根阳线改三观，对人民币的乐观声音逐渐多起来。这个时点上，或者可以再说一下当初的判断究竟依据何在。短期的汇率波动并不能说明什么，只希望悲观的人们能听进去一点不同的声音。

《不会破7》一文的逻辑框架，是目前世界经济和货币在一个“比丑”的通道中。尽管中国经济一直下行，但是世界经济更差。美联储在2015年12月虽然启动了加息，但是争议很大。瘸子里面选将军的话，中国经济基本面并不算差，贸易依然保持顺差，大致匡算均衡汇率应该在6.6左右。考虑到汇率波动和超调，贬值到6.7、6.8都有可能，但是跌破7的概率甚微。

需要澄清的是，汇率的决定因素很多、很复杂，一篇专栏文章只能点到即止，不可能全面展开。比如，前文中重点阐述了经济基本面和经常账户，对于资本账户一笔带过。考虑到资本流动对于短期币值波动影响很大，本文补充说明资本账户的考虑。也就是，我为什么不担心资本账户，也就是资本外逃呢？

最简单的回答，是“无处可逃”。

中国人的资本出境，无非就是海外的股票、债券、房地产。目前除了中国，美国经济基本面最好，金融市场容量最大。简单看一下美国的情况，你就会知道其实对于绝大部分中产阶级而言，你根本就没办法大规模去美国投资。中国储蓄率这么高，资本量这么大，美国的金融市场根本接不住。美国的股票或者稍微便宜一点，可是中国人去买美股有什么优势？去美国做散户，还是在中国做散户？这看起来是个问题，其实答案很明显。

金融市场有一个稳健的现象，叫作“本国偏好”（home bias），说的是人们把大部分资产配置在本国，买股票倾向于买家乡附近的企业。说是“偏好”，其实是有道理的。异国他乡的资产，不了解、不熟悉，你敢买吗？不在美国定居几年，不了解那里的市场运作，你敢把真金白银投入那个完全陌生的市场？口头上称赞“高度发达、成熟完善的金融市场”是一回事，把真金白银的血汗钱投进去是另一回事。

还有人说去美国买房子，其实也没听起来那么诱人。你知道美国的房子为什么看起来便宜吗？因为持有成本高。大致匡算，每年的房产税 1%~2%，保险费 1%~2%，维修成本 1%~2%，这就是 4%~5% 左右的持有成本。除非你租出去，买房子每年就赔这么多，还不算房子的折旧。说到出租，那又是一大堆成本，非找专业的管理机构不行的。这时你就可以问了，倘若这生意好做，在全世界资本到处乱窜的年代，会轮到普通的中产家庭吗？

中产家庭的钱逃到美国，最后也就是买一些简单的理财产品，比如国债或者大额存单，回报率也就 2% 左右。规模大了，把美国国债买上去，连 2% 都拿不到。别忘了，这是个资产荒的年代，收益率没那么高的。早点接受现实，可以少一点幻想，少遭受一点损失。

至于企业和富豪的海外投资，其实本不用考虑。这些年企业海外投资管得并不严，想投资的已经出去不少。何况，海外投资说起来很美，却不一定能挣钱。人生地不熟的地方，真的是遍地黄金？没那么多好事。至于富豪转移资产，其实很多人早已把部分资产转移出去了。还没转移的，要么不敏感，要么还有其他考虑。身为富豪，对自己的资产配置如此后知后觉，毕竟是少数。

脑子里有这些概念，回过头来再看 2015 年 8 月到 2016 年初的人民币贬值，你可能会有不同的看法。外汇储备的减少，不一定是大规模的资本外逃，也可能是资产债务的币种重新匹配。

本来人民币是盯住美元的，持有人民币相当于持有美元。现在人民币汇率开始浮动了，于是人们就面临着币种匹配的问题。比如，前几年海外资金便宜，企业借了很多外债。根据瑞士日内瓦大学黄毅教授的测算，截至 2015 年底，中国企业的外币债券余额约 3 000 亿美元，非债券债务余额数据不好推算，拍脑袋以 2 000 亿美元计算。这 5 000 亿美元的外债，在人民币不再盯住美元的情况下，企业需要套期保值，防止汇率波动损失。外汇期货市场不完备，就只好先换外汇了。

此外还有一些外币需求。比如，境内企业有支付的需求，境内家户可能有一些外币债务，或者资产分散的需求，或者需要出国消费等。考虑到经济总量大，人口基数大，这也很容易产生上千亿美元的外币需求。此外就是银行和金融机构的套期交易，以及一些交易商的投机性交易。这样看起来，约 7 000 亿美元的外汇储备减少，并不是什么奇怪的事情，不一定意味着大规模的资本外逃。

把海内外的各方面情况放在一起看，“恐慌”似乎并没有强烈的基本面支持，外汇交易数据上也并没有确凿的证据。更加可能的情况，是固定汇率向浮动汇率转轨过程中，人们理性的币种匹配加上短期的投机因素，主导了 2015 年“8 · 11 汇改”以来的人民币汇率走势。短期的冲击之后，基本面的因素会慢慢占主导。大面上看，依然维持均衡汇率在 6.6 左右，不会跌破 7 的基本判断。

（本文写于 2016 年 3 月 18 日）

汇率市场化之“叶公好龙”

> 汇率市场化是汇率制度变化的方向，要趁早适应汇率波动和汇率超调。

2015年8月11日，是个要记住的日子。早上9点25分，中国人民银行发布《关于完善人民币兑美元汇率中间价报价的声明》，试水人民币汇率市场化。不管成败，这一天都注定要写入历史。

这个里程碑式的声明，只有124字，外加6个标点符号。鉴于其重要和简短，原文抄录如下：

> 为增强人民币兑美元汇率中间价的市场化程度和基准性，中国人民银行决定完善人民币兑美元汇率中间价报价。自2015年8月11日起，做市商在每日银行间外汇市场开盘前，参考上日银行间外汇市场收盘汇率，综合考虑外汇供求情况以及国际主要货币汇率变化向中国外汇交易中心提供中间价报价。

简单说，就是人民币汇率的中间价放开了。在单日浮动范围已经达到 2% 的情况下，再放开中间价，其实就是汇率市场化了。"有管理的浮动汇率"，从此不再是徒有其名。当然，全世界的浮动汇率都是"肮脏的浮动"（dirty float），有管理的浮动，中国的也不例外。

千呼万唤的汇率市场化，就这样到来了。幸福来得如此突然，市场有点猝不及防。当日，人民币兑美元中间价跳空低开，从前日收盘价 6.209 6 贬至 6.310 1，低开 1.62%，当日收盘价 6.324 8，收跌 1.86%。算点数的话，低开 1 005 点，收低 1 152 点。

第二日，市场依然没有从眩晕中清醒，中间价跳空低开 6.426 0，低开 1.6%，当日收盘 6.387 0，收跌 0.98%。

第三日，也就是 8 月 13 日，中间价平盘看盘，收跌 0.18%。至此，动辄千点的波动似乎已经过去，汇率市场化的"狂喜""眩晕"似乎以迅雷不及掩耳之势成为过去。其后，兑美元汇率又缓缓升值到 6.3 的水平，汇率市场化似乎就这样"平稳过渡"了。

不过，倘若真以为汇率市场化就这样平稳完成了，那就未免"图样图森破"（too young too simple）了。事实上，从 8 月 13 日开始的回升，被认为是央行喊话和引导的结果。到 2015 年 11 月，市场进入单边贬值。2016 年更以暴跌 0.68% 开局，连续四天下跌 1.7%，直到 6.599 8 的低位。上一次人民币兑美元在这样的低位，还要追溯到 2011 年 2 月，可谓"一夜跌回 5 年前"。

于是，人民币汇率暴跌，成为 2016 年初最重要的财经新闻。同时发生的股市暴跌，跌幅近乎汇率的 10 倍，人们反倒习以为常了。

回头看看"8 · 11 汇改"以来的变化，虽然剧烈，但着实谈不上离奇。汇率放开了，经济增速在下滑，而且因为盯住美元而被动升值，客观上有贬值的压力，回调一些很正常，而且回调的幅度并不大，总共不到 6%。

人们的反应同样正常。毕竟，人们习惯了“盯住”的、“固定”的汇率，不用管理汇率波动。波动一旦开始，人们缺乏处理的经验，对于陌生的事情，总是容易慌。有美元负债的人，眼看着债务增加，恐慌就更正常。

而且，所谓的均衡汇率在哪里，人们是不知道的。一旦开始贬，“底”在哪里，很难计算，毕竟，汇率波动取决于对未来经济的预期。而预期，谁说得准呢？

波动并不奇怪。奇怪的是，人们“鱼与熊掌”要兼得的心态——以前汇率固定，波动小，市场大声疾呼汇率市场化；现在放开了，市场又整天担心波动，一波动，就恐慌，恨不得再管起来。谁真的相信市场，谁叶公好龙，此时再清楚不过。

汇率市场化初期，波动可能会大一些，因为大家不适应，管理波动的经验不足。加上宏观经济下行，政策层面的不确定性也大，波动就会更大，于人们对波动的容忍力提出了挑战。其实，和一些主要的新兴市场货币相比，人民币的波动并不大，中国经济的基本面也相对不差，适度调整理所当然，过度悲观却没有必要。

“8·11 汇改”以后，人民币汇率波动的时代已经到来，喜不喜欢都一样。相信市场也好，叶公好龙也好，还是早点适应吧。

（本文写于 2016 年 1 月 18 日）

央行管理预期：一个伪命题

2015 年 8 月 13 日的央行吹风会，被认为是“8 · 11 汇改”的转折点。咀嚼会上的发言和问答，深感“预期管理”或者在央行的权限以外。

2015 年 8 月 13 日的央行吹风会，被认为是“8 · 11 汇改”的转折点。此前，市场对汇改普遍持支持、赞许的态度，“8 · 13”之后则一片批评之声，甚至把后来的人民币贬值也怪罪到“8 · 13”头上。在刚刚结束的达沃斯论坛上，IMF（国际货币基金组织）总裁拉加德也公开炮轰中国人民银行，指其“不会与市场沟通”，“市场现在一头雾水”。那么，“8 · 13”到底发生了什么，市场的观感为何急转直下？

“8 · 13”吹风会，主题是完善人民币兑美元汇率中间价报价，主持人是中国人民银行办公厅主任邵伏军，主讲人是中国人民银行副行长、国家外汇管理局局长易纲，以及中国人民银行行长助理张晓慧。吹风会 10 点半开始，首先由张晓慧发言。

张晓慧发言的要点有五个：（一）一段时间以来，人民币累积约 3% 的贬值压力；（二）时间窗口上，7 月的信贷偏松，给人民币带来了贬值压力；（三）根据国际清算银行的测算，2014 年以来人民币累积了 10% 左右的升值，有贬值的压力；（四）3% 左右的贬值压力已经一次性释放；（五）从长期看，人民币还是强势货币，经济基本面良好，中央银行有能力保持人民币在合理均衡水平上的基本稳定。

随后进入问答环节。易纲在回答提问时首先强调，这次改革后，“整个汇率形成机制更加市场化”，“一个市场化的机制更有利于长期的稳定”，“波动在可以承受的范围内”，“经过一个短暂的磨合期，就会恢复到一个正常的状态”，“固定的汇率看上去很稳定，但是实际上它在积累问题、积累矛盾、积累一些不均衡，积累达到一定程度也是不可持续的”。看起来，在易纲的理解中，“8 · 11 汇改”就是一次汇率市场化改革，应准备好容忍波动。

在回答英国《金融时报》记者的提问时，易纲明确了中间价形成机制：每天早晨开盘前，由报价商报价，报价时“主要参考前一天的收盘价，同时考虑外汇市场供求关系和这一夜欧美市场的变化”。然后，去掉报价中的最高价和最低价，其余报价的加权平均值就是公布的中间价。报价商是十多家银行，有中资银行，也有外资银行。

在回答有关外汇干预的提问时，易纲明确了“有管理的浮动”，就是当波动幅度超出特定区间的时候，进行管理，并明确每天的波动幅度是 2%。需要注意的是，易纲并没有否认前一天央行进行了干预，但他同时声明，“央行已经退出了常态式的干预”。

在谈及贬值的预期值时，易纲表示，作为央行的官员，不能“对汇率的水平说三道四”，央行更加注重“汇率形成机制的建设”。

易纲提醒说，从“国际收支”“经济增长”“一揽子汇率”等方面看，人民币汇率大体接近均衡。他反驳了“人民币要贬值 10%，要刺激出口”的说法，称之为“无稽之谈”——2015 年 1—7 月，经常项目顺差 1 900 亿美元，其中货物贸易顺差高达 3 000 亿美元，中国并不需要货币贬值促进出口。

关于跨境资本流动，易纲强调了“弹性的汇率”是“资本流入流出的稳定器”。简单说，倘若资本要流出，人民币高估的时候更容易流出，因为这时候一元人民币可以换得更多的美元。比方说，贬值之前，一美元值 6.2 元人民币，这时候人们要换一美元，花 6.2 元就够了。贬值后，一美元值 6.5 元人民币，这时候人们换 1 美元需要 6.5 元人民币。其他条件不变的情况下，此时资本流出的成本更高，积极性应该下降，这就是易纲讲的“稳定器”。

关于截至当时的资本流动，易纲认为“是平衡的”。从 2014 年 7 月到 2015 年 7 月，外汇储备从 3.99 万亿美元的高位降到了 3.65 万亿美元，下降了 3 400 亿美元。易纲分析道，少掉的这 3 400 亿美元，主要由三部分组成：一是变成了境内居民和企业的境内美元存款，也就是钱从外汇管理局的账户跑到了企业和居民的账户；二是国内企业对外投资，“一带一路”建设等，也用了一些美元；三是外汇储备中欧元、日元贬值造成的汇兑损失。

在被问及中国资本项目开放问题时，易纲强调“逐步实现、有序实现”是中国的既定方针，是党的十八届三中全会的决定。而且，在过去五六年间，资本项目开放程度已经大大提高。其实，倘若不是资本项目开放程度大幅提高，现在的人们也不用如此担心资本外逃的问题。

吹风会 10 点半开始，12 点 10 分结束，持续 100 分钟，新华网的通稿共 9 641 字。通篇读下来，感觉两位官员中规中矩，精通业务，甚至有学者之风。倘若非要“找茬”，可以商榷的地方大概有两点：

其一，说贬值空间只有 3%，有待商榷。我相信张晓慧一定做了认真的计算，央行掌握的数据或者也比公布的数据多。但是即便央行的计算结果是 3%，也不一定要这么说。一来，不管什么模型的结果，都只有参考的意义，而且误差总是难免——算出来 3%，实际上是 4%~5%，甚至更高，是完全可能的。按照我自己粗略地计算，贬值的空间在 6% 左右。二来，即便对 3% 深信不疑，也可以不说，或者说个大致的范围就好，以便给政策留下更大的空间。三来，从策略的角度考虑，不妨说一个大一点的数字。比方说，说个 6%，甚至 8%，这样在 3% 的地方不用干预，到了 6% 以后再干预，干预的成本要低很多。

反观易纲的发言，则一直强调市场决定，不能“对汇率的水平说三道四”，央行更加注重“汇率形成机制的建设”。这样说话，似乎好一点。然而，这就引出了要商榷的第二个问题，就是为何两位官员的表达口径不一致？这样将传达什么样的信号？

易纲似乎有意支持张晓慧，在回答问题时提到“晓慧刚才也讲了，今年以来，名义有效汇率和实际有效汇率升值了 3% 左右”。可是，这和张晓慧的表达还是不一致的，张强调“3% 左右的累积贬值压力得到一次性释放，此前的偏差校正应该说已经基本完成”。央行如此重要的部门，吹风会字字珠玑，如此重大的差异，市场不会不注意。看起来，拉加德吐槽“市场一头雾水”，也不是完全没有依据。

第三，易纲强调“要相信市场，要尊重市场，甚至要敬畏市场，要顺应市场”。我相信，易纲真的是这么想的。可是在一个相关的问题上，市场不太相信易纲说的话，这就是汇率干预问题。既然相信市场，为何着急干预？即便相信3%的贬值压力已经释放，也不用着急干预，而是放手让市场寻找均衡，这才是真的相信市场。

在现场，当记者问到央行干预的问题时，易纲并没有否认，给市场留下了默认的印象。倘若没有干预，不妨明确否认。倘若波动加大，再果断出手干预，也属正常。而且，此时出手的点位低，成本要低得多。至于在高位卖出人民币的人，只好自认损失。笔者善意地猜测，央行的两位官员，还是怕老百姓犯错误，把手中的人民币低价抛出，吃了亏。这种“父爱主义”的倾向，一些好心的官员经常有。本意是好的，效果则未必。

话说了这么多，还是觉得两位官员专业、诚实，不应苛责。至于后来市场的继续大幅贬值，可能是因为均衡尚未达到，也可能是因为预期太悲观。

说到“预期管理”，其实人们的预期，由各种因素决定，波动也会很大，不是央行这样一个部门能够“管理”的。在信息高度发达的今天，在复杂变化的环境里，预期管理可能是个伪命题。

（本文写于2016年2月2日，原文标题《央妈能够管理预期吗？》）

“藏汇于民”绕不开人民币升值

本文写于2011年10月10日，当时人民币还在升值，外汇储备还在增加。巨额的外汇储备，是全国人民在海外的储蓄，就像一块巨大的唐僧肉。世界上只要有唐僧肉，就不会缺想吃唐僧肉的妖精，有多少孙悟空也没用，何况孙悟空自己可能就是妖精。根本的解决办法，是“藏汇于民”，让万千百姓来管理自己的储蓄。“藏汇于民”的根本办法，是让人民币升值。2015年的“8·11汇改”，其实就是一次“藏汇于民”。

截至2011年7月，我国外汇储备达到3.2万亿美元，在数量级上约是排名第二的日本的三倍，世界最大经济体美国的70倍，约占全世界外汇储备总额的三分之一。规模如此之大的外汇储备，早已超过任何外贸结算需要的范畴，足以证明人民币币值的的确确是被低估了。

负责管理这3.2万亿美元巨额资产的，是外汇管理局的储备司，大约有300人，平均每人管着100多亿美元。如此天量的资产握在手里，大概羡煞了全世界无数的基金经理。可是对于他们而言，这也是个幸福的烦恼，因为手中的权力同时也意味着责任。一位储备司的同事曾经说过这样一句话：这可是全中国农民工的血汗钱，拿在手里总有战战兢兢的感觉。话虽不完全准确，但是其中要表达的主要观点却是过得去的：这是全中国人在海外的储蓄，不能有闪失。现在欧洲、美国陷入债务危机，发达国家经济增长放缓，主要储备货币币值不稳，投资手段愈发匮乏，这样的担心越来越必要了。

如何处置这么大一笔外汇资产，一直是人们讨论的焦点。很久以前，分给老百姓的观点就被提出来过。这钱是国内企业和居民出口挣来的，还给老百姓道理上似乎说得过去。问题是怎么分？出口换来的是外汇，国内企业把外汇卖给央行后形成了外汇储备。在这个过程中出口企业已经拿到了一回钱，那这第二回钱怎么拿呢？一次收入又怎么能拿两次钱呢？这是个显然的矛盾，根源在于外汇储备已经对应了国内的货币，不能简单拿到国内花。

最近讨论较多的一个说法是“藏汇于民”，这其实与许多其他国家的现行做法是不谋而合的。比如日本，其外汇储备只有我们的三分之一，但是日本居民和企业通过对外直接投资、证券投资、实物资产投资等方式，拥有大量的海外资产，并通过这些资产获得投资回报，这就是“藏汇于民”的实质所在。与积累巨额外汇储备相比，“藏汇于民”相当于省去了我国的结汇这一道程序，让居民和企业持有和管理外汇资产。当然，不仅仅是出口部门，非出口部门的居民和企业也可以购买外汇，然后进行海外投资，持有海外资产。

一个国家的海外总资产，由官方储备和私人部门的海外资产组成，我国的不同之处在于，政府把民间的外汇全部收集起来，统一管理。收集的方法并不是采取强制的办法，而是出一个高价买。企业每挣到一美元，央行就出一个高价买过来，这个高价以前是 8.27 元，最近下降到 6.35 元左右。在我们的外汇交易市场上，央行几乎是唯一的买家，大手买下几乎所有的外汇，就是用这个高价。央行之所以能出一个最高的价，无他，就是因为这个出价的成本就是印票子，不用央行自己还，最后成为铸币税，全国人民一起还。当然，央行出这个价并不是真的没有成本，票子印多了引发通货膨胀就是成本。央行怕票子印得太多，发央票对冲，也忙得不亦乐乎。

问题分析到这里，就会发现症结还是在汇率。倘若我们的央行不出这个高价，就不会买下所有的外汇，一部分就会留在私人部门。这样做的方法也很简单，就是央行降低自己的出价。央行的出价降得足够低，就会有别的买家出现，把外汇买去投资，外汇就会慢慢散布于民间，也就“藏汇于民”了。当市场上出现别的买家，在一定规模上替代央行购买外汇时，也就是市场开始帮助决定汇率了。而央行降低出价的过程，就是人民币升值的过程。

另外，人民币升值不仅可以帮助减少外汇储备的增量，也可以帮助消化外汇储备的存量，横竖最后就是一个价格，增量买完了，市场上的买家还可以买存量，央行可以反手卖出以前买下的外汇，所以汇率改革不仅可以减少外汇增量，还可以减少外汇存量，实现“藏汇于民”。

外汇散布于民间的好处是，无数分散的居民和企业会寻找不同的投资机会，实现外汇资产收益的优化，也就把我们储备司的同事们解救出来了。为什么分散管理的收益会好于统一管理？这里面的道理和市场经济好于计划经济是一样的。分散的居民和企业可以充分利用分散的信息，寻找每个个体可能利用的不同的投资机会，这些机会大多是拿着 3.2 万亿美元的外管局无法拥有和利用的。

外管局不能利用这些机会，有很多原因。其一，外管局管的钱太多，很多机会不需要这么多钱，而外管局又不能化整为零进行投资，这样在机构设置上的要求太高。其二，很多机会是需要和特定的人或者机构、企业结合的，需要持续的经营管理。比如在海外投资一个企业，需要一个管理的团队过去，这样的事情外管局是不适合做的。其他的原因还有很多，比如某个企业家可能很好利用一些机会，实现赢利，而其他人可能就用不好这些机会。强行使用，发生大规模损失不是不可能，而是很可能。

上面的分析表明，如果说"藏汇于民"好比是利用市场机制来管理外汇，现行体制就好比是在外汇管理中的"计划经济"。改革开放以来的经验归结为一条，就是充分利用市场机制来配置资源。我国的改革奉行渐进式的逻辑，意味着很多改革措施还没有到位，外汇管理体制就是明显的例子。其实我们不是没有改革，从 1994 年汇改，到 2005 年以来的汇改，我们在不断摸索和前进当中。问题是，由于改革措施的渐进性、不彻底性、滞后性，现在的问题已经越积越大，不加快改革的话，未来的问题会更大，加速人民币升值已经是一步非走不可的棋。

朱镕基总理在 1993 年就指出，汇率改革这一步棋下好了，就会"全盘皆活"。虽然现在的具体情形不一样了，但是"汇率是纲"这一条依然对头，宏观经济运行的各个方面都受到汇率制度的制约。多年前的智慧，现在依然适用，要进一步汲取。国际合作中有一些其他的考虑，但是在经济分析中，人民币升值有利于我国的经济调整这一条，需要说清楚。

讨论中有一些"藏汇于民"方案，实际上却有偏离了"藏汇于民"的实质的嫌疑。比如，把一部分外汇资产划拨给特定的机构进行管理，或者划拨给社会养老金机构用来弥补养老金不足，或者划拨来弥补银行资本金的不足，甚至是填充地方融资平台贷款的损失等。这些办法的着眼点不是外汇管理，而是外汇储备的再分配，看不出这些办法如何能帮助外汇储备保值增值。

这些办法当中，划拨给特定机构进行管理，就相当于另设一些中投公司，无法解决根本问题，且中投公司的运作还在实验摸索当中。而划拨给各种各样的机构使用，都是外汇资产向特定机构的转移，实质是转移支付，而不是外汇资产管理，更不是让有投资机会的居民和企业在公平的价格上购买和使用外汇。而且，这些外汇资产要在国内使用，还要换成人民币。倘若不进行汇率调整，还是被央行买回去，本质就是央行直接往他们的户头上写个数。汇率是纲，汇率搞对了，其他的问题也就迎刃而解了。汇率搞不对，只好在原地绕圈圈，怎么搞都没有头绪。

关于各种各样的划拨方案，好有一比：外汇储备是全国人民在海外的储蓄，就像一块巨大的唐僧肉。世界上只要有唐僧肉，就不会缺想吃唐僧肉的妖精，有多少孙悟空也没用的，何况这是一块 3.2 万亿美元的唐僧肉，又何况孙悟空自己可能也是妖精。寻租者的想象力，编造新名词的能力，混淆逻辑的能力，是永远毋庸担心的。

还有一种观点认为，居民和企业缺乏海外投资经验，“藏汇于民”会导致外汇资产的大规模损失。对于这种说法，我就真的是无言以对了。居民和企业自己的钱自己不会打理，“特殊的机构”反而会打理？那么你的钱为什么不交给我打理？这种观点你信不信我不知道，反正我不信。

（本文写于 2011 年 10 月 10 日）

人民币贬值与服务业停滞

我国服务业发展水平严重滞后。分析服务业在过去30年的增长路径，这主要是由两次发展停滞导致。而这两次停滞，都伴随着人民币的大幅贬值。

2009年底，我国服务业占国内生产总值的比重为42.6%。这是什么概念？同期世界平均水平约为70%，高收入和中高收入国家分别达到73%和60%左右，而中低收入和低收入国家的份额也有45%左右。换句话说，我国的服务业发展水平要低于低收入国家的平均水平。

从国别来看，发达国家如美国、英国、法国都达到近80%的水平，日本和韩国分别约为70%和60%，“金砖四国”中巴西、俄罗斯和印度分别达到66%、59%和54.6%。以印度为例，其人均收入只有中国的一半左右，但是服务业在国内生产总值中的占比却要比中国高出整整12个百分点。这组数据的含义是：我国服务业发展水平，不论是从绝对还是相对的意义上说，都严重滞后。

这12个百分点的差距给我们留下很大的想象空间。假设第一、二产业产值给定，而增加服务业产值以达到印度的比重，那么服务业产值需要增加约 60%，人均收入相应增加约 26%。换句话说，以印度的服务业比重为标准，我国的人均收入水平因服务业发展滞后被拉低了四分之一。这一简单估算显示了发展我国服务业可能带来的收入增长，这里面没有考虑服务业的发展会反过来进一步促进第一、二产业的发展，因此实际的潜力会更大。

数据当然不可全信。统计误差、统计口径的差异永远存在，各国企业的形态也有区别。可是，中国与他国之间差距如此巨大，无法完全用统计因素来解释。即便中国服务业所占比重大幅上调 5 个百分点，这个比例依然很低，服务业发展严重滞后的判断依然成立。

仔细研究历史数据，我们发现，中国服务业在过去 30 年的增长路径中，出现了两次明显中断，其间占比不升反降。第一个阶段是从 1992 年到 1996 年，其间服务业占比从 34.8% 下降到 32.8%；另一个阶段是从 2002 年到 2008 年，服务业占比从 41.5% 下降到 40%。两个时期加起来共 10 年，占了 1980 年至今的三分之一时间，其间服务业占比累计下降 3.5 个百分点，平均每年下降 0.35 个百分点。

作为比较，从 1980 年到 1992 年，服务业占比从 21.6% 上升到 34.8%；从 1996 年到 2002 年占比从 32.8% 上升到 41.5%。两段时间加起来 18 年，服务业占比共上升 21.9 个百分点，平均每年上升 1.1 个百分点。

有意思的是，倘若在中断期间的 10 年中，这个比重以正常速度增长，即每年上升 1.2 个百分点，到 2009 年底时，中国服务业占比应该达到 56.4%，稍微超过印度。换句话说，我国服务业相对于印度的落后，完全可以由这两次停滞解释。

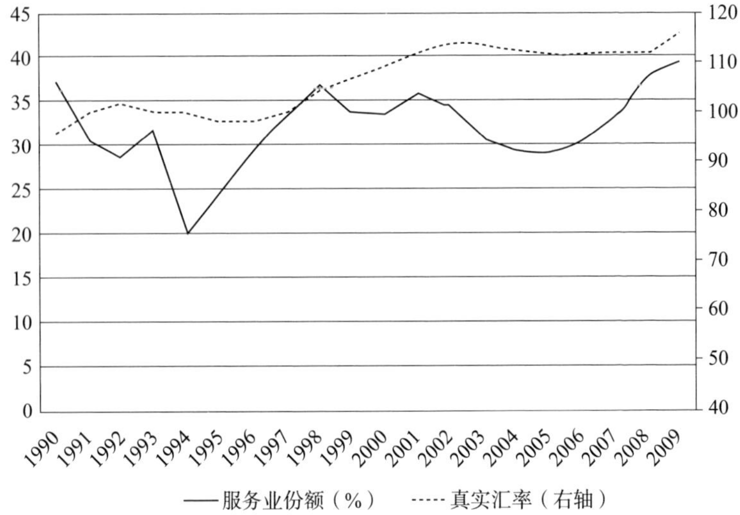

图 5–2 服务业份额与真实汇率的变化密切相关

需要指出的是，以上分析基于我国的时间序列数据，因此不受不同国家之间统计口径不一、企业形态差异等因素的影响。另外一个考虑是我国服务业产值的统计遗漏，但是要用这一因素解释这两次停滞，就需要假设统计遗漏在这两段时期相对在其他时期大幅增加，这个不太可能成立。

为何会发生这两次中断，就成了问题的关键。数据分析表明，服务业发展停滞的这两段时期，都对应着稍前时期的人民币实际汇率的贬值。1992—1996 年的服务业停滞对应着 1990—1994 年的人民币贬值，2002—2008 年的服务业停滞对应着 2001—2005 年的人民币贬值。而服务业在 1996—2002 年的迅速发展则对应着人民币在 1994—2001 年间的显著升值。

这种很强的相关性背后，可能有两个原因。一是人民币贬值促进出口，导致第二产业增长提速，即便服务业正常增长，其份额也会下降。二是人民币汇率的变化改变了服务业与出口行业的相对利润率。人民币贬值，意味着出口行业的外汇利润折算成人民币后增加，提高了出口行业以人民币计价的利润率，这进一步促使资源向出口行业转移，抑制了服务业的发展。服务业份额变化滞后汇率变化1~2年，则可能是由于对于汇率信号的反应和资源在不同部门之间的转移都需要时间所导致。

上述推测得到过去30年净出口数据的支持：服务业停滞的两段时期，都伴随着净出口的大幅增长。

有一个新变化值得注意：2009年服务业的份额从2008年的40%大幅上升到42.6%，一年间猛涨2.6个百分点。而在此之前，这一份额自2005年起停止下降，徘徊在40%的水平，直到2009年大幅上升。这与2005年7月开始的人民币汇率改革以及随之而来的人民币汇率止跌回升，在时间上大致吻合。

倘若以上分析成立，近年来开始实行的更加灵活的汇率政策将有利于服务业的发展。

（本文写于2010年8月16日）

第六章

SDR 是个花架子

SDR：玩的就是花架子

> 国际货币基金组织的 SDR 是储备提款权，而不是储备货币。目前国际储备货币主要以美元和欧元存在，SDR 的发行量很小，作用微乎其微。人民币加入 SDR，对于人民币国际化仅有象征意义，最多是一个阶梯。

最近吵得沸沸扬扬的一件事，是人民币要加入国际货币基金组织的 SDR。据说，财政部为了满足人民币加入 SDR 的条件，拟发行期限为三个月的短期国债，这样人民币就有了通用的三个月基准利率。

这样的消息，不禁让人莞尔。看来，传说中的“以开放促改革”，不是完全没有道理的。当然，短期国债的成败，还取决于国内金融市场的发展。尽管如此，倘若 SDR 能够起到催化剂的作用，也还不错。

那么，这个 SDR 到底是什么？人民币加入 SDR 对中国有什么好处？

SDR 全称是“特别提款权”（special drawing rights），是国际

货币基金组织“发行”的外汇储备资产。请注意,SDR是储备“资产”，而不是储备“货币”。这是因为，SDR并不能直接当作储备货币来使用，而只能在需要的时候用来“提取”储备货币。这样一来，SDR作为“外汇储备”的功能，实际上是间接的，是要转一道手的。没办法，SDR并不是主权国家发行的货币，也不能在民间使用，而只是IMF用来协调国际收支平衡的工具。

其实，SDR还有一个更加达意的名称，叫作“储备提款权”（reserve drawing rights），这才是1969年一开始酝酿SDR的时候，IMF建议的名字。只不过，这个名字听起来更像是“储备”，引起的争议更大，后来才改成“特别提款权”。名字改了，实质没变，只是从一个侧面说明了，SDR从诞生伊始，就是充满争议的。

具体而言，SDR作为“提款权”，能够提取什么呢？提取的是其他国家的储备货币，也就是那些常见的可以自由使用的货币，比如美元、欧元、英镑、日元、瑞士法郎、加拿大元等。一个国家遇到了外汇危机，比如储备货币不够用的时候，就可以用SDR来换取储备货币，渡过难关。换取的方式，无非是找其他储备货币充足的国家换，找不到的时候，IMF也可以帮忙找。根据IMF自己的研究，这个兑换过程可能需要几天，也就是说，SDR的流动性其实也没有那么好。而且，兑换货币要付利息，渡过难关之后，还要想法把用掉的SDR补回来。

至此,SDR作为“储备资产”的性质，算是清楚了。不清楚的，是SDR的价值怎么计算。刚才讲到，SDR可以用来换取储备货币，那么换算比率是多少？这就涉及SDR的货币篮子的问题了。本文开头提到人民币加入SDR，说的就是人民币加入SDR货币篮子，变成决定SDR价值的货币之一。目前，SDR的货币篮子包括四种货币，分别为美元、欧元、英镑、日元，在货币篮子中的比重分别为 41.9%、37.4%、11.3%、9.4%（如图 6–1 所示）。每天 SDR 的价值，以及使用 SDR 时需要支付的利率，就是根据这四种货币的价值和权重计算出来的，每天都会在 IMF 的网站上公布。比如说，2015 年 9 月 24 日，一个 SDR 的价值相当于 1.406 美元，SDR 的利率为 0.05%。

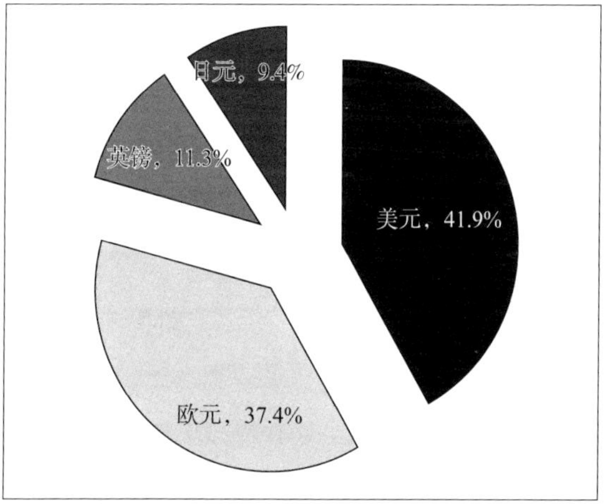

图 6–1　SDR 货币篮子成分和占比

说到这里，SDR 的作用基本清楚了。其实，SDR 就是个计价单位，不是真正的储备货币。一个国家遇到了外汇紧张，可以拿 SDR 来应一下急，换点储备货币缓解国际收支的紧张。可是用完了要还的，终究还是要靠出口换汇，实现收支平衡。每个 IMF 的成员国都根据其在 IMF 的份额免费得到一定数量的 SDR，不用的话没有成本，用多少付多少利息，而且要求补齐到初始的水平，不然继续付利息。

那么问题来了，这 SDR 在国际储备体系中的地位有多高？说起来好笑，目前SDR的发行总额为2 040亿单位，相当于2 870亿美元，而全球储备总额约为11.4万亿美元，SDR总量只相当于全球储备总额的2.5%，可谓是微乎其微。2 870亿美元什么概念？只要想一下我国储备的峰值在4万亿美元，最近稳定外汇市场就花了上千亿美元，就知道将近200个国家分2 870亿，实在是杯水车薪。

事实上，全球储备货币主要以美元、欧元的形式存在，分别占64%和21%。美元和欧元在国际贸易和国际储备中的地位，是它们在SDR中占有重要权重的原因。而且，既然SDR并不是真正的储备货币，需要外汇储备的国家并不会去积累SDR，而是会直接积累美元、欧元等储备货币。

回到本文开始的问题，人民币加入SDR货币篮子，对我们有什么好处？看起来好处并不大。SDR就是个计价的单位，除此以外并无太多实际价值。人民币加入的话，无非就是计价的组成和权重变一下，对中国的外汇储备、货币政策等，都没有直接的实质影响。如果有，也就是我们的货币进入SDR的货币篮子了，倍儿有面子。仅此而已。

细心的看官可能会留意，为何SDR的发行份额这么少？IMF为何不多发行一些？只要发行足够多，就可以完全满足各国的储备需求，各国就不需要储备黄金、美元了。

其实，问题就出在这里。IMF设立SDR的初衷，就是要创造一个储备货币。可是，这是要替代美元的，美国人当然不答应了。而且，发行额外的SDR需要85%的投票同意，而美国拥有16.74%的投票权。因此，美国实际上是拥有否决权的。

说来可怜，SDR听起来很“高大上”，但背后并没有一个强大的主权国家，连货币都不是；IMF说起来也是“高大上”，其实也只是一个国际合作组织而已，并没有独立的地位。由于美国在IMF的份额很高，IMF实际上是由美国控制的。目前美元风光无限，自然不愿意让其他储备资产威胁美元的地位。这样一来，IMF发行的SDR，在目前国际货币体系当中，也就是个纸糊的花轿子。众人抬一下，就可以风光一下。要说散架，那也是很快的。

突然想起来小时候背诵的时事政治的一道考题，问联合国秘书长是谁。还记得当时是南非人安南。印象里，联合国秘书长是个很高、很风光的职位。后来才知道，他并没有什么实际的权力。今天的联合国秘书长是谁，不知还有多少人知道。

（本文写于2015年9月28日）

“美国式”让步

人民币已经完全满足“出口总量”的条件，基本满足“可自由使用”的条件。美国是“假装”让步，还是真的让步，且待即将到来的IMF会议见分晓。

习近平主席访美，美国在人民币加入SDR货币篮子问题上的立场，似有所松动。这样的消息，当然是令人高兴的。尽管SDR只是国际货币基金组织的计价单位，发行总量很小，在现行国际货币体系中的作用也很小，但是在未来国际货币体系的演化中，SDR或许会扮演重要角色，作用会越来越大。至少，周小川行长是这么想的。

既然有潜在的重要性，不妨看仔细一点。找来原文一看，还真不敢太乐观。访美成果清单中的原文是：“美方支持中方关于进一步推动金融改革和资本市场改革的承诺，相应地，美国重申在人民币符合IMF现有标准的前提下支持人民币在SDR审查中纳入SDR篮子。双方承诺尊重IMF在SDR审查中的程序和流程，并将在人民币加入SDR事宜上加强沟通。”

仔细看这段话，里面有三层意思。

其一，中方承诺进一步推动金融和资本市场改革，以达到人民币加入SDR的要求。其实，这两年，尤其是今年，为了人民币加入SDR，我们已经做了很多改革工作，比如汇率改革、利率市场化、资本账户开放、离岸人民币结算、货币互换、债券市场准入、发行短期国债等。而美方，仅仅是“支持”这一承诺。看起来，这一“支持”对美方而言，也没什么成本。

其二，在此基础上，美国“重申”在人民币符合IMF现有标准的前提下支持人民币在SDR审查中纳入SDR篮子。也就是说，以前就是这个立场，现在重申一下，而且是在中国“承诺”“进一步推动金融改革和资本市场改革”的前提下。2015年3月美国财长访华后，6月的中美战略经济对话中，都有类似报道，美国的立场也与这次类似，最多措辞上有所不同。

其三，美国支持人民币加入SDR的货币篮子，是有前提的，就是要满足IMF现有标准。需要指出的是，这个标准有很大的主观性，最后是“投票”决定，而且需要70%的多数票支持。现有体系下，美国有16.74%的投票权，日本有6.23%的投票权，加起来有22.97%的投票权。而且，倘若美国在讨论中发表负面意见，说人民币尚未满足要求，对其他国家的投票应该会有很大的影响。如此看来，美国的态度依然关键。

技术层面，核心的问题是“符合IMF现有标准”。那么，“现有标准”是什么？翻看IMF的文件，一种货币加入SDR的货币篮子，主要有两大标准，一是发行国（或者货币联盟，比如欧元区）的出口总量，二是该货币“可自由使用”（freely usable）。

先来看出口总量这个标准。在IMF的说明中，一国的货物和服务出口总量，是加入SDR的“门槛”指标。这一项达标了，才进入讨论，否则免谈。目前 SDR 包含四种货币，分别是美元、欧元、英镑、日元。这一构成，是 2000 年决定的，当时这四个国家（经济体）的货物和服务出口总量为全世界最大。IMF 每五年评估一次 SDR 货币篮子的构成，条件成熟时修改。到 2010 年的时候，中国的货物和服务出口总量已经超过英国和日本，仅次于美国和欧元区居全世界第三，已经满足了“出口总量”这一标准。

而且，其他出口较大的国家，比如韩国、新加坡、加拿大、瑞士、俄罗斯等，离现有 SDR 成员国的差距比较大，且这些国家的经济已经差不多进入稳态，短期内估计也不会达到“出口总量超过一个 SDR 成员国百分之一”这一标准。所以，所谓 SDR 货币篮子的调整，短期内也就是人民币加入 SDR 的问题。至于长期，那要看印度的经济是否争气。

2010 年评估的时候，IMF 裁定人民币还不是“可自由使用”货币，因而没有把人民币放进 SDR 的货币篮子。这就涉及 SDR 的第二条标准，即货币“可自由使用”。“可自由使用”有两层意思，一是“广泛使用”（widely used），二是“广泛交易”（widely traded）。

明眼人一看，就知道“广泛”是个主观性很强的概念，需要辅助指标来判断。IMF 使用如下几个指标来判断是否“广泛”。关于“广泛使用”，IMF 主要看官方外汇储备、国际银行债务、国际债券债务中一个货币的比重。关于“广泛交易”，IMF 看外汇市场上一个货币的交易量。

表 6–1 摘抄了 IMF 研究中的一些数据，从中可以看出几点。表 6–1 显示，人民币在这几项指标上不占显然的优势，相比美元、欧元、英镑、日元这四个 SDR 货币依然有一定的差距。可是，人

民币的表现也不算差，和包括澳元、加元、瑞士法郎、新西兰元所在的第二梯队差不多。从这些指标看，也很难说人民币不是“广泛使用”和“广泛交易”。如果人民币不是，试问瑞士法郎是吗？澳元是吗？倘若澳元和瑞士法郎都不是，就等于是只有美元、欧元、英镑、日元才是“可自由使用”货币，有点自我循环的意思了。

表 6–1　“可自由使用”主要指标占比

	广泛使用		广泛交易	
	官方储备份额（2014，%）	国际银行债务（2014 四季度，%）	国际债券债务（2015 一季度，%）	外汇交易量（2013，%）
美元	63.7	52.1	43.1	43.5
欧元	21.0	29.7	38.5	16.7
英镑	4.1	5.4	9.6	5.9
日元	3.4	2.8	2.0	11.5
澳元	2.1		1.3	4.3
加元	2.0		0.9	2.3
瑞士法郎	0.2	1.7	1.4	2.6
新西兰元	0.2			1.0
人民币	1.1	1.9	0.6	1.1

注：空白表示该货币占比较少，而没有进入常见统计。

表 6–1 显示人民币基本达到“可自由使用”的标准。在此之外，还有四个重要的因素需要考虑。

其一，表 6–1 的数据，是不包含中国大陆、香港、台湾、澳门之间人民币的交易和使用的。按照现行统计口径，这些属于境内，而不是“国际”范围内人民币的使用。考虑到现实中的情况，特别是香港的国际金融中心的地位，这个口径是有商榷的空间的。

其二，人民币在国际上的使用和交易，具有上升的势头，近几年各项指标都在上升趋势中。近几年人民币国际化的努力，仅仅是初见成效，效果还会进一步显现。倘若 IMF 前瞻地、动态地考虑人民币的使用和交易，应该会得出更加积极的判断。其实，除了上述主要指标，IMF 还考虑一些辅助指标，比如新增国际债务、跨境支付、贸易融资等。其中贸易融资一项，人民币的表现尤为突出，占全球贸易融资的 3.9%，居第三位，仅次于美元（85.6%）和欧元（7.2%），超过日元（1.9%）和英镑（0.2%）。由此看来，人民币的使用的确已经很广泛了。

其三，加入 SDR 会在一定程度上促进人民币的使用和交易。倘若今年 IMF 把人民币放入 SDR 的货币篮子，人民币的使用和交易势必快速增长，可能很快追上甚至超过英镑和日元。

其四，IMF 的决策周期，也是一个需要考虑的因素。IMF 每 5 年才评估和修改一次货币篮子。倘若这次不将人民币加入的话，就要等待漫长的 5 年，即 2020 年的下一次评估。这样的话，相当于把人民币拒之国际货币体系的门外，逼迫人民币不得不另谋出路。目前全球经济金融形势动荡的情况下，这样的不合作行为，尤为不可取。

简言之，人民币已经完全满足“出口总量”的条件，基本满足“可自由使用”的条件。美国是“假装”让步，还是真的让步，且待即将到来的 IMF 会议见分晓。

（本文写于 2015 年 10 月 12 日）

“可自由使用”货币的由来

> 1973年SDR诞生时，SDR货币篮子只有“出口总量”这一个标准，一直到2000年中国加入WTO（世界贸易组织）时，才加入“可自由使用”这第二条标准。2010年人民币已经满足出口总量的这一传统标准，但是被“可自由使用”这一新增标准拒之门外。2015年，人民币终于加入SDR。

前文提到，人民币加入SDR的货币篮子，需要满足两项标准，一是中国的货物和服务出口占到世界前列，二是人民币是“可自由使用”货币。目前的情况是，出口标准已经完全达到，“可自由使用”基本达到。因为“可自由使用”有解释和判断的弹性空间，也是悬念的焦点。

先说第一条标准。2010年上一次评估的时候，IMF已经判定中国的出口总量达到要求，当时中国的出口就超过了SDR成员国日本和英国，位居世界第三。过去几年里，中国在全世界的出口份额继续增加，满足这一标准是没有问题的。

第二条标准，也就是“可自由使用”，意指一个货币在国际金融交易中被“广泛使用”和“广泛交易”。从IMF使用的官方储备占比、国际银行债务占比、国际债券债务占比、外汇市场交易量这几项指标看，人民币基本达到“可自由使用”的要求，数据上比现有 SDR 货币（美元、欧元、英镑、日元）还有差距，但是和其他较为广泛使用的货币（澳元、加元、瑞士法郎）等差不多。可是，人民币国际化的势头刚刚开始，人民币的自由使用在上升趋势中。剩下的问题，就涉及对这个标准的理解和判断了。

既然涉及理解与判断，了解 SDR 的来龙去脉，应该是有必要的。SDR 成立于 1969 年，是为了弥补美元危机下国际储备货币的不足，一开始有替代美元的意思，倘若美元不行了，SDR 将成为国际储备货币，以支持当时的国际货币体系（也就是布雷顿森林体系）。初始的定价，1 个 SDR 就等于 1 美元，由于当时美元和黄金挂钩，SDR 也是和黄金挂钩的，1 个 SDR 等于 0.888 67 克黄金。

1973 年布雷顿森林体系解体，SDR 也脱离黄金，转而依靠货币篮子定价。1974 年定初始货币篮子的时候，定的就是全世界出口份额超过 1% 的 16 个国家的货币。1980 年的时候，SDR 的货币篮子由 16 种货币减少到 5 种，即美元、德国马克、法国法郎、英镑、日元。1998 年时，由于欧元成立替代了德国马克、法国法郎等欧元区货币，欧元替代了德国马克和法国法郎进入 SDR 货币篮子。2000 年的时候，IMF 决定引入“可自由使用”作为货币篮子的第二条标准。

简言之，1974—2000 年，SDR 货币篮子历经了两次变化，但只有一个标准，就是货物和服务出口量在全球的占比。“可自由使用”这个标准，是 2000 年才引入的。

行文至此，不禁唏嘘。现在人民币加入 SDR 卡在“可自由使用”这一“新增”标准上，这一条新增标准恰恰是 2000 年引入的。

2000 年这个时间节点，蛮有意思的。中美于 1999 年 11 月 15 日签署了双边协议，为中国加入世界贸易组织铺平了道路。次年 5 月 18 日，中欧谈判达成协议，中国加入 WTO 几成定局。

就是在这样的背景下，SDR 货币篮子的准入标准中加入了“可自由使用”这一项。2001 年，中国成功加入 WTO，随后国际贸易飞速增长，很快超越加拿大、英国、日本等国，成为世界第三大出口国，完全达到加入 SDR 的出口总量的标准。倘若没有 2000 年新增的这一标准，现在人民币已经完全合规了。历史的机缘巧合，也真是让人大呼蹊跷。

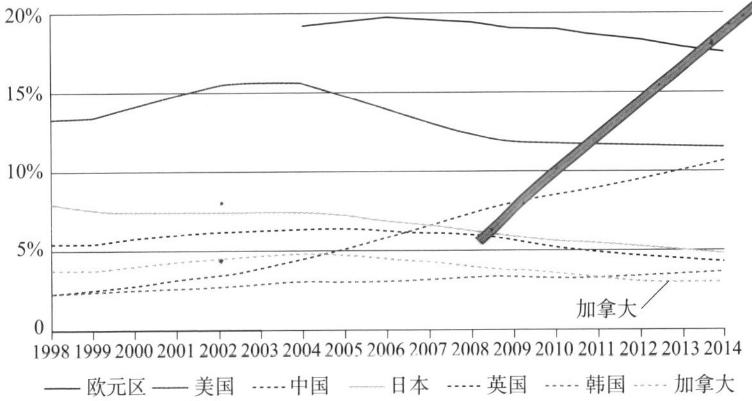

图 6–2 加入 WTO 以来中国出口快速增长（占全球 %，过去五年均值）

历史不能假设，却可以告诉我们如何看待“可自由使用”这一新增标准。“出口总量”是一直就有的指标，“可自由使用”是后加的指标。在没有“可自由使用”这一指标的时候，SDR 运行得也很不错。单凭这一条，就已经说明了“可自由使用”并不是非加不可的标准。

2000 年引入这一新增标准的时候，无疑是考虑了金融交易越来越重要的地位。以前货币的重要性，主要体现在购买货物和服务上，因此一个国家的出口越多，其货币的用处越大，因为别人可以拿着这个货币来买你的东西。后来，国际资本流动和金融交易越来越重要，货币的重要性不仅体现在实物贸易上，还体现在更加广泛的“使用”和“交易”上，比如用作官方外汇储备、民间金融资产、国际贷款标的、国际债券标的等，再比如可以在外汇市场上轻松交易，换成其他需要的货币。在此背景下，引入“可自由使用”，无疑有一定的合理性。

需要指出的是，“可自由使用”应视为“出口总量”的派生指标。这一点，和金融交易是实物交易的衍生交易的道理是一样的。很难想象，这世界上会有一种法定货币，其经济主体的出口量很小，却被广泛使用。能想到的，只有黄金这种“天然”货币，但黄金是“天然”的，不是任何国家发行的。一个国家的法定货币被广泛使用，一定是因为这个国家的经济影响力大，除了以前的殖民国家，就是现在的出口大国了。其实，一个国家出口不多的话，从长期看其货币的使用不会很广泛，因为别人拿着这个货币没什么用。毕竟，“货币空转”的现象不能持久，国内国际都一样。

所以，在“出口总量”和“可自由使用”这两个指标中，出口的作用不可低估，即便在今天金融高度发达的背景下。其实，“出口总量”大，是经济和贸易发展的结果。而“可自由使用”，是出口发展之后才可能发展出来的结果。换句话说，大量的出口应该视为一个货币可自由使用的前提条件。

当然，出口发展起来了，“可自由使用”还需要一些推动力。从这个角度讲，人民币国际化的主观努力，还是需要的。

（本文写于 2015 年 10 月 17 日）

小小怀特，为何大败凯恩斯？

> “二战”结束时的布雷顿森林会议上，“怀特计划”打败“凯恩斯计划”，建立了布雷顿森林体系，美元借黄金之力取代英镑，加冕国际基础货币。25 年之后，怀特计划破产，IMF 设立 SDR 时，几乎是照抄了凯恩斯当初的计划。漏洞百出的怀特打败凯恩斯，不过是因为美国和美元强大。

如今的国际货币体系，特别是美元一统江湖的强势地位，起源于“二战”刚结束时建立的布雷顿森林体系，也就是各国代表在一个叫布雷顿森林的地方开会，讨论出来的一个国际货币体系。

这个体系的重要性，怎么说都不算过分。这是有史以来大家第一次坐下来，协商建立一个国际货币体系。“二战”以来世界经济前所未有的繁荣，人类的日子从来没有这么好过，布雷顿森林体系功不可没。不说别的，大规模的世界战争再也没有发生过。作为比较，“一战”和“二战”之间，仅仅相隔了短短的 20 年。怪不得当时的金融家、慈善家巴鲁克，也是威尔逊和罗斯福两位总统的顾问，曾经大发感慨：我们将迎来怎样的长期繁荣！事后证明，时常在纽约中央公园的长椅上，和路人坐而论道的巴鲁克先生，确有远见。

商量归商量，谈判桌上却是各为其主的。虽然是大家坐下来谈，参加的国家多达44个，参会代表700多名，但是起主导作用的，无非还是当时的大国，特别是老牌的英国和崛起的美国。当时有两个主导的计划，分别由英国的凯恩斯和美国的怀特提出。经过22天的唇枪舌剑，最后怀特打败凯恩斯，主导了布雷顿森林体系，建立了国际货币基金组织和国际复兴开发银行，也决定了此后的国际货币体系。

怀特是谁？为何能打败声名显赫的凯恩斯？众所周知，凯恩斯一手建立了宏观经济学，当时地位如日中天。尽管日后他的理论被人曲解，曲解之后的理论饱受批评，但是凯恩斯天纵奇才，影响深远，却是无可辩驳的。而打败他的怀特，相比之下不过是一个小人物，当时他只是一位哈佛教授，美国财政部长的顾问。后来的经济史上，除了“怀特计划”，以及担任过美国在IMF的代表，也不再有他的名字。

是因为“怀特计划”有过人之处，“凯恩斯计划”经不起推敲吗？非也非也，“怀特计划”其实漏洞百出。“怀特计划”的实质，是美元盯住黄金，比价为1盎司黄金兑换35美元，其他货币盯住美元。这样一来，美元就成为理所当然的国际计价、结算、储备货币，从此慢慢成为国际货币体系的主导。这一设计看起来很简单，在美国强大的经济实力下，看起来也很诱人，但是它有着致命的缺陷。

就像后来的特里芬悖论（Triffin Dilemma）指出的那样，“怀特计划”有内在的逻辑不自洽。简言之，这一计划依赖于美国的贸易赤字，只有这样其他国家才能拿到美元，国际货币体系才有流动性。然而，美国的大量赤字，却会给美元带来贬值压力，让其他国家不愿意持有美元。这样一来，其他国家是持有，还是不持有美元？这一两难选择，凸显了“怀特计划”的问题所在。

果不其然，战后大约 20 年，随着欧洲、日本的元气恢复，美元贬值压力凸显，黄金价格飙涨，各国纷纷抛弃美元购买黄金，大量消耗了美国的黄金储备，逼得美国先是要求关闭伦敦的黄金市场（1968 年），后来干脆关闭了美元兑换黄金的窗口，直接“违约”了（1971 年）。中国人熟悉的尼克松总统，在违约的时候，不仅没和盟国商量，甚至没和自己的国务院（state department）商量，说违约就违约了，真可谓是有权、任性。因此，尼克松总统的突然袭击，也被称为“尼克松冲击”。

尼克松关闭了美元兑换黄金的窗口，1945 年确立的布雷顿森林体系，算是解体了。当时代替美元成为国际储备货币的，是 IMF 于 1969 年设立的特别提款权，也就是最近讨论得热火朝天的 SDR，因为人民币有可能加入 SDR 的货币篮子，借此在国际化的道路上往前迈进一大步。

最搞笑的是，倘若仔细看 SDR 的设计，几乎就是凯恩斯当初的建议。凯恩斯 1944 年的提议，是建立一个叫作“银行券”（bancor）的货币单位，用以调节各国的短期贸易平衡。25 年之后，当“怀特计划”破产，IMF 设立特别提款权时，几乎是照抄了凯恩斯当初的计划，更加证明了“凯恩斯计划”的优越性。经济史家布拉德·德龙（Brad DeLong）曾经评价，美国人（亦即“怀特计划”）否定的凯恩斯的每一点，事后都证明凯恩斯是对的。

呜呼哀哉，天纵奇才的凯恩斯，就是败给了这样不堪的怀特！

而这一败，对后世的影响，不可低估。毫不夸张地说，“怀特计划”标志着在国际货币体系中英镑的退休，美元的加冕。后来虽然布雷顿森林体系解体了，美元至高无上的地位，却已经确立，迄今无人能够撼动。欧洲成立的欧元，也不过是在欧元区有影响力。世界范围内，依然是美元主导。

怀特大败凯恩斯，是盲拳打死老师傅吗？非也非也。在国际货币理论上接近脑残的怀特，背后站着强大的美国。“二战”期间，英、法、德等国德经济饱受战火洗礼，而美国得以独善其身，还因为战争关系大发横财。根据经济史家安格斯·麦迪逊的计算，1945年的时候，美国的经济总量超过英、法、德三国经济总量的两倍，占世界经济总量的四分之一，实在是实力雄厚（见图 6–3）。经济史资料难找，史家的计算或有偏差，但是“二战”结束后美国经济一骑绝尘，应该不假。

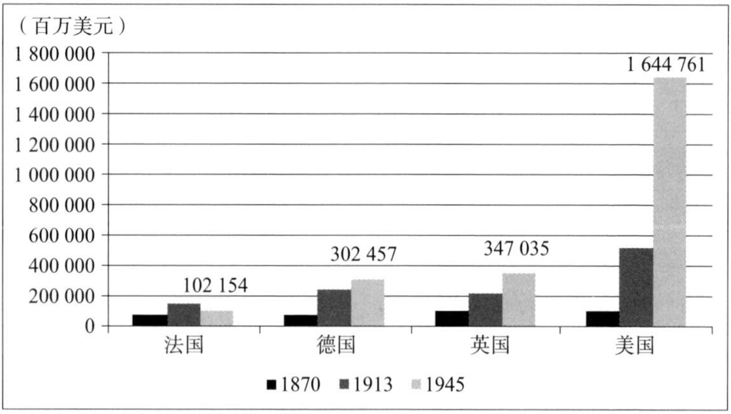

图 6–3　美、英、法、德经济总量情况（1990 年统一美元）

不仅如此，美国还拥有世界黄金储备的三分之二，美元挂钩黄金有雄厚的资本。美国一党独大，而“凯恩斯计划”的实质是各国平起平坐，公平交易，因此尽管设计精密，也难得美国大人的首肯。公道不在人心，是非在乎实力。国际关系中，向来如此。何况，当时英法两国面临战后重建，需要从美国贷款才能度日。拿人家的手短，又怎能不听美国的摆布？

话说回来，美元问鼎国际货币体系的王冠，也是漫漫长路，很不容易。同样根据经济史家安格斯·麦迪逊的计算，早在 1870 年的时候，美国经济总量就达到了和英、法、德差不多的水平。到了“一战”前的 1913 年，美国的经济总量已经差不多是英、法、德三个大国的总和。而此时，英镑还占据着国际货币的主导地位，美元自然是憋屈。这也就难怪，当美元有机会问鼎国际货币体系的王冠时，那是不会客气的。即便拿着蹩脚的“怀特计划”，也当仁不让。

这段往事，对人民币国际化的进程，应有启发。据前几天的新闻，人民币下个月加入 SDR 货币篮子机会很大，据说是 IMF 给了“强烈的信号”，中国的官员也是信心十足，已经开始准备庆祝了。这样的消息当然令人高兴。作为一种技术手段，人民币加入 SDR 在一定程度上会帮助人民币的国际使用。

不过，长期来看，人民币在国际货币体系中的地位，还是取决于中国的综合实力。目前中国经济总量 10 万亿美元，大约只有美国（17 万亿美元）的一半多一点，全球 77 万亿的八分之一。人民币国际化是个长期的战略，应该着手推动，借力 SDR 也未尝不可，但对短期内人民币的国际地位，不必期许过高。

（本文写于 2015 年 10 月 26 日）

“屌丝”的逆袭：漫漫美元封王路

从美国成为最大经济体，到美元问鼎国际货币体系的皇冠，经历了70多年的时间，还有两次世界大战的机缘巧合。由此看来，人民币国际化的短期目标，还是定得低一些好。

美元皇冠

如今美元一党独大的地位，令人羡慕。欧元区19个国家绑在一起，勉强做了个老二，还是个小老二，欧元离美元的地位依然相去甚远。不说别的，国际储备中美元占64%，欧元只占21%，不到美元的三分之一。倘若刨除欧元区国家，欧元的占比就更少。此外，美国在国际贸易、债务的主要标值货币，是最广泛使用的货币。欧元区空有全世界最大的贸易量，德国一家的出口量就超过美国，却依然被美元压着，估计欧洲人心里也是憋屈。其他的如英镑、日元，更无法挑战美元的王者地位。

美元一统江湖，并不只是名誉上的教主，而是有很多的实惠。你看，美国贸易赤字这么大，美元还是很强势。国际上一有风吹草动，资金全往美国跑，挣可怜的那点利息。这背后的含义，就是美国印票子就可以拿走别人的东西，真是一本万利的好生意。此外，美国人做国际生意，是从来不需要担心"汇率风险"的，因为贸易用他们的货币计价和结算，没有汇率风险。这不知节约了多少成本，少操了多少心。

这样的待遇，历史上也有过，比如大英帝国、法国、德国。这些国家和他们的殖民地或者控制国之间，也存在这样的关系。现如今没有殖民地了，美元的地位却依然，甚至超过了当初英镑、法国法郎、德国马克的地位。或者，谁又能说现在就真的没有殖民地了呢？只不过形式不同了，仅此而已。

现在中国经济也开始强大了，总体量全球排名第二。人民币国际化的道路，也已经开始迈出去。怎么走？将来会怎样？看看美元的成长历程，多少有些帮助。要知道，美元是第一个纸币中的国际货币，之前的国际货币，要么是贵金属，要么和贵金属挂钩。

翻开历史，才发现各家都有难念的经，美元的封王路，也是一把辛酸泪。多年的媳妇熬成婆，怪不得现在也是一副凶神恶煞的样子。

曾经的"屌丝"

17 世纪的第二个十年，一群英国的异教徒抵达北美大陆，这些"屌丝"带着少许的英镑和先令。当时英国禁止贵金属的出口，这些人早期只能用原住民的贝壳、珍珠作为货币。倒也不难，因为他们用项链、皮带，就能换来印第安人的皮毛等贵重物品。这些异教徒，也是早早地享受了现代化的好处。

后来，烟草、玉米、小麦都充当过货币。这时候，马克思的话起了作用——“金银天然不是货币，但货币天然是金银”。烟草、玉米、小麦这些东西体积大、难存储、质量差异大，而且很难标准化，不适合完成交换媒介、支付手段、价值储存这些货币功能，用起来很不便利。

而且，英国当局不仅禁止贵金属的出口，还禁止殖民地铸币。这样，北美大陆只能靠出口鱼干、鱼油、腌牛肉等“贵重物品”换取英国的铸币，而英国需要付出的，不过是掺了大量廉价金属的“铸币”。说白了，就是不让别人印钱，然后自己印钱买别人的东西。各位看官，这才是真正的“铸币税”！当然，美国人也不老实，不时依靠海盗走私搞些铸币。

怎么样，上面的故事是不是似曾相识？几百年以后，历史只不过稍微化了一下装，一群被称为“发展中国家”的后来者也靠出口初级产品换取外汇。这发展中国家里面，就包含中国。出口的东西，也就是些土特产，实在不行就出口粮食。而出口的对象，就包含当时的“屌丝”美国。时过境迁，此时美国早已进化为头号资本主义强国。

这样可怜巴巴的日子，一直过了 100 多年，直到 1765—1783 年间爆发独立战争，美国脱离了英国的统治，才开始有了自己的货币。独立战争的爆发，经济的因素不知占了几成，但应该是有的，而且比重可能不低。据说，当时美国尝试发行信用卷（纸币的原型）作为铸币的补充，遭到英国议会的禁止，是独立战争的起因之一。

独立了，美国终于扬眉吐气，迫不及待地发行自己的货币。1785 年，大陆会议宣布“美利坚合众国的基本货币单位是 1 美元”，美元从此诞生。1786 年，美国国会宣布成立铸币厂。当时一些州也开始铸币，不过 1789 年的宪法禁止了洲的这一权力。铸币是中央政府要独享的权力，古今中外概莫能外。1792 年通过的《铸币法案》，则是美元诞生的最后一步。汉密尔顿这位金融天才，狂热地相信货币是国家统一和融合的有力武器，甚至从大名鼎鼎的艾萨克·牛顿那里学来了双金属铸币术，用以确定货币中金银的比重。

美元诞生了，在国内流通也没问题，可是在国际上的地位几乎是零。美国的进出口，用的是英镑。美国商人需要信用服务，也不得不找伦敦、巴黎、柏林的金融机构融通。当时伦敦是国际贸易和金融中心，贸易和金融活动非常集中，有规模优势，流动性好，而美国经济总量很小，不得不依赖于伦敦的金融服务。

全球最大经济体

不过，英国毕竟是欧洲西北角的一个小岛，而美国却是大西洋对岸的一整块大陆。到 1870 年前后，美国经济总量已经差不多赶上了英国，当时美、英、法、德四国的经济总量差不多。40 多年后，到了“一战”前的 1913 年，美国的经济总量已经一骑绝尘，几乎是英、法、德三大强国的总和。而且，美国的出口量也已超过英国，成为全球第一。

尽管如此，“一战”前美元的国际地位，依然可怜，在国际贸易中几乎看不到美元的影子。此时美元的国际影响，不仅在英镑、法国法郎、德国马克三大货币之后，甚至排在瑞士法郎、荷兰盾、意大利里拉、比利时法郎、澳大利亚先令之后，也真是可怜。请注意，此时美国成为世界最大经济体已经将近半个世纪之久了。用这个标准看，人民币现在的地位可是高多了。

谁说“大象不能藏于树后”？美国这头大象，可是在树后藏了很多年的。现如今，中国的经济总量还只有美国的一半多一点，还远不是全球最大经济体，还称不上大象，“大象不能藏于树后”的论调，却早已流传很久了。

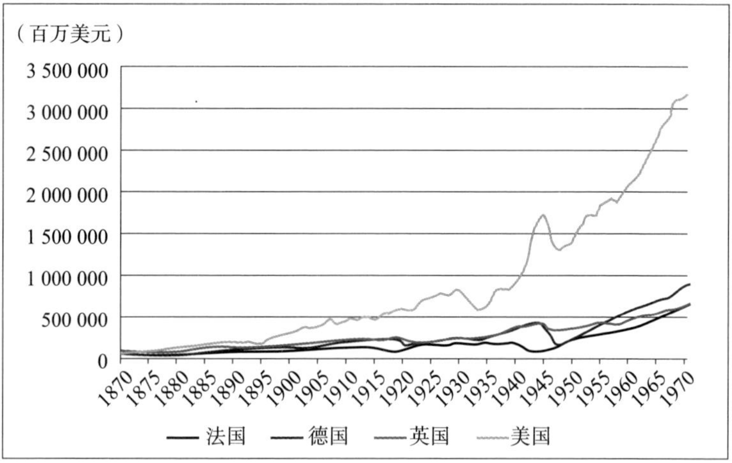

图 6–4　美、英、法、德四强经济总量（1870—1971）

强大的美国，可怜的美元，这鲜明对比的背后，是美国农场主的“小农意识”。不妨想想，一群英格兰的农民，跑到辽阔的北美大陆，看到那么多土地，狂喜之情是可想而知的。而且，这帮农民出身的人，以前在英国也是受压迫阶级，对位居高位、掌握金融垄断资源的人怀有深深的戒心，生怕有人成为新的金融寡头，欺压、剥削他们。故而，处处限制金融的发展。

杰斐逊主义：美国金融的蒙昧时代

这些农场主的典型代表，就是美国开国元勋、《美国独立宣言》主要起草人、第三任总统托马斯·杰斐逊。此翁的政治地位，无须赘述，其多才多艺，智慧与成就之高，简直就是超级拉仇恨。据说，他对农学、园艺、建筑、词源、考古、数学、古生物学等都有研究，又身兼作家、律师与小提琴手，还一手创办了著名的常春藤名校弗吉尼亚大学。不得不提的杰斐逊的一大成就，是从法国手中购买了路易斯安那州，使美国领土增加了几乎一倍。

可就是这位让上天都嫉妒的英才，对金融很不感冒。此翁对金融的防范之心，几乎可以和他的才华比肩。很长时间，美国都没有全国性的银行，更没有中央银行，因为怕掌握金融资源的人掠夺其他人。据说，当初的英格兰银行，处处压迫北美，使得殖民地的人民群众对中央银行深恶痛绝。

美国的金融，绝不是没有人在努力推动。和杰斐逊同时代，就有一位金融奇才，此人就是亚历山大·汉密尔顿。没错，10元美钞上面的头像就是他。汉密尔顿也是开国元勋，建国后担任美国第一位财长，一手建立了美国的国债体系和铸币体系，还建立了美国第一个中央银行。各位，货币体系是他建立的，已经够牛了。国债体系也是他建立的，就更牛了吧。要知道，如今美国强大的金融体系的基石之一，就是其发达的国债体系。在18世纪就建立这个，此人的先见之明，可见一斑。

然而，汉密尔顿虽然成立了“美利坚合众国第一银行”（First Bank of the United States, 1791—1811），是一个类似于中央银行的机构，但是居然只有20年的许可，到期还不给续约，美国当时对全国性金融机构的戒心，由此可见一斑。“美利坚合众国第一银行”是美国唯一可以在全国营业的金融机构，其他银行都不能跨州设分行。这样一来，远距离、跨国的业务，自然大大受限，美元的国际地位，自然大受影响。

美国人其实是蛮顽固的，他们并不是没有吃过没有中央银行的苦头。“美利坚合众国第一银行”解体后，没有了中央银行，各州纷纷发行银行券，也就是在州内流通的纸币。各州都发行，自然会导致货币泛滥，然后就是通货膨胀和一堆的坏账。迫不得已，美国才成立了“美利坚合众国第二银行”（Second Bank of the United States），不过许可期依然只有20年（1816—1836），到期了也不让续约。这些逃到美国的英格兰农民，曾经受到的心理创伤之深，由此可想而知。

在此之后，美国先后历经了自由银行时代（Free Banking Era, 1837—1862）和全国银行（National Banking Era，1863—1913）时代，但是在长达76年的时间里，并没有一个中央银行。1863年的《全国银行法案》（National Banking Act），旨在缓解财政税收压力和为战争融资，却并没有建立中央银行。连个中央银行都没有，货币发行的混乱，就可想而知了。美元的地位，自然也大受影响。

事后看，杰斐逊思想（后世也称之为“杰斐逊主义”）中饱含的平等和人文精神，对任何潜在危及平等的东西，都极度警惕，生怕被细心呵护的平等与人文精神受到伤害。从这个角度看，杰斐逊并没有全错。某种意义上，后来的发展恰恰证明了杰斐逊们的担心是对的。不过，在历史的车轮面前，平等、人文这些田园诗般美好的东西，其实都是很脆弱的，只能被巨轮一辗而过。

美国经济如此强大，又有汉密尔顿这样的金融天才，却也要经历这么长时间的金融蒙昧时代。历史的演进，从来都不是一帆风顺的。

形势比人强：1907年金融危机与1913年美联储的诞生

所谓形势比人强，后来的发展，就不是杰斐逊和杰斐逊主义者能够左右的了。1907年的金融危机，使得美国人深刻知道了中央银行的重要性，终于在 1913 年通过了《银行法案》，美联储就此诞生。终于，美国有了自己的中央银行。在当时的主要经济体中，美国是最后一个设立中央银行的。

需要注意的，是从 1907 年的危机，到 1913 年《银行法案》通过，其间经历了长达 6 年的博弈。反对声音之大，可想而知。1910 年，一个叫纳尔逊·阿尔德里奇（Nelson Aldrich）的参议员，组团考察欧洲之后，觉得美国需要一个欧洲国家一样的央行，准备提议。可是，贵为参议员的他，召集政府和金融机构的几个头脑人物起草计划书的时候，不得不“锦衣夜行”，各自偷偷来到一个偏远的小岛，颇像密谋一次“宫变”。

“宫变”的成果，是一个被称为“阿尔德里奇计划”的建议书蓝本。为了减轻对联邦政府集权控制的担心，“阿尔德里奇计划”建议了一个比欧洲风格的中央银行更加“分散化”的结构，其建议成立的全国储备协会（National Reserve Association）有 15 家地方性储备银行，都可以贴现汇票，地方性储备银行的主席由辖区的商业银行选举产生。

不过，这些都不足以安抚人们对于金融寡头剥削小企业和农场主的担心。而且，阿尔德里奇的女儿和洛克菲勒的儿子结婚，这一联姻使得人们对这一计划背后的“华尔街动机”大为不安。何况，六位起草人当中，有三位华尔街巨头。

“阿尔德里奇计划”面世以后，经过两年的谈判和妥协，直到 1913 年底才由伍卓·威尔逊（Woodrow Wilson）总统签署成为法律，这就是影响后世的《银行法案》。这一银行法案和“阿尔德里奇计划”大同小异，15 个联邦储备区变成了 12 个，每个区域联邦储备银行的董事会自己选举。最重要的不同，是加了一个 7 人组成的“联邦储备委员会”（Federal Reserve Board），负责监督联邦储备体系的运行。而这7个人，不是银行选举产生的，而是由总统任命的。所以，实际上这个法案比“阿尔德里奇计划”赋予了联邦更大的权力。

战争的催化剂

将美元推上金融王座的，还有战争。1914年，第一次世界大战爆发，整个欧洲战火缭绕，经济和贸易自然受到创伤。英国经济受到战争的削弱，英镑不稳，为美元提供了良机。美国借“一战”之机成为世界的工厂和粮仓，出口大增。此时，欧洲的商人们开始转向美国寻求金融服务，恰好此时美国银行被允许开展国际汇兑业务。为了更好地开展国际汇兑业务，联邦储备法案允许资本金超过100万美元的银行在国外开设分支机构。至此，美国的银行考试走向全世界，美元主导国际货币体系的局面，终于打开了。

世间很多事情，变化其实很快的。不过十多年，到1920年末，美国银行已经在国外有181家分支机构。“一战”结束后，欧洲需要重建的资金，又为美国的银行和美元提供了一次千载难逢的机会。“一战”结束后，美元已经成为被广泛使用的国际货币了，美元在外汇储备中的比重超过英镑，达到40%多的水平。此时的美元，早已不是吴下阿蒙了。

局面打开了，不意味着美元的封王路从此一帆风顺。20世纪20年代美国大规模向海外投资，固然进一步提升了美元的国际地位，但是也埋下了危机的种子。1929年开始的大萧条，使得美元的国际地位一度受挫，英镑似乎又看到了捍卫王位的希望。可是，不久以后，第二次世界大战爆发，美国经济和美元的地位，再也无法撼动了。“二战”结束时召开的布雷顿森林会议上，来自美国的小小怀特，大败英国代表凯恩斯，则是美元的加冕典礼了。

至此，从英国本土逃离到美国大陆的“屌丝”，完成了一次完美的逆袭。所以，梦想还是要有的，万一实现了呢？不过，过程是漫长的。从美国成为最大经济体，到美元问鼎国际货币体系的皇冠，经历了70多年的时间，还有两次世界大战的机缘巧合。由此看来，人民币国际化的短期目标，还是定得低一些好。

（本文写于2015年11月2日）

第七章
增长是个长期问题

索洛说对了什么？经济增长是需要投入的

> 索洛模型说了一个非常简单的道理：经济增长是需要投入的，投入不增长，产出就不会增长。投入包括技术、资本、劳动力，还有人力资本。我国现阶段最重要的人力资本积累是城市化，户籍政策对移民的限制，大幅降低了人力资本的积累，损失了天量的人力资本，是最大的浪费。

罗伯特·默顿·索洛是美国著名经济学家，因为对于经济增长理论的重大贡献，荣获 1987 年度的诺贝尔经济学奖。对于索洛的贡献，其实是有很多批评的，尤其是制度学派的学者，批评其研究的是增长的表象，而非增长的原因，误导了后人研究的方向。甚至索洛本人，也曾表示对于制度变迁的重视不够。

要理解索洛模型的是是非非，还要回到索洛模型本身。索洛用一个简单的生产函数描述经济增长，产出（Y）是投入的函数，投入包括资本（K）、劳动（L）和生产技术（A），可以表达为 Y = F（A，K，L）。在生产技术给定的条件下，产出由投入的数量决定。由于资本和劳动的边际产出递减，长期内的经济增长由技术进步决定，而索洛模型里面技术进步是外生给定的。在索洛模型里，如果假定不同的经济体采用相同的技术，那么不同的经济体都会趋同到接近的收入水平。

对于索洛模型的批评，首先来自这个“趋同”的假说。实际当中观察到的，并不是趋同，而是分岔。远的不说，“二战”以来的经济增长速度，高收入的经济合作与发展组织（OECD）国家比其他国家还要快出约 1.2 个百分点，75 年来实际收入差距拉大了一倍以上，呈现明显的分叉而非趋同特征。世界主要地区中，只有亚太地区的平均速度比 OECD 国家快，日本、亚洲四小龙和中国大陆的先后发力，功不可没。

然而这个趋同的假说，并非索洛模型的死穴，只需解释为何不同国家的生产技术不同，就可迎刃而解。而且，技术差异也与现实中的观察相符。后续研究的一个重要发现，就是人力资本（H）在科学技术的研发、采用中的重要作用。科学的进步、技术的研发，都需要高水平的人才，这一点无须赘述。常常被忽视的，是技术的普及和采用，也需要劳动力素质的提高。现实中，一些先进的技术在落后国家不被采用，与当地人力资本的状况有很大关系。笔者当然不否认其他因素（比如制度变迁）的重要影响，然而技术需要人去掌握和使用，却是不争的基本事实。

后人对于索洛模型的最重要拓展之一，就是把人力资本加进生产函数，与资本和劳动这两大生产要素并列成为第三生产要素。更有甚者，用人力资本替代劳动，与资本并列为两大生产要素，其实不无道理。理论上可以把劳动者分解为“原始劳动力”和“获得的技能”两部分，然而实际上这种分解很有问题。好的营养、有规律的作息、花时间锻炼身体等，都可以帮助保持健康，增强体质，都可以被看作人力资本投资的一部分。那么，一个人的健康和体力，是原始的劳动力还是获得的技能？这种分解在概念上和操作上都存在困难，而且不一定必要。

倘若考察拓展版的索洛模型，就会发现其实索洛说对了一个非常简单的道理，那就是经济增长是需要投入的，投入包括技术、资本、劳动力，还有人力资本。投入不增长，产出就不会增长。

最近我国的经济增速在下降，既有宏观调控的因素，也有潜在投入的增长开始缓慢下降的因素。要看中长期的经济增长，让我们来一一分解资本、劳动、人力资本、生产技术这四大要素。

我国的投资增速一直很高，投资占 GDP 比重也很大，资本总额的增长无须担心，需要担心的是资本的质量、形态、包含的技术成分等方面的因素。劳动人口数量是一个容易测量的变量，近几年不仅增速在下降，绝对数很快就会下降，这是一个近年来讨论中被普遍认同的担忧。资本增长没有更多空间，劳动力数量即将下降是既定事实无法改变。在这种情况下，要想保增长，就只有在技术进步和人力资本这两项“软指标”上下功夫了。而技术进步也要依赖人力资本的提高，看来人力资本成了根本性的东西。

提高人力资本可从多个方面入手。首先就是加大学校教育投入，包括初、中、高各个层级的教育，以及职业教育，这是学校教育，人们在学校里学习知识和技能。其次是增加社会学习的机会，其中最重要的，就是增加人们自由择业的机会，在自己喜欢的职业上积累技能。我们对于学校教育的重要性强调得很多，但是对于社会学习的重要性说得比较少。一个日常的观察是，在不同的岗位上，不同的工作环境里，人们的观察和学习不同，过了一段时间他的技能和看问题的角度就会不同，这就是社会学习的影响。

社会学习的一个重要方面是移民，人力资本理论的大师们，比如西奥多·舒尔茨和罗伯特·卢卡斯，都强调过移民的至关重要的作用。一个人从落后的地方移民到先进的地方，学习先进地方的生活和工作技能，然后反过来为先进地方服务，做高收入的人们不再愿意做的工作，让他们可以专注于收入更高、更有意思的工作，积累更多的人力资本。在这一过程中，整个社会的人力资本存量提高了，为整个社会的发展积累了能量。

现阶段我国最重要的移民，就是城市化。然而，现行政策下，对于移民有诸多限制，农民工不能完全参与城市生活，只是作为简单生产的劳动力存在。这种做法源于历史形成的户籍制度，固然减少了城市在短期需要支付的成本，但是也大幅缩短了人力资本的积累过程，严重伤害未来进一步增长的潜力。这一政策的本质，是减少了亿万农民的社会学习机会，白白浪费他们的巨大学习潜能，损失的是天量的人力资本积累，而换来的仅仅是短期内城市生产生活成本的些许降低。所谓捡了芝麻丢了西瓜，这是我所知道的最大的资源浪费。

（本文写于2012年1月7日）

索洛没有说什么？要素积累和技术进步是如何发生的

> 索洛强调了要素积累和技术进步对于经济增长的作用，却没有解释要素积累和技术进步如何发生。很多人都同意制度的重要性，但对于制度如何建立，依然知之甚少。

索洛指出，经济增长需要要素投入，最终总可以归结到劳动力、人力资本、物质资本、技术这些东西，因而教育、医疗、职业培训、在职学习、投资、研发这些提高人力资本、物质资本、生产技术的活动，终究都是可以帮助培育经济增长的潜力的。反过来也对。要提高经济增长的潜力，终究要积累这些要素，否则增长就没有了原材料，所谓“巧妇难为无米之炊”也。

这个道理就是索洛模型的基本内容，非但不复杂，反而很简单。索洛 20 世纪 50 年代建立的这一分析框架，对后世的分析乃至政策制定，都产生了重要影响，索洛本人也因而获得诺贝尔奖。模型虽然简单，道理却是过硬的：没有投入，哪有增长？

但是即便这样简单的道理，在现实中也常常被忽略。比如说，讨论中人们常常会说过度投资，增长不可持续，这样的说法在投资占 GDP 比重比较高的背景下很容易得到共鸣。可是不投资的话，物质资本的积累受影响，物质资本中蕴涵的先进技术也不能实现，就业机会减少，岗位培训、干中学这些都会受到影响，终究是不利于中长期增长的。

由于投资比较多，而且有一些坏项目，讨论中人们更倾向于关注投资的负面效应，对于投资的正面效应关注不够。其实直到 2011 年，资本回报率依然较高，过度投资的证据并不足。2012 年以来企业利润大幅下降，投资回报率也显著下降，但是这与宏观调控、政府换届等因素联系在一起，很难说预期的未来长期平均资本回报率就一定已经很低了，周期性的因素和长期的考虑要分开来看。

而且，增加一些基础设施的投资，降低交通运输、信息交流等方面的成本，是会减少交易摩擦、促进生产、提高资本回报率的。对过度投资的担忧，有时是对投资效率的担忧。但这其实是两个概念，应该分开来看。通过反腐等措施提高投资效率，估计没有人会反对。

但是道理说到这里其实远没有说完，关于增长，有很多重要的话索洛都没有说。索洛模型没有回答的，是人力资本、物质资本、生产技术这些要素为何会增加。倘若这些是增长的原因，那么为什么大家不去使劲办教育、搞培训、做研发、买设备、做投资呢？落后国家都可以做这些事情，积少成多，慢慢发展，为什么没有做？我们改革开放前也可以做这些事情，为什么没有做？看起来，这些事情没那么好做，做成了，就是增长。可是谁能做成？为什么能做成？在什么条件下能做成？索洛模型并没有回答。因此，索洛模型所研究的，并不是增长的原因，而是增长本身。从这个意义上讲，索洛模型和有关的理论对于政策制定的参考意义有限。

那么，增长的原因是什么？很多人的第一反应是一个“好”的制度，比如清晰的产权制度、良好的法治环境、公平的交易规则等。有了这些制度，人们就有动力进行各种各样的投资，包括人力资本的投资、物质资本的投资、技术研发的投资，财富就会积累，经济就会发展。

而且，很多人在这么回答的时候，脑子里其实是有一个原型的，就是以英美为代表的盎格鲁－撒克逊的模式。英美的经济成功毋庸置疑，各国的经济发展，大多吸取其中的成功因素，中国亦不能例外。民主德国和联邦德国、朝鲜半岛，这些难得的“自然”实验，鲜活地证明了制度对于经济繁荣的重要性。

可是好的制度如何建立，就远没那么简单了。多多少少，大家都会想如何复制，或者借鉴英美的制度。可是现实中，很多国家的复制都不太成功，“二战”以后非洲国家的经验是典型的例子。有时一开始看起来不错，可是不久就走形，矛盾激化，甚至走回头路。或者，经济体系是作为一个复杂、全面的系统在运行，植入一部分市场的元素，未必能够保障市场的运行，有时候反而成了贫富差距拉大、腐败滋生等不良社会现象的工具。

倘若仔细比较欧美发达国家的制度，基本的元素虽然差不多，但是细节上还是千差万别，甚至差异很大的。东亚的日本、韩国，是后发国家成功发展的典范，可是其制度特点，也在很多方面显著不同于欧美。比如日本的企业很庞大，而且用人制度很僵化，论资排辈现象很严重，和美国的企业用人制度差别很大，看起来很像我们的国有企业，但是依然可以出现很多世界顶级的企业。制度之依附于具体的条件和环境，由此可见一斑。如何学习成功的模式，依然是一个需要继续探讨的问题。一个可以初步做出的判断是，至少对于大的经济体而言，复制并不可行，借鉴、引入好的元素，促进自身向更有效率的方向演化，是更可取的思路。

近年来得到较多认可的一个观点是，繁荣其实是一种偶然。好的制度的建立和发育，其实没有可以复制的模式。英国确立君主立宪的制度，其实和一系列偶然事件有关。黑死病使得英国失去一半人口，劳动价值得以提升，促进劳动力市场的发育，皇权相对被削弱，又使得在后来的远洋贸易中民间力量得到发展，形成了较为均衡的力量对比，使得各方的谈判有一个基础，在此基础上发生了光荣革命和君主立宪。比较而言，强大的西班牙政府，在远洋贸易中则无须借助民间力量，而是借助皇权进一步攫取资源，没有建立能够包容民间力量的制度。南美和北美作为西班牙和英国的殖民地，就此埋下了制度差异的种子。在繁荣的道路上，也渐行渐远。

当然，上述西班牙和英国的对比，只是对历史的一种解读，未必具有普适性。比如说，中国历史上的多次改朝换代，也多次经历了严重的人口减少，可是却没有促成劳动力市场的发育。或者，历史的演化真的是多种因素的聚会，我们还没有找到简单的、普适性的规律。换句话说，我们对于历史演化的理解，其实停留在搜集史料、讲述故事的阶段，并不能提炼出什么规律。评书中常说的“风云际会”，多少有一些不可知论的色彩，但是也不是没有道理，至少没有说一个牵强附会的道理。

倘若能够心平气和，那么我们所知道的这样那样的理论和观点，大概也都只是代表了对历史和未来的某种理解和猜测，不必太当真。太过执拗，其实是忽视了我们对于历史和未来的无知。笃信市场的人自然会为市场化改革进程的不如人意而心急如焚，可是改革哪里会尽如人意？哈耶克发明过一个词叫作“致命的自负”，讲的是计划经济的管理者高估自己管理经济的能力，把计划经济的弱点暴露无遗。其实反过来讲，我们对于自己如何在一个全新的情况下建立市场经济，也知之甚少，亦不能表现出另外一种“致命的自负”。

如何在一个拥有13亿人口的大国借鉴盎格鲁-撒克逊的制度优势，是一个地球上从来没有发生过的事情。据粗略统计，目前高收入国家的总人口也就10亿多一点，不到我国的人口总量。从统计分析的角度，中国算一个样本的话，那么所有成功的经验最多也只能算一个样本点。因此，对于所有的成功经验，都要有鉴别地吸收借鉴。特别是，其他国家中经验的细节，要仔细琢磨。倘若照抄几条市场化的教条，恐怕效果不会太好。

把索洛说了的和没说的放在一起，有一点应该是很清楚的：索洛模型强调的各种要素的作用，其实是更深层的制度的结果和表象。讨论增长，不应只关注增长本身，特别是短期的增长本身。深层的改革，才是中长期增长的基础。

（本文写于2013年7月31日）

全要素生产率：物理学的“测不准”和经济学的“偏要测”

物理学的测量很准确，“测不准原理”体现了物理学的精益求精。经济学很多东西测量误差极大，解读要格外小心。全要素生产率的测量，就是个很大的问题。

前一阵子参加一个学术报告会，主题是中国的“全要素生产率”（Total Factor Productivity，以下简称 TFP）。问题很重要，因为事关中国经济发展的效率，事关发展模式是否可以持续，也事关对下一步的经济形势怎么看。正因为如此，参会的人也很多。

毫不夸张地说，TFP 是宏观经济讨论中最受关注的概念之一，在政策讨论中也引起很大关注。开完会，觉得这个重要的概念中已经掺杂了很多误解和噪声，甚至已经开始以讹传讹了，须得加上两个注脚加以澄清。

学术里面误解和噪声越来越多不奇怪，原因有很多。最重要的一条，是学术产品的检验很难。公说公有理，婆说婆有理，到底谁有理？你看学术文献里彼此打架的就很多，一些大牌学者甚至因此老死不相往来，也蛮可爱的。自古文无第一，武无第二，比武打倒就算赢，比文怎么才算赢？说不清的。好在学者的话听听就好，听不懂就不听，也没什么大不了。只是我国学术基础差一些，国人对学术特别是西方传来的学术还有崇拜甚至迷信的情节，有时候有点太把学术当回事了。加两个注脚澄清一下，还是有必要的。

加注脚之前，先解释一下概念。所谓全要素生产率，就是一国产出增加中不能用生产要素增加解释的部分。简单说，产出增加了，要么是要素投入增加了，要么是要素使用的效率增加了。用产出的增加减去投入的增加，就得到了使用效率的增加，通常称为全要素生产率的进步。用全要素生产率这个称呼，意思是说这个概念衡量的不是要素的贡献，而是所有要素"揉"在一起使用时的效率。这个定义很简单，包含的信息量却不容小视。

首先，全要素生产率指的是产出增加中要素增加不能解释的部分。换句话说，全要素生产率是产出增加中我们"不明所以"的部分。用半个世纪以前莫塞斯·阿布拉莫维兹（Moses Abramovitz）的话讲，TFP 衡量的是我们的"无知"。这个"无知"，常常被解释为"技术进步"，因为投入不变，产出增加，自然而然就是技术进步。这个技术进步是广义的，既包括生产技术的进步，也包括组织效率的进步。比如说，因为激励机制的改进，"窝工"减少，"出工不出力"减少，这都是广义的"技术进步"。

其次，这个定义也表明了计算 TFP 的方法，就是拿产出的增加减去要素投入的增加。原理上，这是没有问题的。但是，在操作中，会出现很多问题，这也是本文要加注脚的地方。

注脚之一，TFP 的测算是很不准的。要测量全要素生产率的进步，就要测出产出的增加和要素投入的增加，二者之间的差值就是全要素生产率的进步。问题是，产出和要素投入都是很难测量的。

比如说，前些年国际上一直怀疑中国的GDP被高估了，因为这么高的增长率难以置信。后来在2004年和2008年两次经济普查，结果都是低估了，特别是服务业产值被低估了，分别把GDP上调了16.8%和4.4%。在第三次全国经济普查结束之后，国家统计局又把2013年的GDP上调了3.4%。

产出的测量不容易，要素投入的测量则更难。比如说，最重要的要素投入包括劳动力和人力资本。劳动力好处理一些，就是数人数。但是“人力资本”，也就是人的“技能”，怎么测量？大家都知道，“技能”是个很多方面的东西，很难用一个数字描述。目前常用的做法，是用教育水平来衡量人力资本。可是大家都知道，教育这个东西的质量差别很大，在哪里受到的教育，什么层次的教育，差别很大。如果说初等教育是学会基本的听、说、读、写能力，数教育年限就是个勉强可以接受的近似估计，那么中、高等教育里面的问题就大了，很难用教育年限这一个数字来衡量人的技能的增加。何况，了解我国的教育质量的人，对这个问题估计都会很担忧。

有一个实际的情况特别能够引人深思。1999年的时候，我国高校开始大规模扩招。当时的动机之一，是为了解决就业问题。1999年之前，高校招生年均增长在8.5%左右，1998年全国高考录取人数108万人，报考人数320万人，录取率为34%。1999—2012年这14年间，报考人数一路增加到685万人，年均增加14%，录取率也一路增加到75%。需要注意的是，2008年报考人数达到1 050万的顶峰，其后已经开始下降，录取人数的进一步增加完全来自录取率的增加。那么问题来了，大学生人数的增加，是提高了人力资本，还是降低了人力资本？对于了解中国高等教育现状的人来说，这是个大大的问号。

更重要的是，人的“本事”只有一小部分是在学校里得来的，很大一部分是在工作岗位上学到的，这又怎么测量？工作经验的年限是一方面，做什么工作也是一方面，跟什么样的团队一起工作，也是很重要的一方面。现实中的技能千差万别，在不同的岗位上学到不同的东西，岂是一个简单的数字能衡量的？

尽管经济学家们都承认存在这么多问题，但是不妨碍他们继续用受教育年限、工作经验年限来测量人力资本。经济学家讨论时喜欢用诸如这样的理由过关：“这是能够找到的最好的指标。”“没有更好的指标了。”“我们已经尽最大努力找最好的指标了。”

这些话都没错，只是如果他们口中的“最好的指标”误差依然很大，经济学家们是否有告知义务？比如说在显眼的位置明确标明误差范围可能是（–50%，50%）？就人力资本测量而言，我们甚至不知道测量的误差有多大，因为我们甚至不知道正确的测量是什么。

再比如说物质资本，也就是道路、厂房、机器这些东西，实际计算时多以投入价格计算。投入价格是真金白银，测量误差应该相对小很多，但问题依然很大。比如说，盖栋大楼是投资没错，买一个价值几千万元的灯具来装修还是投资吗？这里面的含义是，投资的数额被高估了的话，TFP 就被相应低估了，因为 TFP 是产出减去投资和其他投入剩下的残差。投资过程中存在诸多腐败和“漏出”的因素，比例很难估计，据此测算的 TFP 很不准确。这是关于 TFP 的第一个注脚。

关于 TFP 的第二个注脚，是在解读 TFP 时，要非常谨慎，千万不能过度解读，过度用这个指标说事。原因之一，就是 TFP 的计算很不准。基于一个很不准的指标，当然要很小心。比如说，经济下行的时候，产能利用率低，算出来 TFP 就会下降，这其实是经济周期的结果，和技术进步没有半毛钱关系，万万不能解释成技术进步放缓。其实，这里的 TFP 下降是经济周期的结果，而不是经济进一步下行的原因。原因之二，是这么度量 TFP 在原理上也是需要商榷的。比如说，一个企业购买一台先进的机器，这是投资，在计算 TFP 的时候，这个是投资，需要从产出中扣除。可是，机器不是一堆钢铁，而是包含了先进的生产技术，也就是说这个“投资”中是“嵌入”了技术进步的。那么问题来了，这个技术进步是要算在 TFP 里，还是算在投资里？

从概念上讲，这个是要算在 TFP 里面的，因为这就是技术进步，不打一点折扣。可是实际操作中，这个是计入投资的，因为这个技术进步是包含在购买的资本品当中的。这样做的结果，是 TFP 又被低估了。

这种低估，在后发国家可能要更为严重一些。因为后发国家实现工业化、实现技术进步的主要方式就是大量购买先进设备，大量雇用工人，生产大量产品，同时因为基础设施落后而进行了大量的投资。在这一过程中，因为投资增加速度很快，导致计算出来的 TFP 增加很少。

那么问题来了，这一过程中没有技术进步吗？看看这些年我们产品质量的显著变化，看看我们研发能力的进步，虽然还是相对落后，但是进步是显而易见的。究其原因，TFP 的进步被大大低估了。

需要特别指出的，是讨论中对于投资与技术进步关系的一种误解。很多人说中国的经济增长是投资驱动的，技术进步的贡献很小。可是，投资和技术进步并不是相斥的，投资恰恰是技术进步的载体，投资里面就包含了技术进步。试想，没有投资，不购买先进设备的话，技术进步怎么发生？岂不成了空中楼阁？

这种误解，不仅初学者会有，经济学大家也会有。最著名的代表之一，就是诺奖得主保罗·克鲁格曼。克鲁格曼教授在贸易和区域经济领域有卓著贡献，并因此而获得经济学的最高荣誉——诺贝尔经济学奖，学术功力毋庸置疑。但是，他 1994 年发表在《外交》杂志上的文章，用亚洲四小龙的经济增长中 TFP 的贡献很少为由而断言“亚洲无奇迹”，却是值得商榷的。

克鲁格曼无疑是幸运的。文章发表三年后，亚洲金融危机爆发，克鲁格曼因此声名鹊起。可是，事后看，亚洲四小龙在危机之后迅速恢复，是战后少有的跨越中等收入陷阱，步入高收入国家行列的经济体。亚洲四小龙固然经历了危机，可是发达国家也有经济危机，怎么没有人说发达国家的经济增长中 TFP 贡献少？其实，亚洲四小龙的快速投资中包含了快速的技术进步，TFP 被大大低估了。

测算上看，发达国家的增长中 TFP 的比例高一些，那是因为发达国家的增长是在更长的时间里缓慢发生的，投资率低一些，因而包含在投资中的技术进步占总的技术进步的比例低一些，算出来的 TFP 就高一些。换句话说，后发国家和先进国家技术进步的方式不同，不好基于 TFP 做比较。

克鲁格曼的这一误读，其实很快就引起了国际国内学术界的很多异议。著名的林毅夫和任若恩教授专门撰文反驳，强调发展中国家的投资中包含了技术进步。增长理论的奠基人，罗伯特·索罗早在 1957 年就曾撰文指出投资中嵌入了技术进步。只可惜，人们吸收信息有很大的选择性，这些真知灼见没有得到足够的重视，TFP 继续被误用和误读。

行文至此，想到物理学上的有一个概念叫作“测不准原理”。其实物理学的测量是很准的，精确到微克、微米都不算什么，还设计出射线显微镜来测量电子的坐标。只是因为这个坐标受到测量工具即射线本身的影响，因此有“测不准”一说，可见物理学家精益求精的精神。正是有了这种态度，使得物理学和工程技术有了长足的进步。可是物理学家偏偏强调说自己测不准，还要弄出个带着哲学思辨色彩的“测不准原理”。

和物理学比较，经济学的测量是很不准的。比如说，GDP 的测量就有很多问题，灰色经济很难统计，差 20% 很正常。再比如，本文所言的 TFP 的测量更是存在一大堆的问题，我们甚至不知道误差到底有多大。可是经济学家整天强调测量，没有数据就不成文章，全然不管自己的测量误差有多大。而且，也不用实际的观察去校准，硬是基于如此粗糙的测量来说事，真不知道这是哪门子的科学精神？为了发文章，经济学家们也是蛮拼的。

最后需要加一句话，经济学的测量很不准是个客观的困难，不是说经济学家就不能用数字说事，能用的时候还是要用的，但是对自己使用的数字的含义和局限性要有清楚的认识。

（本文写于 2014 年 12 月 26 日，原文标题《克鲁格曼的误导》）

潜在增长率：高深莫测，还是装神弄鬼？

> 对于发展中国家而言，增长的潜力总是很大的。未来的经济增长，取决于今天做什么，是今天决策的结果。这世界上，并不存在“自然而然”的增长率。

作为一个靠教经济学糊口的人，笔者最近常常被问到一个问题：中国经济的潜在增长率到底是多少？言下之意，过去那么高的增长率看来很难持续了，但是还剩下多少呢？正面回答的话，我的答案是“不知道”。被问得不耐烦了，我会反问：倘若站在 1978 年测算当时的潜在增长率，结果是多少？ 1978 年改革还没有开始，估计很少有人能够预见到后来的“中国奇迹”。

倘若 1978 年太遥远，不妨看一下 1998 年。当时中国经济进入严重通货紧缩，银行惜贷，企业破产，国企倒闭，职工下岗，农民工回乡，WTO 谈判进入僵局——后来谈成了还被不少人骂“卖国”，高喊“狼来了”，说“民族工业危在旦夕”。那时候，又有谁“测算”到了后来中国经济十多年接近 10% 的高速增长？

笔者对这个问题不耐烦，不是觉得这个事情不重要。其实，这个问题很重要，因为枯燥的数字其实事关无数人的福祉。GDP 增速从 2007 年的超过 14%，一路下行到目前的 7% 左右，正好腰斩，而且看起来还要下行。你看，刺激政策一出来，过一两个月效果就没了，看起来更像是强心针，这说明“潜在”的增速可能更低。倘若潜在增速低于实际增速，那么任何刺激政策都是兴奋剂，最多有短暂的效果，却可能有长期的危害。反之，则说明经济增速还有上升的空间。所以，这个问题和货币、财政政策的制定，以及人们整天谈的股市、债市、理财，都是息息相关的。

不过，和问题一样重要的，甚至比问题本身更重要的，是问题的问法。好的问法，是正确答案的一半。坏的问法，则容易让人误入歧途，事倍功半。

像“中国经济的潜在增长率是多少”这样的问题，很容易传递出一种潜台词，就是这个增长率是“自然”的，是给定的，是和我们的所作所为无关的。事实上，的确有不少人用“自然增长率”来替代“潜在增长率”的概念。可是，稍微看一下世界的长期增长历史，或者看一看中国过去几十年的历史，我们都会明白，经济增长并不是一个“自然而然”的过程。我们的每一步增长，都不是“自然”的，而是人为努力的结果。佛曰：种因得果。春天里种下什么种子，秋天里就会有什么收获。春天里什么都不做，秋天里就没有收成。明天的经济增长，并非是冥冥之中的定数，而是取决于今天我们做什么。

比方说，制度变迁在我国的经济增长中起到至关重要的作用。因此，要测算潜在经济增长率，就必须把现行的改革政策和由此引发的制度变迁考虑进去。不考虑制度变迁的静态测算，基本上都是耍流氓。

那么问题就来了，制度变迁的效果怎么量化到潜在增长率上？笔者好歹也在这个领域混了将近20年，据我所知，能把制度变迁的效果量化为经济增长率的工具根本就不存在。或者有号称这种工具存在的研究，但是倘若不大声强调自己的方法是极为粗糙的量化，误差范围为比无穷大还要大，也基本是要流氓。

那么，换个问法：目前中国用制度变迁促进经济增长的空间还大不大？当然很大。一个坐拥全世界最多人口、最大市场的国家，人均收入只有高收入国家八分之一左右的国家，怎么会没有增长的空间？

关键在于怎么做。具体一点，在于怎么把阻碍经济增长的因素化解掉。比方说，现在城里整天喊着用工难、用工荒、劳动力成本上升、人口红利消失、竞争优势下降、产业被迫外移，可是农村的农业劳动力还有2.4亿，倘若把这些人中的一半从农业中释放出来进入工业、服务业，这些人的收入就要翻好几番，整体的人均收入也会增加很多，这就是经济增长。考虑到我国目前农场规模这么小，农业劳动力还有这么多，释放一半的农业劳动力是完全可能的，也是完全应该的。

到底是什么因素使得这2.4亿劳动力不能进入城市就业市场？因素很多，重要的两方面是土地和户籍制度。土地是集体所有的，土地财产收入农户带不走，完全进城的人面临“失地”风险。另外，农民进城还面对落户、子女教育、医疗、养老、就业、住房等方面的不平等待遇，人生地不熟等诸多不便，和当地人的排斥与冷眼。再加上农村的生活也已经大大好转了，这样很多人自然不愿意进城了。

随遇而安，本来就是人的天性。要释放隐藏在这些人身体里的经济潜能，就需要城市对他们更友好一点，吸引他们来。这样长期的蛋糕可以做大，对大家都有好处。倘若因为短期的困难不做这个事情，那么长期的好处也就没有了，经济增长也就没有了。

除了劳动力以外，我国还存在很多资源错配，导致效率下降、产出下降，减少这些错配也会释放经济进一步增长的空间。比如，我们的大中型国企的效率虽然有所改善，但是相对于民企效率还是很低。尽管如此，国企依然占据着大量的信贷资源、劳动力资源、土地能源等重要资源。倘若国企改革可以释放这些资源，则经济增长的空间又会大很多。

资源错配的例子还有很多，每一个领域的改进都意味着经济增长潜力的释放。例子不多举，最后再说一下利率市场化。以前我国一直存在利率管制，存款利率比贷款利率低了 3 个点以上，相当于是广大的储蓄户补贴借贷的企业。现在利率市场化已经有了大幅的进步，国民收入分配向家户转移，对于消费是重大的利好。消费增长又会反过来促进有关产业的增长，算是一个正向的循环。

行文至此，可能会有人说：我问的不是中长期的增长潜力，“长期我们都死了”，我只关心短期、今年、这个季度的增长速度。好吧，这是个经济周期的问题，同样取决于经济政策，取决于政策上怎么做。所以，短期的“增长潜力”，倘若我们允许自己如此滥用这个术语的话，也是测不出来的。

（本文写于 2014 年 12 月 11 日，原文标题《中国经济还能牛多久》）

保持经济增长：超越小学算术，考验政治智慧

周期是市场的内在规律，保持经济平稳增长，要允许波动和调整。保持长期稳定增长，要在理论和思路上取得突破，克服短期困难，做出实质性改革。

网上流传着一个段子，说之所以把经济增长的目标定在6.5%~7%，是因为6.5%的增速是实现党的十八大提出的经济翻番的最低要求。

要想在2010—2020年10年间让GDP翻一倍，年均的增速应该等于2开10次方，也就是年均7.2%。2011—2015年的增速分别为9.5%、7.7%、7.7%、7.3%、6.9%，5年累计增长45.9%。这样，为了实现翻番的任务，余下5年还要累计增长2/1.459 = 1.373。5年增长37.3%，每年增长等于1.373开5次方，这样就得到了6.5%的增长下限。

上面的计算，没有超过小学算术的水平。小学生没学过开方运算，但是现在的孩子聪明，奥数都不在话下，用试错的办法很容易算出这些数来。据说，现在政府死保6.5%的GDP增速，与上述逻

辑多少有点关系。

治大国如烹小鲜，上面的小学算术虽然简单，却没有错。只不过，年均增速 6.5%，和每年都要达到 6.5%，是截然不同的概念。简单说，今年增长 6%，明年增长 7%，平均起来也是 6.5%，为什么每年都要达到 6.5% 呢？

波动是市场经济的重要特征，没有谁的经济是直线前进的。河流总是蜿蜒向前，心电图也是曲线，除非是死人。经济形势不好的时候，让低效企业破产出清，释放劳动力、资本、土地、技术等资源，进行资产重组，是修复和提高经济体系活力的基本机制。这个机制，不但不可怕，而且还是经济体自我修复的基本动力。

现实世界充满不确定性，经济社会的发展是个试错的过程，出错是正常现象，成功是偶然现象，成功之后再出错也是正常现象。企业的破产出清重组，是纠错的过程，是市场经济的治疗师，这也是经济周期的基本原理。从直线到曲线，不过是小学算术往前走一小步，也没那么难吧？

死保 6.5% 有没有道理？仔细想，道理还是有的。死保 6.5% 背后的逻辑，可能是经济增速已经下行，今年都保不住，明后年就更保不住了，不如今年加把劲，多增长一点，为实现翻番目标打好基础。

可是，这又是小学生的简单线性思维了，甚至还不如小学生。上面的小学算术是对的，这里的线性逻辑却是不自洽的。其一，倘若经济增速下行，实际上保不住 6.5%，那为什么要定一个实现不了的目标呢？ 20 世纪 80 年代的时候虽然穷，但是看形势不好就治理整顿，反而为后来的增长打下了基础。其二，倘若尽管经济下行，但是实际上依然可以实现年均 6.5%，那为什么要担心？二者中间，必居其一。无论如何，担心是于事无补的。

笔者以为，倘若政策得当，年均 6.5% 的增速还是有可能实现的，毕竟我们还是发展中国家，增长的空间还很大。关键是怎么做。倘若不做实质性的改革，以现在的经济增长方式，实现 6.5% 的年均增速，不是不可以，代价会很大。投资还是得快速增长，在民间投资下行的情况下，投资“国进民退”的局面还得延续，国有部门和企业的投资还得扛大梁，票子还得发，杠杆率还得上。讨论了十多年的“不可持续”的增长方式，还是得持续下去。

能持续多久呢？以目前的态势，持续到 2020 年可能有点难，以后的日子会很难过。穷凶极恶的增长，必然带来穷凶极恶的后果，是为下下策。

另一方面，倘若改革推进顺利，实现 6.5% 的增速也不是难事。前事不忘，后事之师。在并不遥远的 1998 年，我国推动了 1978 年以来最大的一轮国有企业改革，6 000 多家国企倒闭，3 000 多万国企职工下岗，可谓惨烈。惨烈归惨烈，此后十多年的高速增长中，下岗的国企职工重新就业，反而找到了一碗饭吃。留在国企里面的，反而面临再就业的困难。

仔细看那一轮改革，其实为后面的增长打下了基础。3 000 多万下岗职工，其实是释放了 3 000 多万优质劳动力。因为比农民工早接触工业文明和城市生活，这些人其实比农民工更加能干，是后来经济快速增长的骨干力量。要知道，乡镇企业异军突起的时候，也是从国企请老师傅的。

历史只有一条轨迹，关键是怎么看。如果说乡镇企业是中国工农的第一次握手，1998 年的国企改革就是中国工农的第二次握手。两次握手，帮助造就了中国的经济奇迹。

那一轮国企改革，还减少了6 000多家濒临破产的国企，减少了财政的负担。由于低效国企的退出，企业总体的效率提高，为其后的高增长奠定了微观绩效的基础。只可惜，这样一举数得的事情，后来再也没干过了。

为什么再也没干过？可能还是思路决定出路。1998年的国企改革之前，在理论上已经取得了重大的突破。1997年9月党的十五大报告，提出“要全面认识公有制经济的含义”，“公有制实现形式可以而且应当多样化”，“公有制经济不仅包括国有经济和集体经济，还包括混合所有制经济中的国有成分和集体成分”。公有制的主体地位，体现在公有资产在社会总资产中占优势，“这是就全国而言，有的地方、有的产业可以有所差别”。

在这些理论突破的基础上，不要求各地各行业都搞国有经济为主体，国有经济总比例可以减少，国企工人可以下岗，这就为当时的“抓大放小”的国企改革，以及大规模的职工下岗澄清了理论基础。报告进一步指出，“股份制是现代企业的一种资本组织形式”，“资本主义可以用，社会主义也可以用”。后来的国有企业股份制改造，就如火如荼地展开了。

这些理论突破，对1998年那一轮的国企改革铺平了道路，指出了方向。将近20年过去了，经济社会发展带来了新问题，要求进行新一轮的国企改革。据笔者的粗浅观察，新一轮国企改革的抓手，应该是进一步理顺人事制度、决策机制、权责关系。

历史经验表明，重大的变革之前要有重大的理论突破和创新。此时，小学算术就不够用了，考验的是领导者的政治智慧。

（本文写于2016年6月16日，原文标题《保增长需做实质性改革》）

下一轮供给侧改革路在何方？

> 不断调整生产关系，适应生产力的发展，释放生产力的魔鬼，是“供给侧改革”的本质含义。

2016年度的首要财经热词莫过于“供给侧改革”了。

长期的经济增长由供给侧决定，短期的经济波动由需求侧决定。所谓改革，针对的是长期的增长潜力，就是“供给侧”的问题。那么需求侧有什么？需求侧是消费、投资、出口这些东西。这些，是家庭、企业、地方政府、中央政府、外国居民在给定的制度环境和经济激励下的选择。对于这些万千经济个体的微观选择，用“改革”一词是不合适的。试想，你怎样“改革”万千家户的购房需求？你可以压抑它，却无法改变它。对于需求，用“管理”“调控”这样的词，是可以的。

简言之，供给侧是改革，需求侧是调控。

供给侧改革的最经典案例，当属1978年开始的家庭联产承包责任制。通过把土地的使用权赋予农民，提高了农民生产的积极性，大幅提高了农业生产率和产出。到1984年，粮食产量增加

40%多，从吃不饱到卖粮难，也就是几年的工夫。供给侧改革的魔力，由此可见一般。

在此基础上，后来的乡镇企业的异军突起，民营企业的大发展，也是在中央的允许、鼓励下取得的成就，是供给侧改革的大手笔。不断调整生产关系，适应生产力的发展，释放生产力的魔鬼，是“供给侧改革”的本质含义。所有这些，在经典作家的著作中都有表述，只是今天的人们太忙，都忘记了而已。

回顾历史的话，供给侧的改革其实已经是久远的事情了。最后一次大规模的供给侧改革，可能是20世纪90年代末期的国有企业改革和加入WTO。通过关停转让低效的国企，释放了大量的劳动力资源，企业的整体微观经营绩效大为改观。同时，借着加入WTO，理顺了很多经济管理关系，减少了经济运行的摩擦，也大幅提高了经济效率。这一次大规模的“供给侧改革”，奠定了新世纪以来所取得的巨大经济成就的改革和制度基础。

2008年金融危机以来，之前改革的制度红利趋于耗尽，增长模式难以为继，客观上呼唤新一轮改革。可惜，新一轮的改革迟迟没有开启，这是近年来经济下行的根本原因。2009年出台的大规模财政刺激，稳住了短期的总需求，但是对于提高供给侧绩效，不但没有帮助，还适得其反。直到今天，我们还在消化其负面影响。

下一轮的供给侧改革路在何方？2015年10月中央高层提出要“加快淘汰僵尸企业，有效化解过剩产能，提升产业核心竞争力，不断提高全要素生产率”。2015年12月的中央经济工作会议，提出2016年经济工作的重点是“三去一降一补”，即“去产能、去库存、去杠杆、降成本、补短板”。这“三去一降一补”，无非就是两个字，一个是“去”，一个是“补”。去掉低效的供给，释放劳动力、资金、土地等资源，用以补充高效的“供给”。供给侧改革的实质，其实就是这么简单。

拍着脑门粗粗想一下，要想做到这一“去”一“补”，无非就是3个方面：（1）推动国企改革，释放国企体系中大量的管理人才和员工；（2）推动土地和户籍改革，进一步释放农村劳动力资源，提高城市管理水平，建设高效、宜居城市；（3）推动教育医疗改革，提高人口身心健康。

这些是大的方面。至于特定时期的工作重点，先后顺序，那就要具体分析了。笔者没本事做深入研究，还是就此打住吧。一定要说一句的话，就是政府职能一定要转变，既做裁判员，又做运动员，政策一定会走形的。

（本文写于2016年6月5日）

技术进步“嵌入”资本积累——从克鲁格曼的预言说起

> 发展中国家在追赶过程中，快速资本积累中嵌入了技术进步，对经济增长功不可没。克鲁格曼1994年关于“亚洲无奇迹”的批评，忽视了投资中嵌入的技术进步，已经被后来的经济发展证否。

如今（2012年底）宏观经济比较困难，不禁想翻翻历史理理头绪。毕竟，经济分析是经验科学，多少会有点启发的。不过，我们自己的历史经验其实很少，毕竟改革开放只有30多年，严重的经济低迷只有1989—1990年、1998—2001年两次。当时的悲观情绪比现在要严重得多，但是两次都成功渡过难关。当然，经验都是个案，每个个案都不同，一两次成功并不能说明很多问题，我们也不应放松警惕。

再找历史经验的话，就要放眼国外了，1997—1998年的亚洲金融危机，是一个值得回首的案例。我国与新加坡、韩国等东亚、东南亚国家以及我国香港和台湾地区在很多方面有相近之处，可借鉴之处也较多。当然，四小龙是小经济体，借鉴作用可能有限，不过有经验总要看一看，聊胜于无吧。

关于亚洲金融危机的讨论，因为著名经济学家保罗·克鲁格曼一个广为人知的预言而更加有趣。1994 年，克鲁格曼在《外交事务》(*Foreign Affairs*) 杂志发表了《神秘的亚洲奇迹》(*The Myth of Asia's Miracle*) 一文，分析亚洲四小龙的经济增长因素，发现东亚国家的经济增长靠的主要是要素投入的增加，也就是高劳动参与、高储蓄、高投资，而非技术进步。因为要素投入总有限度，而且边际产出递减，在这一证据基础上，克鲁格曼做出了"亚洲无奇迹"的著名论断，并预言"亚洲奇迹"难以持续。

克鲁格曼是一个雄辩的写手，在苏联刚刚解体、东欧国家刚刚发生剧变的背景下，他把亚洲四小龙与苏联类比，指出二者的共同之处在于经济增长当中都没有技术进步，确实让人猛然警醒。在克鲁格曼的眼里，亚洲四小龙和苏联一样都是"纸老虎"，无法对西方发达国家的经济地位形成威胁。把经济增长问题置于国际竞争的语境下讨论，亦增加了克鲁格曼文章的影响。

克鲁格曼无疑是幸运的，他在亚洲金融危机爆发之前做出了这一论断，随着亚洲金融危机的爆发，他声名鹊起，被认为是"成功预测了"亚洲金融危机的人。

克鲁格曼的这一预言，为观察研究中国经济的人津津乐道，还有一个重要的原因，就是我们的经济增长也严重依赖投资，比起亚洲四小龙有过之而无不及。克鲁格曼对亚洲四小龙的批评，毫无疑问对我们也是适用的。近年来讨论中，对于投资过高的批评，也是不绝于耳。

然而，将近 20 年以后，回头再看克鲁格曼的批评，值得商榷之处颇多。

首先，哪一个经济体不经历经济波动？美国也经历过大萧条，而且大约每10年就经历一次经济衰退，大约每30年经历一次大的经济危机，但是似乎没有人说美国的经济增长没有技术含量。毕竟，经济周期和经济增长是两个问题，不能拿经济波动现象来讨论经济增长。

其次，亚洲金融危机以后，这些经济体的表现明显超过世界平均水平。表7–1比较了2000—2010年东亚、发达国家和世界平均经济增长速度，我们可以发现，东亚国家的增长速度还是要快得多，大约有4.8%，而世界平均增长速度只有2.7%，东亚国家比世界平均水平快了超过两个点，比高收入OECD国家更是快了超过3个点。为了剔除美国次贷危机和全球金融危机的影响，表7–1进一步比较了2000—2007年的情况，得出大致同样的结论。熟悉经济增长的人应该很了解的是，2~3个点的差别，可是非常大的。现在欧美经济增速倘若多出两个点，就不会有那么多人讨论债务危机了。

需要指出的是，随着经济的进一步发展，一些国家的科技进步也在提升。比如说韩国，在金融危机以后迅速恢复，10年间的平均增速达到5.16%，人均GDP达到2万美元以上，而且韩国在电子、汽车等产业上的技术进步是有目共睹的。

最后，倘若拉长历史的视角，“二战”以后很少有国家（地区）能够保持长时间的高速增长，跨越中等收入陷阱，步入高收入国家（地区）行列。除去富于石油等自然资源的国家（地区），亚洲四小龙是为数不多的例外。从这个角度讲，四小龙是无愧于“奇迹”一词的。

表 7–1　亚洲金融危机后的东南亚和世界经济增长

	年均 GDP 增长率（%）		人均 GDP
	2000—2010	2000—2007	（2010 美元现价）
中国香港地区	4.44	5.28	31 800
中国台湾地区	4.09	4.42	18 683
韩国	4.57	5.16	20 500
新加坡	6.03	6.35	42 000
平均：	4.78	5.30	28 246
印度尼西亚	5.20	5.05	2 950
马来西亚	5.03	5.62	8 370
泰国	4.40	5.06	4 610
平均：	4.88	5.24	5 310
日本	0.91	1.52	43 100
美国	1.81	2.60	46 700
OECD：高收入国家	1.68	2.42	39 500
OECD：所有国家	1.73	2.47	34 600
世界平均：	2.67	3.25	9 160

数据来源：台湾数据来自经济学家智库（Economist Intelligence Unit）数据库，其他国家数据来自世界发展指标（World Development Indicators）数据库。

然而，我们依然还需要回答一个问题，就是为何根据同样的增长核算方法，发达国家经济增长中技术进步的份额要大很多，而亚洲四小龙却要小很多。根据著名增长经济学家罗伯特·索洛、爱德华·丹尼森等人的计算，美国的经济增长中，大约只有八分之一归因于资本积累，四分之一归因于人口增加，六分之一归因于教育水平提高，剩下的大约 50% 归因于资源配置优化、规模经济、知识积累等因素，而这些都被归入广义的“技术进步”。

作为比较，根据另一位增长经济专家阿伦·扬的仔细计算，亚洲四小龙的增长中技术进步的贡献要小得多，其中中国香港地区好一些，但也只有 30%，中国台湾地区和韩国分别只有 28% 和 17%，而新加坡的技术进步的贡献只有 2%，只考虑制造业的话甚至是负数。这些人都是严谨的学者，他们的计算结果值得仔细揣摩。

其中新加坡的情形很有启发性。根据阿伦·扬的计算，1970—1990 年 20 年间，整个经济增长中技术进步的贡献几乎为零，只考虑制造业的话甚至为负。然而，很难相信新加坡 20 年的经济增长中没有技术进步的贡献。何况，新加坡的增长速度、人均收入在亚洲四小龙中是最好的，很难相信技术进步贡献最小的国家最后表现最好。

举一个简单的例子。假设新加坡做的是最简单的加工制造，为了扩大生产而买了一台新型设备，可以大大增加生产能力。根据增长核算，这是一笔投资，是不计入技术进步的。然而，这种方法没有考虑新型设备中包含的新技术。实际上，新技术总是要体现在新的机器设备，或者其他生产要素当中的，否则新技术如何进入生产？

上面的例子说明传统的增长核算可能低估了技术进步对于经济增长的贡献。倘若如此，依然有一个问题需要回答，就是为何这种低估在亚洲四小龙比在美国要大得多？毕竟方法是一样的，如果低估的程度是一样的，就依然不能解释上述差别。

其实这不难理解。发达国家处于科技的前沿，在发展过程中需要不断研发，而且在漫长的发展过程中，不断提高教育投入。在此期间，物质资本逐步积累，技术逐步变化，资源配置方式也慢慢变化。而东亚国家是后发国家，主要利用、改进现有技术，在短时间内通过购买现成的设备，提升基础设施来吸收、利用现有技术，并且和受过良好基础教育的劳动力人口进行结合。这样，东亚国家的经济增长，更多地表现在投资增长上，并不奇怪。各国发展路径不同，表现出不同的特征也是自然的，理应进行具体分析，而不是强求简单雷同。

实际上，经济分析中对于这一问题早有探讨。增长核算方法的创始人，同时也是索洛模型的创立者，罗伯特·索洛本人早在1960年，就提出了投资当中蕴涵着技术进步的观点，后人也试图在增长核算中考虑这一因素。然而，调整的结果却远不如人意。例如，一种主流的方法倾向于用投资价格指数修正实际投资，由于投资品价格趋于下降，这一方法进一步夸大了投资的贡献，减小了技术进步的贡献。

克鲁格曼在贸易领域卓有建树，并因此获得诺贝尔经济学奖，他的经济学造诣毋庸置疑。然而克鲁格曼对于增长核算的应用，却值得商榷，至少在细节上值得商榷。重要的是，经济分析往往是差之毫厘，谬以千里的。

值得反思的是，我们对于投资在经济发展中的作用，是否有一些偏见？对于研究经济增长的学生来说，还要进一步反思现有增长模型的缺陷，以及由此产生的误导。

（本文写于2012年11月9日）

短期看需求，长期看供给

长期经济增长取决于要素积累和技术进步，城市化是最重要的载体。中国经济的进一步增长，取决于城市化的健康发展，人们能否在城市里安居乐业。

最近北京大学的林毅夫教授再次对中国经济增长潜力表示乐观，认为到2030年都有可能保持8%的增速。在宏观经济很冷，市场很悲观，而且社会矛盾积聚，改革面临困难的背景下，这一乐观的预测引起很多争论。

这一争论的背后，是经济增长这一枯燥概念背后隐含的巨大福利含义。研究过经济增长的人，很难忘记卢卡斯的那句话：增长问题如此重要，一旦开始思考，就很难放下。倘若每年增长8%，那么9年后收入水平就翻一番，人们的日子就好过得多。

举一个简单的例子，农业经济中最主要的产品就是粮食，粮食减产三成就会闹饥荒（1959—1961），增产三成就吃不完（1978—1984），这些事情都不是杜撰的，而是我们经历过的历史。在工业社会，稍加留意的观察者就会在人们的衣、食、住、行上找到增长带来的变化。经济活动看似平淡无奇，不像政治、军事活动那样富于戏剧性，然而事关亿万人每天的生活，其实没有哪件事是小事情。

一个可能存在的情况是，经过 30 年接近 10% 的增长以后，我们对增长已经习以为常了，慢慢忽视了增长的好处，而更加挑剔增长中伴随的问题。年长一些的人，从 50、60、70 年代走过，大多不会忘记当时的艰辛，因而更加珍惜增长带来的好处，更加担忧增长停滞、倒退。人们对于增长潜力的巨大关注，或许也是这种珍惜、担忧的一种表现。

那么中国经济进一步增长的潜力来自何方？熟悉宏观经济分析的人，大概都知道这么一句话：短期看需求，长期看供给。

既然增长潜力是长期的事情，短期经济波动带来的悲观情绪是应该首先撇开的。比如这一轮经济调整，是在通货膨胀率上升、房地产价格快速上涨、地方政府债务压力显现的背景下进行的调整，或许方式、方法、节奏不尽如人意，但是我想大多数人都是同意进行调整的。比如说房地产，房价过快上涨，大幅增加城市生产、生活成本，严重扭曲资源配置，引发过度投机，妨碍城市化进程，是一定要调控的。

当然经济周期与长期增长不是无关。短期的波动处理不好，风险放大，会伤害长期增长的基础。比如说，欧美国家的债务危机，严重伤害经济体的资产负债状况，大幅提高失业率，特别是年轻人的失业率，不但妨碍短期经济复苏，还影响人力资本的积累，伤害长期增长潜力。相比之下，我国目前的经济调整，是为了对抗通胀、抑制房价过快上涨、控制地方政府债务风险，并未对经济基础产生大的伤害。当然，宏观调控要把握一个度，调控过了头，人为制造坏账，放大风险，对未来的调整和增长都不利。

长期看供给的含义是，要提高长期增长潜力，就要提高生产能力。生产能力由生产要素决定，包括劳动力、资本、技术、自然资源等，因而要提高增长潜力，就要提高这些要素的数量和质量。

先分解开来看。劳动力包括数量和质量，数量是已经给定了的，剩下的就是提高质量，促进人力资本积累。资本由投资来累积，产业投资应该以市场为主，政府可为的是基础设施投资。基础设施投资具有很大的外部性，能够帮助实现经济的良好运作。倘若把经济比作人体，企业和个体好比是组织和细胞，那么基础设施就好比是人体的骨架，没有好的骨架，所有器官和组织的运行都会受影响。技术进步由模仿、研发来促进，往往在生产和竞争中完成，而且往往包含在新投资当中。最后，自然资源是相对给定的，而且往往越用越少，能做的就是提高利用效率，开发新的资源。

再合起来看。我国过去的经济增长，无非是这几个方面要素的共同作用，比如大量勤劳肯干的劳动者，比如快速的投资和积累，比如良好的模仿和学习能力。当然，最根本的还是改革开放，是市场化改革的逐步推进，使得这些要素能够发挥积极的作用。换句话说，所有的“红利”，倘若真的有的话，都根源于“制度红利”。

未来 20 年的经济增长潜力，也取决于这几方面的要素，以及进一步的制度变革。前后左右反复看，城市化是一个链接诸多要素的关键着力点。

首先，城市化促进人力资本积累。现在大量农民工是城市的过客，由于不能预期留在城市，往往是人在城里，心在农村。设想一个 20 岁的年轻人到城里打工。倘若预期留城，找个心仪的职业从头好好干，好好学，十年八年后其实就是个城里人，可以安心工作到60岁。但是倘若预期要回家，只是出份苦力攒钱回家盖房子娶媳妇，那么10到20年后他就要回家了，这期间做事情也不会全心投入，学到的东西也不会太多。考虑到劳动时间和劳动技能积累这两方面的因素，有效的劳动供给可能差了5倍甚至10倍以上。这是我能想到的最大的人力资源浪费，也是城乡收入差距的根本原因之一。近几年我国劳动力出现短缺，工资上涨很快，很大程度上是城乡分割人为造成的，提醒我们人口城市化不能再拖了。

其次，城市化促进高效的资本积累和技术进步。城市是现代经济的载体，可以降低交易成本，促进贸易；节约信息成本，促进技术进步和产业升级；节约投资成本，优化资源利用。城市化的一个重要方面是基础设施投资，包括城市内部的投资和城市之间的投资。把城市修好了，居民安居乐业，这是经济增长的本质。

未来经济增长潜力的实现，包括城市化的健康推进，当然是有条件的。最根本的条件，就是市场化改革的推进和深入。

作为一个注脚，林毅夫预测中国经济保持长期高速增长，不是今天的事，也不是近几年的事，而是已经20年了。笔者第一次听到这个预测，是1994年在北京大学破旧的第二教学楼。当年的老二教早已拆得不见踪影，可是林毅夫的预测还在，而且这么多年他一直在坚持。到今天为止，林毅夫说对了。未来不可预知，不过我想大家也都希望他继续对下去。

（本文写于2012年10月12日，原文标题《坚持了20年的预测》）

没有愿想的快，没有诟病的慢——中国改革这 10 年

> 站在 2015 年回首过去 10 年中国的改革，发现没有愿想的那么快，也没有诟病的那么慢。问题很多，进展不小，是一个较为客观的描述。

2005 年 7 月 21 日，中国宣布进行人民币汇率制度改革，人民币不再盯住美元，改为参考一篮子货币进行调节，实行有管理的浮动汇率制度。当天的变化，是人民币一夜之间升值 2.1%。在随后的三年里，人民币累积升值 21%，直到 2008 年 7 月金融危机爆发暂停升值，在 6.83 的位置上稳定两年之后，于 2010 年 6 月重启升值。

消息宣布当天，香港大学经济与金融学院梁銶琚楼顶层的餐厅里（当时笔者刚到香港大学报道不久），教授们炸开了锅。尽管之前已经有一些讨论，但是教授们大多没有预料到汇率改革来得如此之快。要知道，国内的顶级专家宋国青、余永定最早提出汇率改革，也不过是 2003 年的事情。时隔不过两年，这么大的事情就落地，对于熟悉这个体系运作的人来说，其实是非常之快的。要知道，汇率升值要损害无数出口企业的利益，那是看得见、摸得着的

好处，升值以后拿什么来补，却是只能想象，是看不见、摸不着的。放弃拿在手里的东西，是很难的事情。而且，当时的外汇储备只有 7 000 亿美元左右，还没有形成今天 4 万亿美元的规模和压力。

汇率改革的迅速展开，是中国这 10 年来经济改革的一个缩影。随着改革进入深水区，问题越来越复杂，容易改的地方都改了，剩下的问题都很棘手。而且，以前的改革急就章，还遗留下甚至衍生出很多的问题。认真研究过实际情况的人都知道，改革方案真的很不好做，各种事情盘根错节，千头万绪，很难理清，很难找到抓手。各方面的观点、利益都不太一样，沟通、协调，谈何容易。然而，改革总是在不经意中到来，而且往往来得很快。

2007 年 3 月《中华人民共和国物权法》(以下称《物权法》)的颁布，是改革突如其来的另一个例子。当时依然是在香港大学，《物权法》的颁布再次引起了港大教授们的议论纷纷，特别是其中第四条明文规定："国家、集体、私人的物权和其他权利人的物权受法律保护，任何单位和个人不得侵犯。"这标志着对于私有产权保护的开始。

其中当然有诸多不如意之处，可是万事开头难。一步到位，那是不现实的愿想。历史的变化中时常会走弯路，甚至走回头路，也是常有的事。可是对于擅长逻辑演绎的大学教授们而言，看到《物权法》的颁布，当然明白后面的无限可能，莫名惊诧也就不奇怪了。

梳理一下的话，这 10 年的改革措施其实是蛮多、蛮大的，不妨再举两三例。

国人应该还记得 2005—2007 年间的股市大繁荣。其间，不但 A 股大涨，上证指数从不到 1 000 点涨到 6 000 多点，港股也大涨，恒生指数从 14 000 点涨到 31 000 多点，直到泡沫破灭。

股市万花筒的背后，是国有企业的股份制改造。2002—2005 年间，中国经济高速增长，企业利润大幅改善，上市公司的业绩也不再是吴下阿蒙。不过，其间 A 股却一路下行，直到 2005 年底的股权分置改革才点燃 A 股做多的热情。

借着 A 股的牛市行情，很多国有企业上市，国企的股份制改造更进了一步。尽管对国企依然有诸多诟病，国企改革依然是进行时，可是股份制改造是国企改革的重要一步，应该也是得到很多认同的。即便是最尖锐的批评者，也会同意今天的国企和以前相比，是有了很大改善。而且，没有以前的国企改革和上市准备，现在讨论的“管资本，不管经营”的国企改革模式，也缺乏基础。

那一拨上市公司，包括了建行、中行、工行三大国有银行，随着农业银行在 2010 年完成上市，四大国有银行全部完成上市。加上很多股份制银行、城市商业银行的成长和上市，银行业的竞争格局初步形成。其间的另外一件事情，是银行间债券市场在 2007 年以后的快速发展。这样，股市、银行、债市三个市场都有发展，是进一步金融改革的必要基础。

再举一个例子，就是利率市场化。利率改革牵一发动全身，是金融改革的重中之重。到 2015 年 2 月为止，贷款利率已经全面放开，存款利率上浮区间扩大到基准利率的 30%（2015 年 10 月 24 日，存款利率上限完全放开），银行存款已经存在差别利率，标志着利率市场化已经基本完成了。作为重要伴随措施的存款保险制度，也即将推出。

回首利率市场化的进程，其实是蛮快的。从 1996 年央行放开银行间同业拆借利率，标志着利率市场化破冰，到现在不到 20 年。

做个比较的话，美国的利率市场化用了 17 年（1970—1986）。别忘了，美国本来就有很好的金融市场和金融机构的基础，理应比我们快一些。

其他国家中，法国用了 21 年（1965—1985），德国用了 6 年（1962—1967），日本用了 18 年（1977—1994），韩国用了 17 年（1981—1997）。主要国家中，只有英国的利率市场化是一蹴而就的（1971 年）。但是，英国的制度基础和金融发展的基础，显然不是中国可以比拟的。认为中国应该一步放开利率管制的人，估计也是少之又少。今天利率市场化能够基本完成，之前的基础工作功不可没。

问题很多，进展不小，或者是对过去 10 年中国经济改革的一个客观描述。很多时候，变革来得很主动、很快，比如汇率、利率领域的改革。尽管如此，不如人意的地方，还是很多。比如说，物价改革，进展其实一直很慢，迄今很多物价还是管制的，比如能源、资源、医疗服务等。价格管制，不仅降低了经济运行的效率，也成了腐败的温床。一些官员岗位，也因此成为“高危”行业。

再比如，农村土地制度的改革，也是磨磨蹭蹭，任重道远。1988 年宪法修正案赋予土地使用权依法流转的权利，城市国有土地也早已“依法流转”，但是农村土地的流转，依然没有破冰，停留在“试点”阶段，变成了“一试再试、久试不决”。要知道，距离 2007 年城乡统筹试点，已经 8 年；距离 1988 年修宪，已经 27 年；距离 1978 年农村改革破冰，已经 37 年。农村土地制度改革，事关占总人口三分之二的农村户籍人口能否进城安居乐业，事关占劳动力总量三分之一的农业劳动力能否转移进城，事关整个国家的人力资本积累，从根本上决定未来的经济增长潜力。

（本文写于 2015 年 5 月 14 日，原文标题《主动求变，任重道远》）

人口城市化将带来20年高增长

中国经济要跨越中等收入陷阱，需要不断推进人口城市化，积累人力资本。

这几年，我国的宏观形势不容乐观。虽然2011年三季度GDP增长率依然有9.1%，但与2007年二季度的14.5%相比已经低出了多达5.4个百分点。综合考察这几年的数据，经济增长速度下滑的态势已经很明显。雪上加霜的是，通货膨胀自2010年初以来一路上升然后居高不下，这一轮通胀特别顽强，最近虽然有所回落，但是随着货币逐渐开始放松，通胀回头的危险远未解除。

经济增长速度下降，同时通货膨胀却很顽强，这二者共同指向一个可能性，即经济增长的潜力在下降。在人均收入只有4 000美元，也就是发达国家人均收入的十分之一的情况下，我国的经济增长会不会减速，甚至停滞，陷入“中等收入陷阱”？

这个问题绝非杞人忧天。翻开“二战”以来的发展中国家经济增长的历史，可以发现一个明显的“增长–停滞”的模式。很多拉美、东南亚、非洲发展中国家在经济起飞以后，并没有能够一帆风顺地增长下去，顺利进入高收入国家的行列，而是经历了长时间的停滞，陷入“中等收入陷阱”。真正能够踏入高收入发达国家行列的，仅有亚洲四小龙等有限几个国家或地区。

若要避免停滞，关键的问题是：进一步增长的动力来自何方？

以史为鉴，我们过去保持了 30 多年的高速增长，不妨从过去的经验中再找一找。粗粗梳理一下，改革以来我国的经济增长中有这么几件大事值得注意。一是家庭联产承包责任制，帮助解决了粮食生产问题，解决了吃饭问题，同时帮助把农民从农业中解放出来，为工业的发展做了准备。二是乡镇企业异军突起，在没有人想到的地方长出了一大块 GDP。三是亿万农民工进城，借加入世贸的东风参与世界分工，从此全世界都可以买到“中国制造”。

这几件事都与农民有关，概括成一句话，解放农民是中国改革的根本经验之一。对于一个初始人口中农民占 80% 的国家而言，通过解放农民促进生产和带动经济增长，其实是毫不奇怪的事情。家庭联产承包责任制是把农民从无效的集体农业生产组织形式中解放出来；乡镇企业是把农民从农业和土地的禁锢中解放出来，但是依然离土不离乡；农民工进城是把农民进一步从农村解放出来，可以进城了，虽然还远远不完全是城里人。

众所周知的是，我国的改革奉行渐进的逻辑，解放农民也是一步步来的。从大集体生产到分田单干是第一步，拿掉了生产组织形式上的一个低效的枷锁。乡镇企业是第二步，除了种田，农民还可以开工厂，但是只能在农村开，不能到城里开，离土不离乡。亿万农民工进城是第三步，农民可以进城打工，干得好的还可以创业，参与国内、国际大市场的分工合作。这每一步之后，都解放了巨大的生产力，创造了巨大的经济奇迹。

那么，下一步怎么办？农民身上的潜力释放完了吗？这个问题在目前尤为重要，因为长达30多年的高速经济增长之后，增长的机车似乎在慢慢失去动力，需要寻找新的燃料了。

有一个证据表明农民身上的潜力还没有释放完毕，那就是城市化还远没有完成。倘若说过去的增长靠的是工业化，那么未来的增长就要靠城市化。工业化和城市化本来是结合在一起的，在很多国家也是同步进行，但是在我国的特殊背景下，城市化远远落后于工业化。城市化水平依然有很大的上升空间，可以带动进一步的经济发展。

城市化对于经济增长的基础性作用在理论和实际上都无须赘述，工业革命以来城市逐渐取代乡村成为经济生活的主要载体，就是最有力的证据。经济增长最后无非依靠增加投入和提高效率，而城市化既可以帮助增加投入，也可以帮助提高效率。

首先，城市化帮助增加人力资本，而人力资本是经济增长最重要的投入，比其他投入都来得重要。人力资本的积累，不仅仅是在学校里，还包括在岗位上，农民从农村到城市就要学习相关的技能。目前的问题是，农民进城打工，回乡养老，吃的是青春饭，赚的是辛苦钱。没有在城里安居乐业的稳定预期，也就不会在相关的技能上做充分的投资，人力资本的积累也就当然大打折扣。

问过一些企业，目前企业产品质量和世界领先水平依然有很大差距的原因是什么，得到的有说服力的答案之一是缺乏好的人才。好的产品需要的各个环节，特别是细节，掌握分寸，把握火候，需要很多的积累。不过这一关，产品质量升级谈何容易。过了这一关，我们的产品就可以卖出高得多的价钱。要过这一关，就要让农民能够在城里安居乐业，而不仅仅是挥之即去的过客。

其次，城市化帮助节约信息和交流成本，提高生产效率。非农生产脱离了土地和光合作用的硬约束以后，聚集的优势愈发体现，大量的工业、服务业开始聚集在城市里进行。聚集之后，人们的交流成本降低，资本、劳动等要素优化重组的机会增加，各个环节的交易成本都下降，促进分工合作和市场发展，促进创新和科技进步，这样经济也就发展了。目前农民工对城市生活的参与非常有限，从城市聚集中得到的好处非常有限，反过来对城市发展的贡献也就非常有限。不夸张地说，亿万农民工，不过是赚血汗钱的机械手，很容易被机器人取代。

要想让农民对经济发展做出更大贡献，就要让农民对现代经济的主要载体，也就是城市的发展做出更大的贡献。要做到这一点，最重要的就是要让农民先进城，做城里人，充分参与城市经济生活，这样蕴藏在人体内的巨大潜能才能生长、爆发。把富于创造的人仅仅当作机械手来使用，这是我能想到的最大的资源浪费。剥夺农民的权利，实行歧视性的政策，得到的是一时的便利，失去的是长期的增长基础。

既要马儿跑，又要马儿不吃草的想法是短视的，因为不吃草的马儿是跑不快的。倘若说农民是中国经济增长的燃料，其实他们并不介意为这个国家的繁荣而燃烧殆尽。只是好的伙夫知道怎样维护和保养木柴，以便烧出更多的热量。

国际经验上，日本、韩国的高速增长，都伴随着快速的城市化。而随着城市化的基本完成，经济增长速度快速回落，城市化对经济增长的推动作用可见一斑。目前我国城市化水平不到 50%，至少还有 20 个百分点的上升空间。倘若城市化水平完成这 20 个百分点的提升，将促进我国的经济总量翻两番，帮助维持 20 年的高速增长。在这个意义上，人口城市化是我国经济进一步增长的主发动机。

（本文写于 2011 年 11 月 28 日）

中国不缺经济增长点

房地产调控让内需大幅减弱，发达经济低迷抑制了外需，中国经济两根“柱子”看似一起倒塌。但放眼望去，多个行业的潜力都有待释放。

近来常引起讨论的一个话题，是寻找下一个经济增长点。仔细一想，这其实是一个奇怪的问题：一个全民致力于经济发展，几乎心无旁骛的国家，一个人均收入只有发达经济十分之一的国家，怎么会缺少经济增长点呢？难道不应该到处都是增长点吗？理解这一话题，要从它产生的背景说起。

2010 年以来，中国经济增速下行，通胀压力显著，房地产价格高位欲涨，地方政府债务压力增大，而且转变经济增长方式收效甚微。在欧债危机爆发、全球经济增长放缓的背景下，这些现象引发对中国经济增长潜力下降，宏观经济基础变坏的担忧。特别是 2012 年以来，不但发达国家经济陷入低迷，而且主要发展中经济体，包括印度、巴西等，经济增长速度也迅猛下行，比发达国家的情形更加不容乐观，引发了全球经济二次探底，甚至进入长期萧条的担忧。国外低迷，国内的近况也很惨淡，2012年一、二季度的经济增速分别只有8.1%和7.6%，尤其是考虑到这是从14%的速度降下来的，下降了几乎一半。

好的迹象是中国的通货膨胀压力已经逐渐褪去，CPI从2011年6月的6.5%高点下降到2012年6月的2.2%，为宏观政策转向提供了空间。需要进一步探讨的问题，是下一步经济增长着力点应该在哪里？倘若没有强有力的增长点，宽松的宏观政策带来的可能是通货膨胀和财富转移，而非经济繁荣。

对新的经济增长点的渴求，源于旧的增长动力的衰竭，因而让我们先来看看旧的"增长点"。中国经济在1998年开始陷入通货紧缩和长达4年的低迷，直到2002年才真正回暖，并开始了近10年来的高速增长。1998—2002年间为了应对低迷采取的对策，在很大程度上影响了后来的经济发展路径，甚至是世界的经济版图，其中有两件事情，是不得不提的。一是1998年开启的住房商品化改革，从此开始了轰轰烈烈的房地产经济时代；二是2001年加入WTO，从此进入世界市场，净出口迅速增加，"中国制造"开始席卷世界。房地产的蓬勃发展，极大地增加了"内需"。净出口的大幅增加，代表了外需的大量增加。一内一外双剑合璧，拉动了经济的快速增长。从大的图景上看，新世纪以来中国经济的高速增长，主要依靠的就是房地产和净出口，以及这二者带来的大量投资。

经济增长有主要支柱行业并不是坏事情，但是过于依赖一两个支柱也并不一定就是好事情，按下深层次的资源错配暂且不表，一旦支柱行业出现停滞，整个经济增长就会面临中断，而这正是中国宏观经济目前面临的问题。房地产调控使得内需大幅减弱，发达经济的低迷减少了中国商品的外需，两根柱子一起倒塌，一时间风声鹤唳，那也是自然的。

回顾历史，你会发现所谓的两大支柱，其实是我们造出来的，而且因为好用，一用就是 10 年。或许就是因为这两根柱子太好用了，人们才不愿意轻易放弃，或者说已经缺乏寻找下一根柱子的勇气了。但是这世界上有永远撑起房屋的柱子，却没有永远撑起经济增长的柱子，随着时间推移，支柱产业发生转换是必然的事情。

具体什么行业会成为下一阶段经济增长的支柱，取决于多方面的因素，特别是政策方面的因素。但是放眼望去，多个行业都有巨大潜力，有待释放。

首先需要提到的是服务性行业。随着收入的提高，服务需求必然快速增长，而且因为服务需求的弹性大，其增速要快于非服务部门的增速。然而，现实中的实际情况是，过去 10 年间由于汇率低估，赚人民币不如赚美元快，也就是内需不如外需挣钱快，因而内需受到压制，服务业属于内需，当然也就受到压制，表现在数据上，中国 GDP 中服务业占比只有 43%，不仅远低于发达国家 70% 左右的水平，甚至比低收入国家 45% 的水平还要低一些。考虑到中国的发展阶段，现在的服务业占比应该在 60% 左右，也就是说，中国目前服务业大概滞后了 15 个百分点以上。这 15 个百分点的缺口，加上服务业发展可以促进第一、二产业的进一步发展，就意味着巨大的增长机会。当然，服务业发展滞后无非就是过去房地产和净出口这两根柱子太粗这一现象的另一个侧面，本身并没有提供额外的信息，只是帮助指明了这里有一个进一步发展的巨大空间。

服务可大致分为生活服务和生产服务，对于生活服务的需求取决于收入水平和国民财富中居民的份额，因此中国服务业滞后也至少部分是由于收入分配中政府部门和企业部门的份额太大，而居民部门的份额太小。生产服务的滞后，一部分是由于在出口导向的生产当中，销售、售后服务等项目由国外部门完成，或者说国际分工中产品供应链中的服务项目被置于国外，因此国内的生产性服务受到压制。另外，行政性垄断也是服务业滞后的一个重要原因，比如教育、医疗、金融等行业，准入门槛很高，不利于竞争和行业整体进步。

另一个重要的增长点是基础设施投资。国际比较表明，中国基础设施依然非常落后，中国的公路密度不到美国、印度和韩国的一半，不到英国、德国、法国和日本的五分之一；中国的铁路密度也大幅落后于上述国家，仅与金砖其他四国，以及马来西亚、印尼等国家处于同等水平，仍有很大的提升需求和发展空间。

中国城市的基础设施也不容乐观。以北京、上海、广州和深圳为代表的主要大城市的基础设施建设水平，虽然在国内已经明显处于遥遥领先的位置，但是与发达国家的大城市相比，仍有很大差距。其中，深圳的基础设施建设水平最低，北京、上海和广州的地铁密度不到香港的一半，仅有新加坡、纽约和伦敦的四分之一左右；而公路密度与上述城市亦相去甚远，除了与香港水平接近之外，公路密度最高的上海也仅有新加坡的一半，也不到其余大城市的四分之一的水平。这种情况下，城市拥堵、通勤成本高昂实在是不足为怪。这些成本都会反映到其他的经济生活当中，减少其他经济活动。

基础设施落后会导致交易费用高企，减少交易机会，形成其他行业的发展瓶颈。有研究表明，美国 20 世纪 70 年代的滞胀，与前期基础设施投资不足有重要关联，而马来西亚、印度尼西亚等国家陷入中等收入陷阱，也和基础设施落后，形成发展瓶颈有关。在基础设施依然落后的情况下，中国的这些投资总体上有益于生产生活，有利于长期经济增长，具有经济上的合理性。现实中存在的不合理项目是经济管理的问题，而不是方向和战略的问题。

（本文写于 2012 年 7 月 27 日）

保增长保的是什么？

保增长的含义太宽泛，不妨说一点具体的，该修路的地方修路，该旧改的地方旧改。

2013 年上半年经济统计数据中，二季度经济同比增速进一步下滑到 7.5%，环比增长 6.8%，为近年来的最低速度，工业增加值、固定资产投资的增速也都进一步下滑。一时间，经济很冷、下半年将出台经济刺激政策的声音纷纷出台，保增长，或者稍微含蓄一点的说法，稳增长，又成了经济评论的主旋律。

面对超过 7% 的经济增长率，保增长保的是什么？既然说保增长，那就是说现在的速度低了，那么增长率到底多少算是合适？

评判经济增长速度的一个客观标准是经济中资源是否得到充分使用，最重要的指标就是失业率。劳动力是经济中的最重要资源，倘若存在显著的失业现象，则说明经济活动低于潜在能够达到的水平，或者说经济增速低于潜在增长速度。那么，现在存在大量的失业吗？农民工的工资还在涨，大学生就业压力严重，看起来是一组矛盾的现象。一个重要的考虑是，大学生就业不能只看毕业季。一开始天之骄子们的期望很高，没找到心仪的工作。随着时间而不断调整期望值，慢慢就融入就业大军了。很大的一个可能性是，并不存在大量的失业。

当然，经济增速慢一些，居民收入增长速度也会随之慢一些。重要的是，数据显示经济增速慢的时候，居民收入增长速度下降少一些，也就是居民收入的份额还会上升。比如，2013 年二季度 GDP 增速 7.5%，城乡居民增速分别是 6.5% 和 9.2%，平均为 7.85%，超过 GDP 的增速，这意味着居民收入占 GDP 的比重上升了。倘若说调结构，似乎速度慢一点结构就调整过来了。

那么产能过剩是怎么回事？产能过剩可以看作是“非人力资源”的“失业”，那么是否应该算作经济没有达到潜在增速的一个证据？答案是要看这些产能是怎么来的。如果过剩的产能是过快扩张时期留下的，现在没有市场需求，说明是投资错误，不应算作应该挽救的“失业”。

那么，倘若没有显著的失业现象，根据什么说现在的速度低？说现在的速度低，大概是和前几年的速度比，2007 年最高的时候超过 14%，现在降了一半左右，当然是低得多了。可是，没有哪一条道理说 14% 的速度是应该维持下去的。何况，单纯追求速度的副作用已经很明显了。

心理学上有一条规律叫作保守性调整，是说人们的预期调整起来偏慢，而且往往以过去的经验为起始点进行调整。这一条规律被应用到经济学上，还有一个名字叫作适应性预期，说的是人们的预期随着新近的经验慢慢调整。看起来，我们对于经济增速的预期，受前几年高速增长的影响很大。可是和世界其他国家比，不管是发展中国家还是发达国家，我们的速度不但不低，而且应该说很高。

倘若现在出台“刺激政策”“保增长”，我们应该预期什么样的结果？那要看出什么样的政策。

第一种可能性是像以前一样松货币，那就是回到了以前粗放经营的老路，继续把问题留给未来。这样的保增长，其实保的是以前的错误，保的是无效的投资，保的是一些人的短期利益，而不是长期稳定的增长。所幸的是，看起来本届政府没有意愿继续保这样的增长。不慎清楚的是，经济速度下行的压力下，决策者能否依然保持清晰连贯的思路。

2008 年底的 4 万亿投资已经过去很长时间了，当初在经济下滑的时候出台积极的财政和货币政策并不算错，40 多美元买石油股怎么看都是近年来为数不多的好买卖。可是，花钱和乱花钱是两码事，仓促之间上马很多项目，发改委想不犯错大概也很难。回头看，世界经济回调本来也是我们调整的好时机，当时经济的基本面非常好。危机本来是机会，只可惜错过了。

第二种办法是适度增加一些财政支出，选择一些项目进行投资，边际上增加经济增速，或者缓解增速下滑的速度。一个可以类比的情况，是 1998 年经济不景气的时候开始修高速公路，拉动一些需求，也为后来的基础设施建设打下了很好的基础。

那么现在修什么？城市道路，旧城改造，城市地下系统的改造，可能都是可以考虑的方向。不管愿不愿意，未来城市化的趋势都是人口向大城市聚集，提早准备，进一步提高大中城市的基础设施，提高城市的管理水平和承载能力，看起来是一个不会错的大方向。另外，高铁网在经济发达地区看来是值得做、经济上可行的投资，条件允许的地方可以进一步修筑高速铁路网。需要改进的，是项目的评估和管理，提高投资效率。

还有一种办法是减税。积极的财政政策有两方面的含义，一是增加支出，二是减少税收。现在企业的负担很重，赢利很难，减点税应该是个办法，比如增值税的税率可以逐步降一点。未来的财税方向，应该是逐步用财产性税收替代流转环节的税收，减少税收的扭曲作用。

最根本的稳增长策略，其实是推进一些基本的制度改革。比如说农业，不促进合理的土地流转和规模经营，农业难有进一步的发展。因此，土地制度的进一步改革，已经是迫切的大事。再比如，经济长期增长靠人，流浪在城市与乡村之间的几亿农民工，因为没有稳定预期而损失的人力资本积累，是这个国家最大的浪费。改革户籍制度，让农民工不仅进城务工，还要能够安居乐业，是关系到未来增长潜力的头等大事。

回到出台“刺激政策”“保增长”的讨论。其实我并不反感刺激这个词，联想到的是早晨起床后的第一杯咖啡。可是常喝咖啡的人都知道，早晨喝咖啡很有效，工作一整天甚至连续加班以后，喝咖啡是没什么用的。现在的经济，其实“刺激”的空间并不大。倘若一定要采取什么措施，不妨讨论得具体一些，就事论事。该修路的地方修路，该修地铁的地方修地铁，该旧城改造的地方旧城改造，该修的高铁继续修，不要泛泛谈什么“保增长”了。泛泛而谈，最后连保的是什么都不甚清楚。

（本文写作于2013年7月17日）

第八章
波动是个短期问题

简单的幸福：2016 年宏观预测回测

2016 年最幸福的事情，莫过于楼下开了一家面包店。一口咬下去，这里的面包满是谷物的原香，没有添加剂的味道。更难得的是，店里的咖啡也不错，没有变质咖啡豆的酸苦味。早上买一杯咖啡，一块新出炉的面包，回家煮一个鸡蛋，开始一天的工作，是很幸福的事情。

最难得的是，店里的姑娘和小伙子们保留着难得的质朴，看得出总是努力想把事情做好。辛苦工作的同时，努力保持着朴实的微笑。去得多了，自然脸熟，看到我排队就会把咖啡做好，省去等待的时间。拿着咖啡面包往回走，偶尔会想起海子的那句诗："从明天起，做一个幸福的人，喂马，劈柴，周游世界。从明天起，关心粮食和蔬菜。"

心情好一点，想事情也会顺一点。2016 年，对宏观经济和资本市场做过几个简单的判断。导师宋国青先生曾言，"预测回头看"，事后复习检查当初的分析，是必须做的功课。一年以后回头看，所幸大都是对的。有些预测因验证时间还没到尚不能说对错，但是一年以后依然坚持当初的分析判断。

2016年初的时候，正是人民币汇率贬值大恐慌之际，市场人心惶惶，投行大多估计年底汇率到7.3~7.5，甚至有不少悲观预测到8。当时反复思量推演，得出均衡汇率在6.6左右（对美元）的一个估算。因为计算总有偏误，所以当时给了个6.4~6.8的范围。考虑到短期的冲击，美元的走强，央行对于汇率的管理等因素，得出“人民币不会破7”[①]的判断。到了2016年底，人民币最低到了6.95一线，2017年1月以来，更扭转颓势，上扬到6.85左右，不破7的预测成立。

一年以后回头看，当初的估算依然立得住。遗憾不足之处，是对央行的管理有所高估。否则，人民币不至于跌到6.95这样的低位。在笔者看来，央行最大的失误，是“前紧后松”。倘若采取“前松后紧”的相反策略，结果会好很多，6.8一线就到底了，最多到6.9一线。

“前紧后松”的意思，是央行干预太早（“前紧”），后半场又过于宽松（“后松”）。在6.6一线，汇率大约处于均衡的中间位置，央行无须着急，更用不着干预。即便央行的估计高于6.6，也应该留出合理的误差空间，允许市场出清，以及部分居民恐慌情绪的释放。给市场空间，让市场寻找均衡，本来就是浮动汇率制度的核心，也应该是“8·11汇改”的目标。后来，汇率到了6.8、6.9左右的水平后，央行一反常态任由市场波动，也是出乎意料的。其实，此时已经接近汇率均衡的下限，央行若入场干预，成本很低，信号作用也很明显，市场本可以很快稳定的。

“前紧后松”的相反策略，是“前松后紧”，也就是不要干预太

---

① 请参见本书收录的《2016年人民币汇率预测：不会破7》。

早，后半场再入市干预。执行起来就是，在 6.6~6.7 的水平上，完全不用干预，到了 6.8~6.9 的水平上，入市干预。这样既给了市场出清的机会，也降低了干预的成本，降低了政策执行的难度，有利于向“有管理浮动”的过度，有利于市场迅速稳定。倘若如此，汇率的稳定本来不用消耗那么多的外汇储备。魔鬼总是在细节里，看起来不大的差别，效果差异会很大。

尽管央行的管理不尽如人意，人民币汇率依然没有破 7，当初的估算依然立得住。一年以后，当初的文章，无须改动一个字。

事后看，央行的这一失误尽管让人不解，却也无伤大雅，最多也就是损失了几千亿美元的外汇储备而已。考虑到巨额的外汇储备是福是祸本来就说不清，损失外储是福是祸也就说不清了，因祸得福也是有可能的。特别是，央行的储备减少了，民间的外汇资产增加了，这不一定是坏事情。

年初把汇率的事情想清楚之后，不愿再多费口舌，就把这件事情放下了。后来的发展，除了央行的管理有点看不懂外，大多没有出乎事先的判断。市场上对于汇率的预测和观点，存在着六大误区，篇幅关系，容我在后文中详细剖析。宏观预测的第一要务是要有一个一般均衡的分析框架，若无框架，天天跟在市场短期波动后面跑，疲于奔命，而且难免一叶障目，不见森林，前后矛盾。

2016 年做的第二个判断，是看房地产价格的变化。2015 年下半年以来，大城市房价快速上涨，房地产的城市居民财富的主体，房价的走势自然引起众多关注。笔者自己也被太太追问房价走势，只好认真整理数据，看了一下。

为了研究房价，看了三个东西。一是大中城市房价的比较，这是看城市间的相对房价是否合理；二是比较买房与买债券、买股票的收益，这是看住房投资相对于其他投资是否合理；三是看房价的长期国际经验，看中国的房价上涨是否与经济发展的一般规律吻合。

三方面看下来，发现中国城市房地产价格极度合理，可谓是“约束条件下的极度理性”。第一，大中城市相对房价完全由供给和需求因素决定，可以解释房价差异的四分之三以上。第二，住房投资相对于股票、债券投资而言安全、稳定、收益率高，是很好的投资。第三，比照其他发达国家的经验，中国大城市的房价完全合理，并没有任何泡沫可言。在几乎众口一词、振聋发聩的“泡沫”当中，笔者看到的是“极度的理性”。一时间，笔者也是啼笑皆非。

这些判断拿出来以后，曾经计算过一线城市的均衡房价。以北京金融街的中高端楼盘为例，考虑到有效供地很难增加，房产税很难推出，人口聚集的趋势难以改变等现实约束条件，估计金融街一带的房价在5~7年内应该达到24万元每平方米的水平[①]。

一年以后，回头看当初的分析，依然立得住，也不受房地产调控的影响。2016年国庆期间政府出台最严厉的调控措施，也并没有压低房价，房地产投资也好于预期，佐证了当初的分析。目前判断，金融街房价在4~6年内达到24万每平方米的价格几乎没有疑问。尽管是凡预测都有可能错，但目前看来这个预测出错的概率很小，几乎不存在。

2016年做的第三个判断，是宏观形势的回暖。2016年一、二季度的时候，货币发行量增速很高，企业利润企稳回升，PPI开始回升，大宗商品价格上升。这些迹象在一季度的时候已经比较清

① 请参见本书收录的《宏观、房价、汇率：2016宏观形势回顾与2017年展望》。

楚，到了二季度的时候已经很明显。考虑到供给侧改革的因素，地方债置换的力度，特别是短期经济周期自身的逻辑，判断全年的总需求不会差，宏观经济形势也不会差。

2016 年宏观经济数据出来以后，对照当初的判断，年初和年中的分析基本应验。不过，对于经济回暖的程度，还是估计不足。预测回头看，检讨当初的分析，应该说对总供给和总需求当中的细节、新的变化估计不足。

首先，是对供给侧改革的影响估计不足。2016 年供给侧改革的力度比较大，落后产能、低效企业开工少，导致总供给相对下降。另一方面，社会融资总量的供应充足，刺激了总需求。一里一外，刺激了 PPI 的快速上涨。看到的现象，是虽然 PPI 上涨很快，但是工业增加值的增速并不快，呈现“价高量稳”的局面。

其次，是 CPI 的增速低于预期。年初给的数字，是 2.5，年终报的数字，是 2.0，这是 2016 年偏差最大的预测。主要的原因，是农产品价格的相对稳定，使得 CPI 上升幅度不大。对于粮食和食品价格的分析，滞后于政策的变化。

2016 年做的其他事情，就是做几次调研，避免闭门造车，发表了几篇所谓的一流学术期刊论文，教几门课，完成自己的本职工作。至于前述研究，都是在专业领域的业余爱好了。

2017 年，要更加关心粮食和蔬菜，多做几次调研，做更为贴近现实的研究。

（本文写于 2017 年 2 月 7 日）

宏观、房价、汇率：2016 年宏观形势回顾与 2017 年展望

年初，国家统计局公布了初步核算的 2016 年全年宏观经济数据，宏观经济运行总体平稳。1 月 24 日，北京大学国家发展研究院徐远教授对此进行了解读和预测，并就与宏观经济紧密联系的房地产市场以及人民币汇率问题展开了具体分析。

2017 年宏观经济形势：继续回暖，前高后看

2016 年的宏观经济形势跟过去十多年相比，规律性的东西并没有太多改变。总体来讲，2016 年中国经济显著回暖，2017 年前半年有望继续回暖，不过由于近几年宏观政策变动对于经济形势影响的加速，以及国际国内形势的变化，后半年的情况还需要继续观望。一句话概括 2017 年的宏观形势，是“继续回暖，前高后看”。

2016 年 GDP 增速达到 6.7%，保 6.5% 的任务基本完成，也不违背我们到 2020 年 GDP 翻番的任务目标。至于如何解读，则是见仁见智。一方面跟历史数据比的话，我们可以认为 6.7% 的增速很低。但另一方面，如果考虑经济减速的大趋势，那 6.7% 的增速仍在趋势线以上，也并不算差。

看短期的经济问题，物价是一个很重要的指标。如果物价上升，说明短期的经济形势比较偏热，供给跟不上需求。2016 年 12 月全国居民消费价格指数（CPI）和工业生产者出厂价格指数（PPI）数据显示，CPI 同比上涨 2.1%，PPI 同比上涨 5.5%（见图 8–1）。

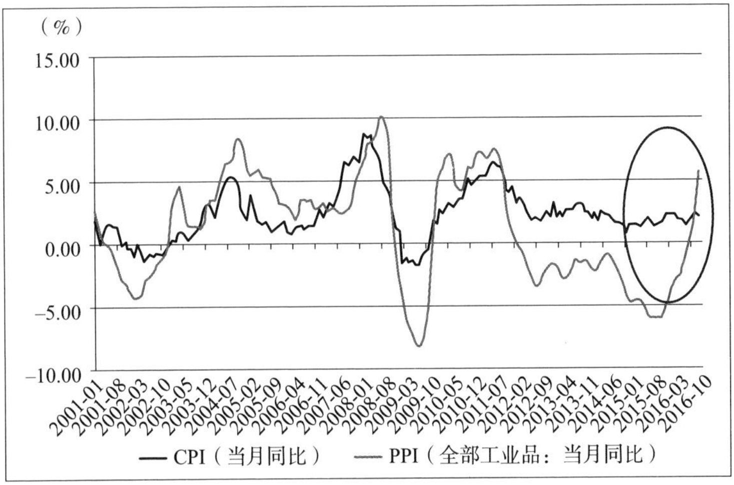

图 8–1　CPI 和 PPI 当月同比增幅（2001—2016）

现在的基本形势是，CPI 比较稳定，从 2012 年以来一直在 2% 的水平波动，但是 PPI 在近一年来大幅上升，从 –5% 左右一跃上升到了 5% 左右。如果看环比指标的话，最近 11 月、12 月的 PPI 环比增幅都在 1.5% 以上，年化以后是百分之十几的增长率。PPI 大幅上涨，说明短期经济过热的情况比较严重，经济发展超出潜在产出。与此同时，工业企业的利润大幅上升，利润率也有明显改善。由于我国的工业生产占 GDP 比重很高，而且对其他部门有很大的带动作用，所以经济的宏观基本面向好。

而 2016 年经济回暖的原因很清晰，就是流动性上升，利率下降，企业的日子好过了。一方面，从 2015 年 3 月开始，我国整体的社会融资总量[①]改变了以往的下降趋势，开始扭转向上。

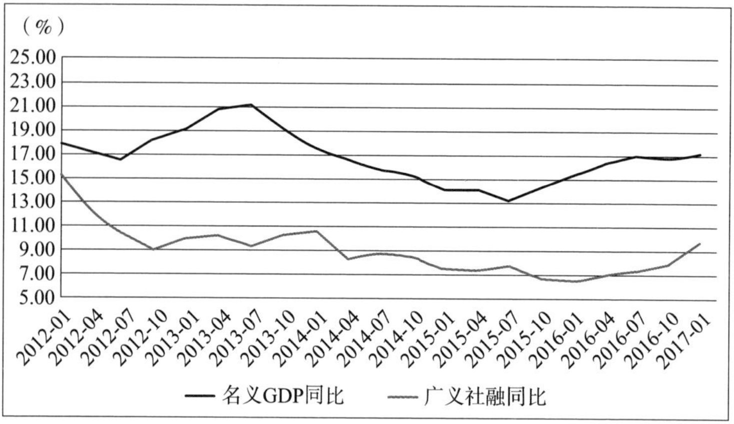

图 8–2 社会融资总额和名义 GDP 同比增速（2012—2016）

另一方面，从贷款的利率来看，现在的利率从高位下降到了 5% 左右，货币政策比较宽松。值得注意的是，考虑到不同时期的名义利率和 PPI 的变化，2011 年以来的实际利率降幅差不多可以达到 10 个百分点，上一次这样大幅度的实际利率下降还是在 1998 年、1999 年。

另外，PPI 增速要明显大于社会融资总量增速。再将 PPI 和工业增加值同比做一个比较，也可以看到同样鲜明的对比（见图 8–3）。这两个现象都说明一个问题，就是产出的增加明显小于价格的增加，呈现“价升量稳”的态势，这是为什么？

① 此处使用的社会融资总量指标是狭义的社会融资总量 + 中央政府的赤字 + 地方政府的债务置换，就是考虑所有能和实体经济相关的，能够缓解流动性约束的因素（见图 8–2）。

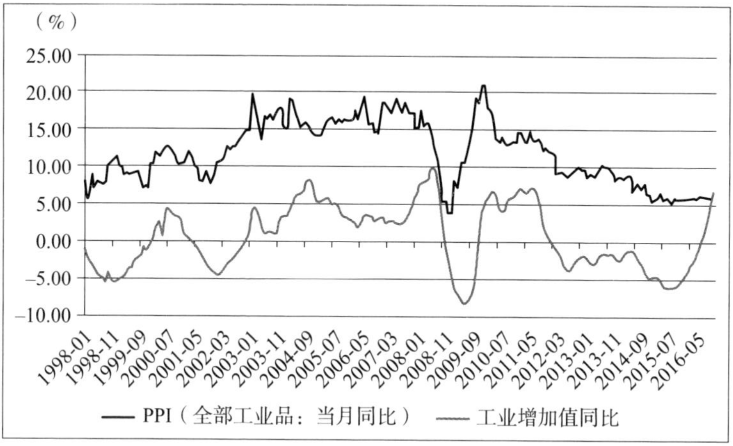

图 8–3 “价升量稳”：PPI 快速回升（1998—2016）

这跟 2015 年以来供给侧改革力度的加大有一定关系。在去产能的过程中，直接不让一些厂生产，或者将其关掉，这些办法是行政的办法而不是经济的办法，它可以管住产量，但是管不住价格。道理很简单，行政管制下的去产能意味着产出和供给的减少，而在流动性增加的背景下，需求是增加的，所以导致了这一轮陡峭的价格上升。而这种上升会持续多久，还要看之后的政策演变。

还有一个问题需要理解，就是 PPI 大幅上涨的过程中，为什么 CPI 不跟涨（见图 8–4）？这与食品类 CPI 不跟涨有很重要的关系。

一直以来，食品类 CPI 在 CPI 波动中占有很大权重。此前我国的农业政策一直都是高价收储、满仓、进口保护，人为地拉高了农产品价格，但到 2016 年，高价收储的力度在减小，个别品种的市场已经开始放松，这降低了粮食、农产品的价格，然后食品类 CPI 又压低了整体 CPI，这是现在 CPI 增长能维持在 2% 左右水平的一个重要原因。

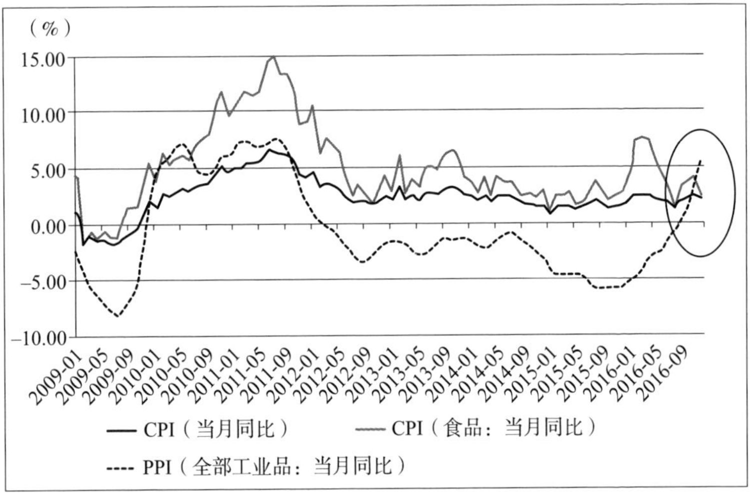

图 8–4 CPI 和 PPI 当月同比（2009—2016）

所以看 2016 年的宏观经济形势也很简单，就是流动性增加，融资成本降低，所以社会融资总量增加，产出增加，但由于供给侧改革压低了产量，因此产出的增加很有限，从而导致了价格超出往常速度的快速上涨。不过由于食品价格比较稳定，因此 CPI 没有跟涨。在这个过程中，伴随的现象是企业的利润增加了，这从公布的工业企业利润中有清楚的反映。

还有一个重要机制是金融加速原理。简单来讲，如果通货膨胀，企业利润上升，融资成本会下降，企业利润会上升，生产积极性会上升，这时候它借贷积极性也会上升，然后社会融资总量会进一步上升，产出会进一步上升，这是自我加速的过程。所以 2016 年，特别是 12 月，在高通胀的情况下，对短期经济有很强的刺激作用，而 2017 年上半年，这种刺激还会持续。

我对于 2017 年的判断，总的概括就是“继续回暖，前高后看”。预测 2017 年 GDP 增速在 6.8% 左右，PPI 同比上涨约 5%，

CPI 同比上涨约 2.4%。

“继续回暖”是因为受金融加速的影响，高通胀会有一个显著的正向刺激作用。至于“前高后看”，则是因为到二季度中段甚至更早一些，可能会有政策层面的变化，而经济对政策的反应加速，使得后半年是高是低不好判断。

货币政策方面，中央经济工作会议的用词是保持稳健中性，这其实是一个很高的要求，比如想要保持货币供应的速度的话，意味着货币政策执行部门可能需要刹一点车，因为短期它会自我加速，但是刹多少是个技术活。

财政政策继续积极，这也是中央经济工作会议的表述，但在实际的执行过程中可能会遇到一些困难，比如地方债置换的问题。

通货膨胀方面，根据通胀自我加速的规律，再考虑一些央行可能的货币政策变化，上半年短期内 CPI 可能会小幅上涨，PPI 则会进一步上涨。货币政策可能会很快发生作用，到二季度，PPI 可能不再那么高。下半年的情况取决于上半年的货币政策，现在的预期是保持一个稳定中性的基调，PPI 会回落，总体上看应该是一个前高后低的局势。

房地产市场：从“泡沫”中寻找“理性”

2016 年初我判断大城市房价会涨，2017 年还是这个结论。总的来讲，我认为大城市的房价上涨并非泡沫，而是约束条件下的理性反应。中长期看，大城市房价还有上涨空间。

存量、增量饱和，但分化、聚集的时代到来

我对整个房地产的存量和增量数据进行了收集测算。2015 年静态城市住房保有量大概是 278 亿平方米，包括了城镇住房中可得

的商品房、小产权房、单位房等数据，户籍人均55.6平方米，常住人均36平方米。三口之家的平均住房面积，按户籍是167平方米，按常住是108平方米。增量方面，2011—2015年累计竣工面积50亿平方米，年平均10亿多平方米，而每年新增加的城镇常住人口2 000万，新增对新增，人均50平方米。所以现在房地产市场整体的存量和增量看起来都够住。

但是，分化、聚集的时代到来。图8–5的数据显示，从2013年开始，房价上涨就开始了明显的分化，一线城市高速上涨，二线城市略微上涨，三线城市基本不涨。

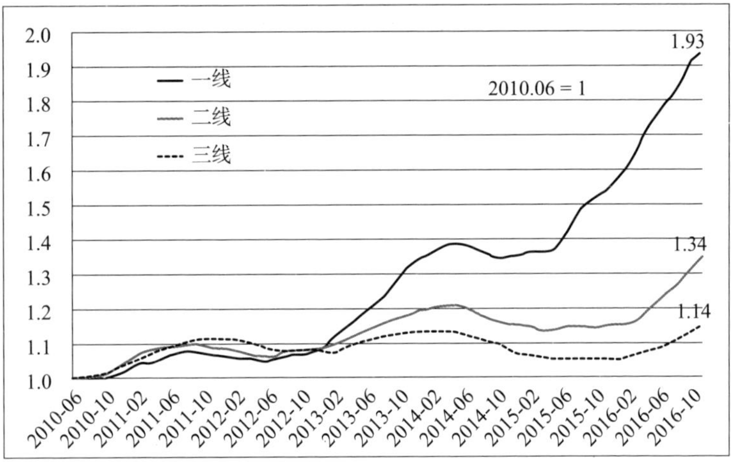

图8–5 一、二、三线城市房价累计涨幅

分化的原因，正是人口的聚集。图8–6是一些省会城市和全省人口的增长情况对比，可以看到，在很多省份，人口总量只是微微上涨，或者基本不涨，甚至出现负增长，但是省会城市的人口增长非常迅速，人口向省会城市聚集的趋势明显。而这一轮房价大幅上涨，其实就是人口在向大城市聚集的一个直接反映。

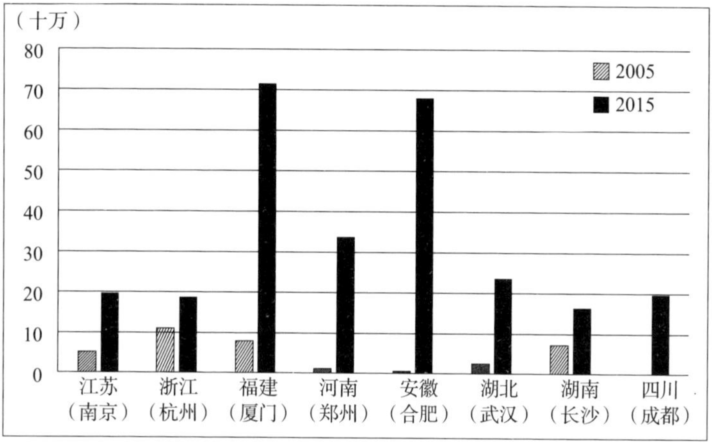

数据来源：Wind 数据库，CEIC

图 8–6　2005—2015 年部分省会城市人口变化情况

我国人口向大城市的聚集会是一个长期的趋势。从图 8–7 中一些国家百万以上城市人口占比的对比来看，我们还较低，排在倒数第三，向大城市聚集的趋势还在继续（见图 8–7）。比我们低的国家不是没有，比如德国、法国。但是，看我国的财政状况、政权集中状况、公共资源状况，显然目前不会向德国、法国的方向演化。

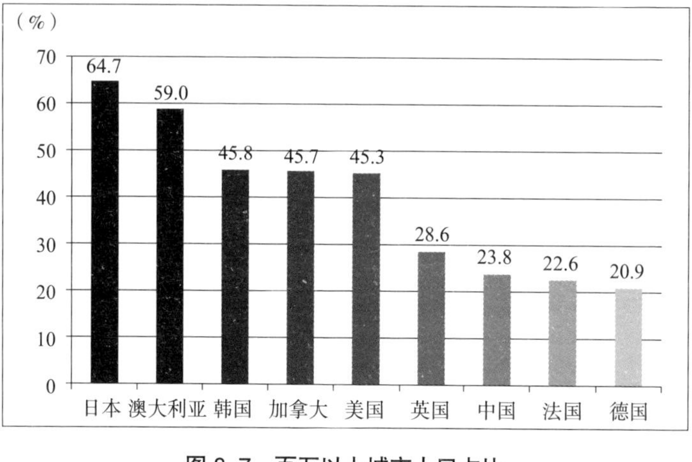

图 8–7　百万以上城市人口占比

并且，我国的城市经济密度还很低（见图8–8），理论上，大城市的产出还有很大的提升空间。当然，在现实约束下能不能提升，比如北京、上海的城市管理水平能不能够提高，这是另一个问题。

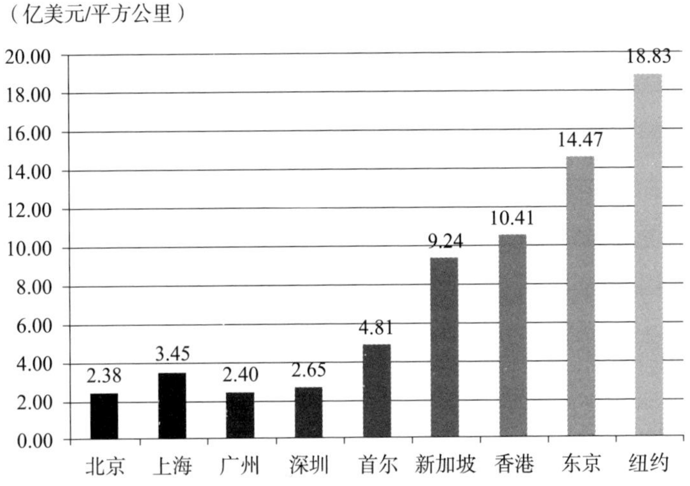

图8–8　我国部分城市与国外部分城市的经济密度比较

事实上，即使是像美国这样公共资源分布比较均匀的国家，它的经济产出仍集中在主要的发达城市，人也在向大城市聚集。日本也是如此，三大都市圈高度集中。所以我们看整体的发展脉络，人往大城市聚集是必然的趋势。

从经济学的角度也可以解释人们对大城市的偏好，因为聚集带来更多的机会，更低的交易成本，十分便利。举个例子，如果把金融街的建筑拔高到100米以上，建造成本其实是很低的，但是如果不拔高，替代方案就是在通州安置这些人，然后每天早上两个小时进城，显然前者的成本更低。其实，大城市就是节约成本的办法，然后因为聚集，可以有更多的交互，可以获得更高的经济产出。

世界范围内，从图 8–9 也可以明显看到城市的分化和人口的聚集。基本上百万以上人口的大城市的人口占比都在快速上涨，而小城市的人口占比则全部下降。

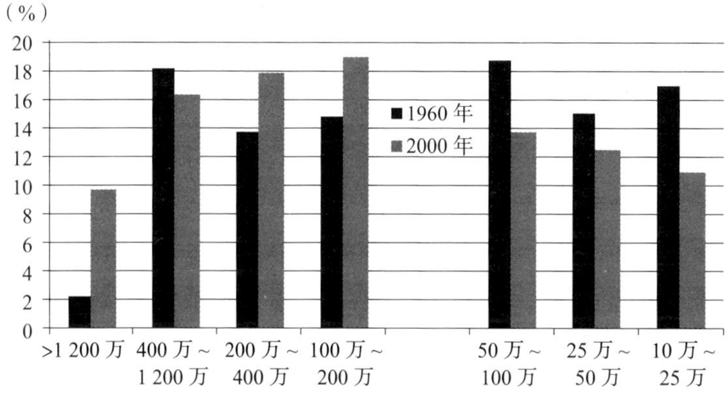

数据来源：Henderson & Wang（2007）

图 8–9　规模城市人口在 10 万人以上城市总人口中占比

城市间的比较：什么在影响房价

当然，判断房价的上涨是否合理，还要做进一步的分析。城市间的比较思路很简单，就是拿我们最容易想到的，能够解释城市住宅价格的这些变量，都和城市房价的上涨做个简单的回归分析。结果是，仅 GDP 这一个变量就可以解释 35 个大中城市 42% 的房价变化，职工平均工资这一变量跟房价基本呈线性关系，可以解释 64% 的房价变化，还有服务业占比、流动人口占比这些，单个变量也能够解释超过 40% 的房价变化。这些其实都反映出城市对人口的吸附能力对于房价的影响。

而在供给侧，主要就是住房和土地的供应。我分别用人均累计新房销售面积、人均住宅用地供给面积跟房价进行回归分析，结果都是显著负相关，解释了 16% 左右的房价变化。

从回归结果来看，仅需求侧的变量对房价的解释力就有 70%，而加入供给侧变量后，解释力达到了 76%。当然，还有一些其他的研究用到了反腐（和供地有高度相关性）、小学生入学人数等指标，如果把它们加入到方程中，解释力应该可以到 80%。后面我还做了一些稳健性检验，用中原地产提供的 8 个大城市的数据进行回归，发现结果更加线性，解释力更高。

用一些简单的经济基本面变量做简单的截面回归，能够解释八成的房价变动，我认为这足以说明房价变化的高度理性。

大城市住房投资收益与其他投资的比较

再来看一线城市住房的投资收益和其他投资收益之间的比较。和债券比，房子产生租金，债券会有分红，两者的区别是，债券的分红是名义的，而房租的增速是超过 CPI 的，所以房子是抗通胀资产。如果我们简单拿收入增速替换租金增速，每年 3%，然后按照 4% 的贴现率计算，实际回报率可以稳定在 1% 以上。而这里我还没考虑很多因素，比如人口向大城市聚集的趋势，未来大城市的租金增速一定会更快。

而虽然这一段时间我国的国债利率涨幅比较大，但是长期均衡的投资回报率仍是下行的趋势。美国的国债利率之前在 1.6% 左右，现在在 2% 左右，而且这些都是名义值，并不抗通胀，长期实际回报率到 1% 以上已经几乎不可能了。

从 2016 年 10 月更新的投资收益率数据来看，一线城市房产是 1.87%，一年期定期是 1.5%，一年期理财是 3.9%，但这些投资收益率很难直接拿来比较，因为房租增长非常快。2010 年以来，上海的房租增长最快，年平均增幅达到 11.2%，不到 7 年翻了一番，北京年平均增幅 6.4%，涨了近 60%，在长期来看这些都是收益，所以买房仍比买其他理财划算。

而和股票相比，买房以后就有稳定的分红（租金），并且租金还是不断上涨的，还没有任何公司治理的问题，非常安全透明，所有的信息不对称和委托代理问题都不存在，这样的资产每年能拿到 3%~4% 的回报率，就已经很好了。

房价收入比也是一个常用的指标。不看一线城市的话，二、三线城市的房价收入比仅在 7、8 左右，而且考虑到我国的经济增长速度，这个比例其实并不高。一线城市的房价收入比之所以可以达到近 20，是因为预期它在未来涨得多，现在把未来的投资收益都折现进去了，这是完全理性的资产价格。

换一个角度，大城市的高房价其实是对基础设施的付费，是旁边的马路、学校、医院、超市、公共交通等给我们提供了便利，而这些都体现在房价中。而我国的基础设施集中度太高了，所以最后人口聚集的力量会比其他国家还要强，这都是逼高房价的因素。

房价上涨是长期趋势

考虑到各种资源的聚集，加上这么大的城市规模，能和北京相比的大概只有纽约了。我之前预测说金融街的房子未来会涨到 24 万元一平方米，其实换成美元也就不到 4 万，而纽约现在繁华地段的房价最高大概是 10 万美元一平方米，好一点的都要三四万美元。而我们因为一些其他的因素，有效供给是被人为压低的，比如金融街寸土寸金，但是大楼有限高，再比如北京各个单位的院子多，土地利用率很低，又不会对外租售。北京的人口超过纽约，需求量大，有效供给又被压低，房价最终肯定会超过纽约。当然，这个判断是在约束条件下得出的，不过这些约束条件在短时间内很难发生改变，后面我会提到。

其实从1870—2012年14个主要发达国家的房价变化（见图8–10）可以看到，“二战”以后，房价上涨是长期的趋势。这个很好理解，“二战”以后是人类历史上最长的一段和平时期，所以房子是安全资产，而金融自由化、中产阶级的财富增长，使得面向普通百姓的房地产市场发展起来，这些都是房价上涨的重要原因。

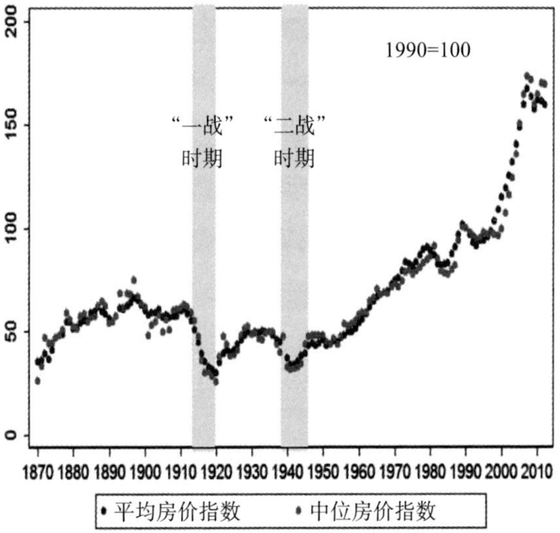

图8–10 1870—2010年14个国家的长期房价走势

而日本的房地产泡沫只是特例。1990年的情况是，当时日本的房价差不多是纽约的1.6倍，我们现在不过是纽约的一半。日本当时已经是高收入国家，房价超过全球标杆纽约，而且城镇化率达到80%，步入老龄化社会，因此对我们目前的形势并没有太多的参考价值。

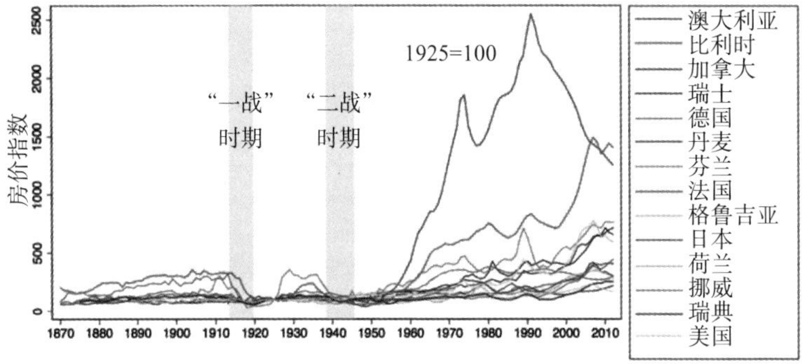

图 8–11　1870—2012 年 14 国房价变化情况

美国的情况也很特殊，很多人担心中国会出现次贷危机，但我认为这不可能。我们的首付比例很高，而居民部门的负债率很低，而且买房基本都是挣钱的，所以严格意义上来讲，居民的购房负债应该是负的。而美国那几年的情况是，买房不但零首付，而且前两年是没有利息的，完全鼓励贷款买房，所以埋下了定时炸弹。

最后，这里有必要说一下房价的风险因素。长期来看，城市的聚集是自然规律，而家户规模的下降也意味着对住房的需求上升。还有一个误区是，大家认为老人可以往外迁，但其实老人是不会离开的，因为优质的医院资源在大城市，而且中国的现实是，老人要看护孩子。

另一个影响因素是加大土地供应，但这在短期内很难实现。2017 年的大城市土地供应并没有增加，这背后很重要的原因是大城市不缺钱，所以不会卖地。大多数大城市的工业用地占比很高，如果能够把它们转化为商住用地，其实大城市的土地供给潜力是很大的。问题是，对于政府而言，这是一次性的土地收入和长期的税收收入之间的一个取舍。我国的财政体制下，压低工业用地价格，吸引工业并获得长期的税收，是政府的重要收入来源，如果真的改成商住用地，长期的收入怎么办？

而城市管理水平的问题就不多说了，同样在短期内很难提高。

还有房产税的影响。很多人呼吁说要尽快推出房产税，抑制房价，我就举个例子，证券法修订现在是无限期搁置的状态。房产税要立法，这是一个多么漫长的过程，即使一切顺利，立法也要三五年，而且“一切顺利”这个假设几乎不可能，因为还要涉及利益分配的问题，阻力太大了。

所以这些约束条件不变，现在的房价其实就是一个约束下的均衡价格，严格说还没到均衡价格，会继续上涨。

最后说说短期的政策调控问题。它本质其实就是抑制需求，比如说减少贷款，加强户口审查之类的措施。但是基本面的问题不解决，效果也不会太大，而且管制一旦放松，房价会立即大幅向上冲。

人民币汇率：短期波动不改长期趋势

汇率是人民币和其他货币的相对价格，所以我们不仅要看国内，还要看国际。2016 年我就说“人民币不会破 7”，虽然中国有各种困难，但是相对于国外，国内的情况还是好的。经济基本面上，我们的经济增速还很快，大规模工业化产生的余威还在，人力资本的积累还在，贸易的盈余还有，而资金基本面上，国内的投资回报率（国债和股票指数）高于美国，所以这些方面是不支持资本外流的。

那么该怎么理解“8 · 11 汇改”以来人民币的贬值呢？其实我们把历史拉长来看，这就是国际货币体系演化过程中的一个阶段性的事件，从 1945 年的布雷顿森林体系，到尼克松冲击，美元是这么确立它的历史地位的，未来的货币体系中，人民币一定会有一席之地，而“8·11 汇改”就是一个起点。而人民币从盯住美元到不盯住美元，持有人民币的风险增加，国内外的居民、企业都要重新配置资产，外债要还，要增加持有国外资产，这些都是对一次性冲击的回应，并没有什么奇怪的地方。

而对汇率的长期趋势的判断，就要回到刚刚说的基本面。从经济基本面和投资基本面看，中国并不比美国差，而且加上投资者对本国的偏好，我认为过去一年多人民币汇率的变化并不会改变长期的趋势。现在看到的微观数据已经开始慢慢稳定了，我判断今年会维持稳定，甚至反转。央行可能的举措是稍微放松一点，那人民币汇率波动的范围会加大，会加速它寻找均衡的过程。

对 2017 年汇率预测变难了，因为波动会加大，我对 2017 年底汇率的预测是 6.8 左右。因为波动加大，年中破 7 的概率存在，但是年底大概率落在 6.6~7.0 的区间内。

互动问答

Q：关于房产跟其他资产投资回报的比较，美国也有一些研究，可能约束条件不一样，结果是长期来讲股票的投资收益更高，因为房子要扣除折旧和养护的成本。

A：你说得对，但我们跟美国的约束条件是不一样的。理论上，房子应该算上保险、维护、折旧、房产税，美国的房产税很高，还有变相房产税，比如纽约有城市税，只要你在纽约有房子就要交，这也是变相的房产税。我算过，把这些东西加上去，美国的房子持有成本少说是 3%。但是中国的情况不一样，中国房子的持有成本低，没有保险、房产税这些东西。

Q：如果我们约束了房租，能够控制房价吗？

A：你说的这种是短期做价格管制，但其实价格是管不住的。举个例子，理论上现在交易过程中税收是双方负担，但因为是卖方市场，最后这些税实际都是买方负担，你能管得住明的但能管得住暗的吗？管制最后一定会增加摩擦成本，但产生的实际效果会很小。比如说纽约也管制房租，但是实际效果呢？房价还是很高。市场总会产生办法来达成交易。

Q：之后会放松对房地产的管制吗？

A：之前立下了军令状，说要让大城市房价环比不上升，所以政府一定会管，但是你不要期望房价降，到时候报出来的数据大概率是平的，涨跌幅度都不大，但是实际的价格一定是上涨的，为什么呢？我举个例子，几年前某小区一套新房的单价 3.5 万元，写到统计局的数是 2.2 万元，剩下 1.3 万元是装修款，买房的时候要一次性付清。它的实际效果是提高了首付，但真实的房价并没有下来。

Q：随着“互联网 +”、移动信息等技术的发展，交易成本大幅下降，交易网络也大幅扩大，那这些技术进步对于人口的聚集会产生什么影响呢？

A：这个问题很重要，在城市发展中讨论挺多的，交通、通信技术的进步似乎可以让人们不必聚集到城市里。可是，技术的发展最终未必会削弱人口的聚集趋势，因为时间长了人们会发现，还是不那么方便。简单的交流可以通过网络、电话，复杂的交流还是要面对面，这种替代不是完全的。而且，随着收入的增加，时间成本也是增加的，为了更加便利而产生的聚集是不可避免的。如果考虑到其他的基础设施（比如学校、医院），就更难替代了，所以聚集仍是趋势。

Q：对硬的投资的需求在下降，但是对软的投资的需求在上升，是不是意味着投资回报率会有一个下降的趋势。也有一种说法是利润占比在上升，我们得到的产出更多地被资本拿走了，怎么来理解这个问题？

A：关于收入分配和长期利率下行的问题，美国有个很重要的现象就是，大概在1990年之后，收入分配越来越不平衡，美国的富豪阶层快速膨胀。这个对于长期的资本利润影响其实是恶劣的。富人的储蓄或者投资占比高，意味着整个资本供应量是高的。对硬的投资在减少，实际上投资的需求是在下降的，而供应量高，导致的结果就是投资回报率下降。

Q：美国如果大规模搞基础设施重建或者扩建，会不会对经济有拉动作用？

A：如果能搞成，当然对经济有拉动作用。不过，美国能不能推动这个事情，是个很大的疑问。此外，即便能搞成，对中国也不一定是个好事。如果美国、中国、印度等都在搞基础设施，那最后就是能源和原材料出口国受益。这样的话中国的GDP增速会上涨，但实际国民收入可能会下降，因为价格涨得太凶。还有一个现象就是我们的进出口受到影响，因为进口价格涨太快。如果是这样，你会看到一个经济的热潮，一部分人会巨富，但是老百姓过得并不好。短期的话，企业的负债会被消解和淹没掉一些。

Q：我们现在做地方债置换，但是看数据，地方债务规模是增加的，有没有可能我们是以地方债置换为借口，大规模新增债务？

A：我的理解是，地方债置换就是为了腾出债务的空间，不做这个，在我们现在的财政收入支出体系下，地方就没有空间。如果你具体看2016年的情况，因为置换的额度很大，而且地方政府性基金收入，包括土地财政收入增速很快，所以地方政府2016年整体的财务状况很好。

（本文写于2017年1月24日）

洪峰已过，景气中继——2017 年二季度宏观预测

2017 年一季度数据即将发布，料将延续 2016 年下半年以来的强势。由于基数低的缘故，一季度 GDP 增速或重返 7%，预计 3 月 CPI 继续平稳，预计在 1.1% 左右，预计 3 月 PPI 与 2 月大致持平，略有回调，预计在 7.5% 左右（见图 8–12）。

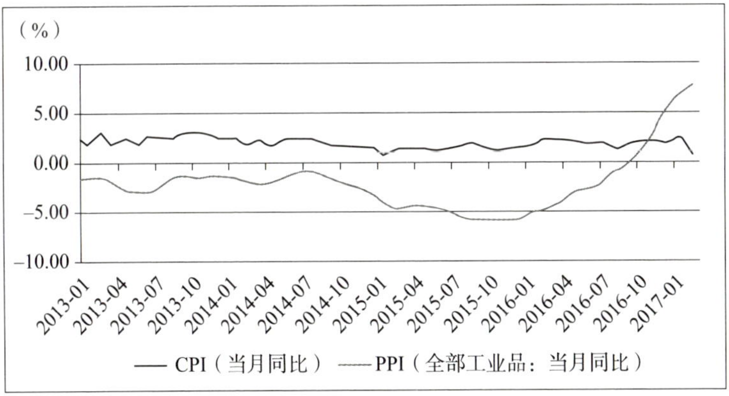

图 8–12　CPI 平稳，PPI 上升

一季度的宏观形势，可以概括为“经济增速超预期，企业利润猛增加，景气高位盘整，外围经济回暖”。前两个月工业企业利润

总额大幅增长31.5%，远高于之前8%~9%的增幅。PMI（采购经理人指数）在高位盘整（见图8–13），中采制造业保持在51.8的高位，财新PMI在51.2的高位（见图8–14）。外围经济上，美国、欧元区、日本的经济都处于回暖态势，进出口总额快速增加，短期内对中国的出口有拉动作用。

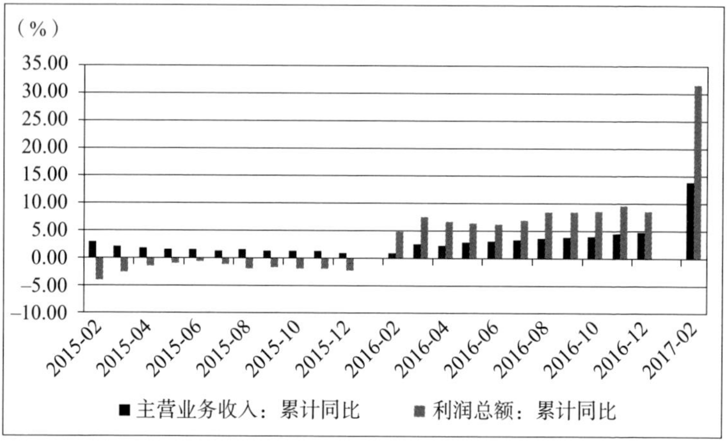

图8–13 工业企业经营大幅改善

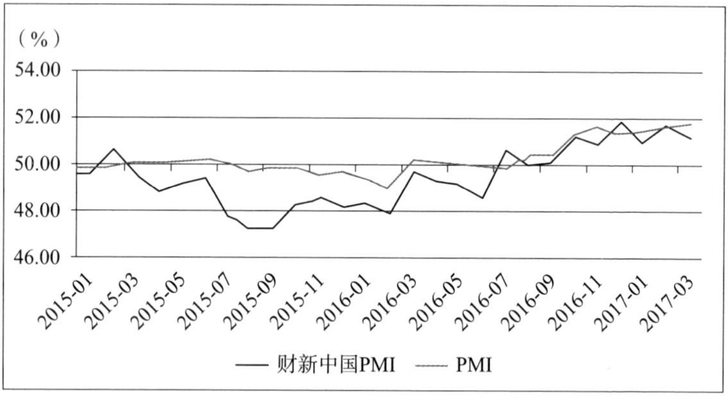

图8–14 PMI保持高位

2017 一季度数据亮眼已成定局，与笔者年初做出的“前高后看”的预判基本吻合，现在需要预判二季度的情况。

新的变化是一季度的货币供应已经开始显著收缩，政府债券发行同时减缓，对社会融资总量的影响不可低估。2017 年前两个月，社会融资总量增加 4.87 万亿，3 月预计新增社融 1.1 万亿左右，一季度社融总量增加 6 万亿，同比少增 0.6 万亿。考虑到政府债券发行同比减少大约 5 000 亿，广义社融同比下降 1.1 万亿，相当于社融总量下降接近六分之一，数额巨大，紧缩效应不可低估。

利率方面，票据贴现利率从 2016 年四季度的月息 2.3‰ 左右，上升到 4‰ 左右，相当于年率从 2.8% 上升到 4.8%，10 年期国债利率从 2016 年底的 3% 左右，上升到 3.3% 左右，企业债收益率 2016 年底的 4% 左右，上升到目前的 5% 左右，货币紧缩明显。加上现在 CPI 水平不高，短期内保持在 1~2 的区间内，PPI 预计高位回落，逐步回到 5% 左右的水平，实际利率将显著上升（见图 8–15）。

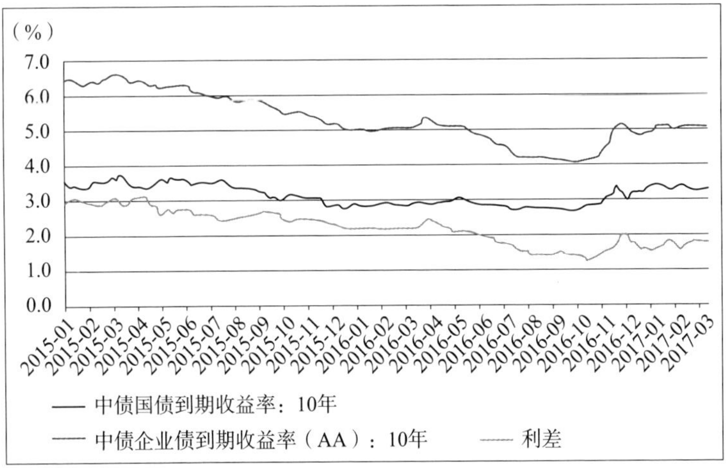

图 8–15　利率和利差回升

好消息是，目前经济景气循环尚处高位，企业利润增厚，资产负债表改善，预计二季度经济景气，不会出现大幅下跌。

一季度房地产销售良好，大中城市和城市群三线城市库存率很低，几轮争论之后，开发商对于大中城市和城市群房价上涨趋势有进一步理解，预计房地产投资增速有保障。此外，基建投资增速稳健（见图 8–16），大型机械、汽车、空调等大件商品销售增速超预期，短期内有景气持续的趋势，以及补充库存的压力（见图 8–17）。

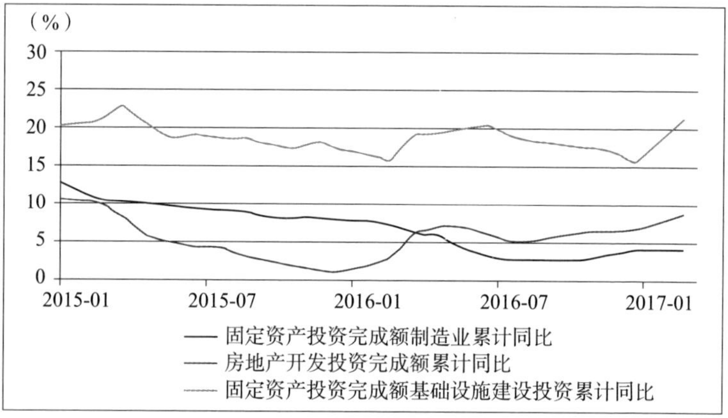

图 8–16 投资稳中有升

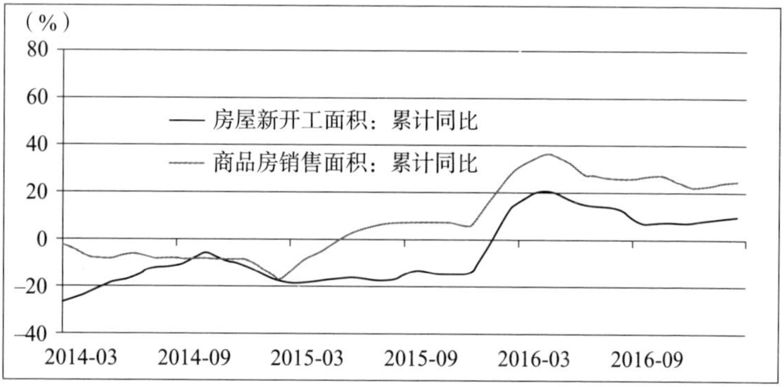

图 8–17 房地产销售和开工保持稳健

综合考虑，预计货币紧缩的效果二季度开始显现，经济单位要未雨绸缪，做好“盛夏已过，入秋防霜”的准备。

企业经营层面，尽管短期销售可能依然向好，但是扩充产能应谨慎，增加库存要适度，要做好经济下行、储粮过冬的准备。十九大临近，本届政府第一任期的最后一年，预计在金融领域展开整改，并对经济景气产生一定影响。

资产配置层面，应该趋于谨慎，转向防守。股市方面，由于2016 年以来的景气循环和业绩改善，预计股市小有机会，特别是与地产、基建、建材、家电等业绩较好行业。雄安新区处于概念的阶段，规划并不清楚，对于短期的经济景气影响有限，但是对于有关概念股的成长预期有较大影响。债市方面，由于货币趋紧，流动性紧张局面将持续一段时间，预计债市保持盘整，不排除继续下行的可能。大宗商品方面，由于 2016 年以来涨幅较大，目前景气减弱，已经开始调整，预计大宗商品风险增大，不排除转入持续熊市的可能性。

表 8–1　2017 年二季度宏观预测

	2017 年一季度	2017 年二季度
GDP	7.0	6.7
CPI	1.5	1.8
PPI	7.4	7.0
工业增加值	6.5	6.2
固定资产投资	9.0	8.5
社会消费品零售总额	10.0	9.0
社会融资总额	12	12
10 年国债利率	3.4	3.3
美元 / 人民币	6.9	6.8

注释：

（1）GDP 为季同比，CPI、PPI、工业增加值、社会消费品零售总额为月同比均值，固定资产投资为累计同比，社会融资总额为季末累积同比，10 年期国债利率和美元 / 人民币汇率为季末绝对值。

（2)2017 一季度数据为 3 月 10 日根据已有数据做的推测，因部分数据已经公布，并不是预测数。2017 二季度为 4 月 11 日的预测数。

（3）根据 2017 年 4 月 11 日已公布数据，一季度社会融资总量的估算显著偏高。

所有指标预测，均以 2017 年 12 月 29 日（星期五，即最后一个交易日闭市）数据为准：

1. 人民币与美元汇率（中国人民银行当日牌价）：6.7。

2. 消费价格指数（国家统计局 2018 年 1 月 10 日发布信息）：2.0。

3. 上证指数：3 500。

4. 原油价格（布伦特原油现货，Brent sp 闭市价格）：48。

5. 黄金价格（以美元计，伦敦闭市价格）：1 500 美元。

（本文写于 2017 年 4 月 12 日）

吃出来的通胀？

我国通货膨胀主要由农产品通胀驱动，非农产品通胀的水平和波动都要小很多。食品通胀高、波动大，与供给和需求弹性小有关系。腐败和食品浪费，扩大了食品需求，是推高食品通胀的最后一块筹码。“八项规定”发布以来的通胀水平不高，或者与减少浪费有关。

我国通货膨胀的一个显著特点，是农产品通胀远高于非农产品通胀，农产品通胀的波动也远远大于非农产品通胀的波动。图 8–18 显示了我国的食品通胀和非食品通胀走势，可以看到每次通胀来袭，基本都是前者大幅上扬，幅度远高于后者，不是高了一点点，而是好几倍。

这一观测的直接启发，就是治理通胀的重点是农产品。倘若农产品通胀管住了，通胀压力就会小很多。价格上涨最终总可以归结为需求超过供给，供不应求导致价格上涨，所以理解通胀无非从两个方面着手，一是看需求，二是看供给。

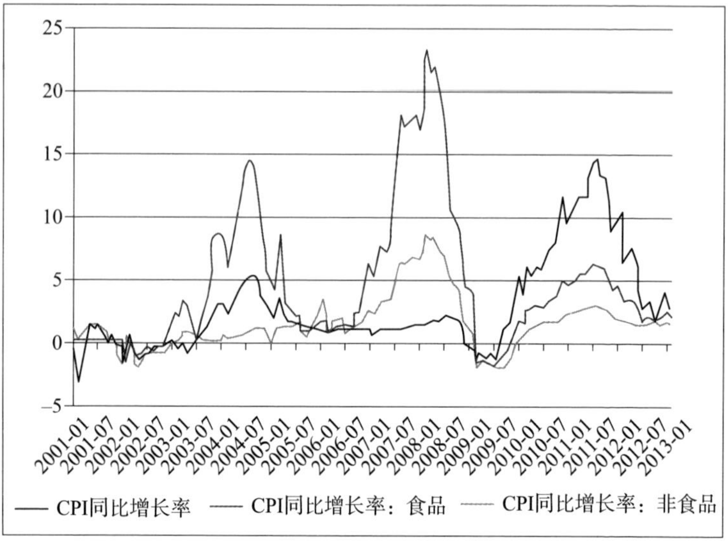

图 8–18　食品主导通胀

先说需求。农产品的主要用途是食用，正常的饮食需求不应该抑制，收入增长了吃得好一些也天经地义，看来这没什么好说道的。可以一提的是浪费。过去几年里的公款吃喝，估计吃的人自己都不太好意思了。吃了也就算了，最多也就是把自己身体吃坏；浪费还很严重，据说是吃一半倒一半。不但官员如此，整个社会风气也慢慢坏了，企事业单位的活动也很浪费，个人请客也得多点几个菜，似乎不剩一半就对不起人。

直观感觉，农村人依然保持着节约的习惯，浪费比较少，浪费主要是在城里，特别是所谓的富贵阶层。倘若传说中的浪费一半是真的，那么可以节省不少。再加上倘若竖起节俭的风气，寻常百姓家也不用撑面子浪费，请客少点一两个菜，也还会少浪费一点，总量算起来应该还是比较可观的。

饮食浪费的准确数量难以计算。大致匡算，倘若 10% 的人达到浪费一半的程度，就是 5% 的总量，加上其他的人再浪费 5%，全社会可能浪费了 10% 的消费总量。这种匡算非常粗略，不足为据。只希望反腐或许对农产品通胀真的有帮助，这有待证据证明。倘若如此，那么或者可以说通胀是吃出来的。

大大小小的贪官们，对“吃出通胀”这一条轻微的指控，应该不会太介意的，这最多算是违反治安处罚条例的性质，甚至都算不上违法犯罪。或许人们还得谢谢他们：没有这吃出来的通胀，宏观调控就不会当真，中国经济没准就真成了脱缰的野马了。

除了正常的消费和“正常的”浪费，还有一种对农产品的需求就是投资，或者投机。其实我从来都搞不清这二者的区别，横竖不就是一个低买高卖吗？目的都是为了挣钱，到底有啥区别？此处暂且按下不表。如下几个因素使得农产品特别适宜投资（投机）。

一是需求弹性相对较小，千年形成的饮食习惯很难改的，比如夏天就想喝一碗绿豆汤，比如广东人就喜欢吃活鱼，东北人就喜欢猪肉炖粉条。二是供给弹性小。农产品横竖有一个生长周期，种下去还要长，短期内供给给定。三是运输仓储成本高，市场供需见面也比较难。加上各种管制对市场运作的破坏，市场运行成本也比较高，结果是一些农产品会烂在地里，相当于减少了供给。所以当通胀潮来袭时，就会有人囤积居奇。反正人们总要吃，价格高了也得买，所以我买了囤着，只要价格上涨超过仓储、运输、腐烂带来的成本，就会挣钱。相比较而言，电子产品供给弹性大，需求弹性也大，一般很难用来投机。

那么通胀为何会来袭？这就要回到弗里德曼那句老生常谈，通货膨胀终究是一个货币现象。虽然是老生常谈，道理却是硬的，通胀最后总是票子相对于供给发多了。票子发多了就会人为增加总需求，这个多出来的需求要到处买东西，看来看去农产品比较适合保值，绿豆、棉花都不错，大白菜估计不行，容易烂。再来就是房子，不过已经限购了，限购了也得千方百计地买。不管辛苦挣来的钱，还是贪污贪来的钱，都是要保值的。

所以除了正常的饮食，浪费和投资两种额外需求也增加了农产品通胀的压力。前者源于社会风气，后者源头在货币政策。说通胀是吃出来的，并不是否认通胀终究是货币现象，而是在承认是货币现象的大前提下进一步寻找更具体的原因。

说完需求再来说供给。上文提到农产品的一个特性是供给弹性比较小，短期内供给是给定的，所以需求一上涨，价格就涨了。可是这还不够，需求多了无非就是说供给少了，那么为什么不铆足了劲增加供给？只要供给够多，就不会涨价。

供给是要有投入的，包括土地、资金、劳动力。近年来还有两个重要的因素导致农产品的供应不足：一是工资普遍上涨，也就是劳动力成本上升；二是农地规模小，种地不划算。二者合起来作用更大。

工资上涨意味着种粮种菜可能不划算。现在农民进城打工一年少说挣两三万、多说四五万，这里面不包括特别聪明能干的。一亩地种粮的话一年收入也就一两千，大概也就是打工大半个月的收入。种菜会高很多，几千上万都可能，但是与粮食相比，种菜的劳动力投入大得多，田间管理成本也大，风险也大，进不了超市的话就很难挣钱。只有一两亩地的散户，还是远远不如进城打工。

要增加农产品供给，就要扩大农业经营规模。一个人种的地多了，收入就上去了，耕作的积极性就有了，种菜的也值得去和超市搞好对接，市场渠道会通畅一些。大致估算，种粮的话怎么也得30亩以上，种菜的怎么也得10亩以上，这样种地和打工的收入大致可以拉平，具体的规模由市场的诸多因素决定。农地规模扩大以后，农业机械化会进一步发展，农业技术会进步，粮食生产并不会下降。

（本文写于2013年2月28日）

黄金价格大起大落

> 黄金通常被认为是安全的投资，资金最后的避风港。实际上，黄金是“低收益、高风险”资产。特别是20世纪70年代，黄金价格大起大落。

马克思说过，“金银天然不是货币，但货币天然是金银”。小时候死记硬背的这句话，如今想来却很有道理。金银作为货币的历史，几乎与人类的货币史一样长。一直到20世纪70年代，美国总统尼克松任性地关闭了美元兑换黄金的窗口，货币才和黄金分开，史称“尼克松冲击”。

其实，即便在“尼克松冲击”以后，货币依然没有完全和黄金脱钩。你看，各国的央行还都将黄金作为重要的储备资产，大量储备黄金。国际上一有风吹草动，黄金价格立即大涨。常言道，“盛世古董，乱世黄金”，黄金作为最重要的避险资产的理念，可谓深入人心。

那么，黄金作为一种投资手段，回报到底如何？其实，在过去200年左右的时间里，黄金的表现并不好，甚至可以说很差。根据罗波特·巴罗和桑杰·米斯拉的计算，在过去大约200年的时间里，投资黄金的收益率都是很低的，远远低于投资股票和债券的收益（见图8–19）。从1836—2011年这近200年间，黄金的实际年化收益率，就是扣除了通货膨胀之后的年平均收益率，只有1.12%。这是什么概念？也就是和短期美元国债差不多，远远低于股票的年均7.4%和长期国债的年均2.9%的收益。

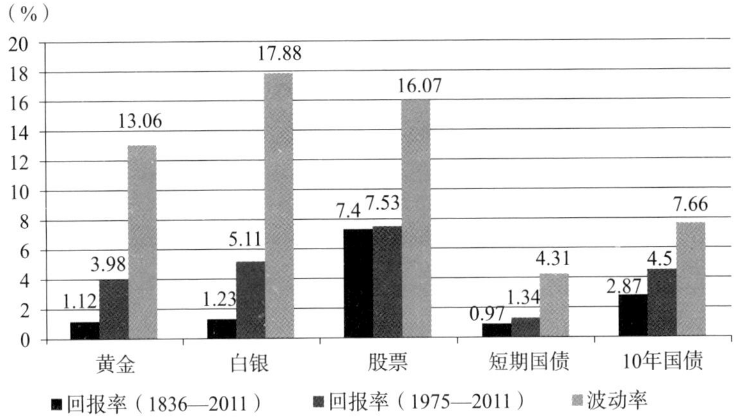

图8–19　长期投资黄金的“低收益，高风险”

投资黄金不仅收益低，而且风险高。在这不到200年的时间里，黄金收益率的波动率为13%，比股票的16%略低，比10年期国债的7.66%高出将近一倍。要知道，股票和国债的收益率可是黄金收益率的7倍。投资黄金的风险收益比，可谓很低。

总体看，投资黄金的长期收益很低，风险却很高，真不知道“避险资产”的名声是怎么来的。白银也好不到哪里去。投资白银的长期收益和黄金差不多，风险还要高一些。实际上，投资金银的长期表现是最差的。

不过，也有好消息，而且这好消息发生在最近40年，也就是

“尼克松冲击”以后。倘若看1975年以来的投资收益，黄金有大幅的提升，从1.12%上升到3.98%，上涨将近3倍。白银也有相应的上升，从1.23%上升到5.11%，上涨超过了3倍。相比较而言，股票和长期国债的回报率并没有明显变化。这样一来，近年来黄金的投资收益是相对上升了。

仔细看黄金价格的时间序列的话，近年来黄金价格的上涨，就更加明显。图8–20显示，从1800—1970年这漫长的170年里，黄金的实际价格不仅没有上涨，还下跌了一半左右，波动也不是很大。黄金价格的长期低迷，由此可见一斑。

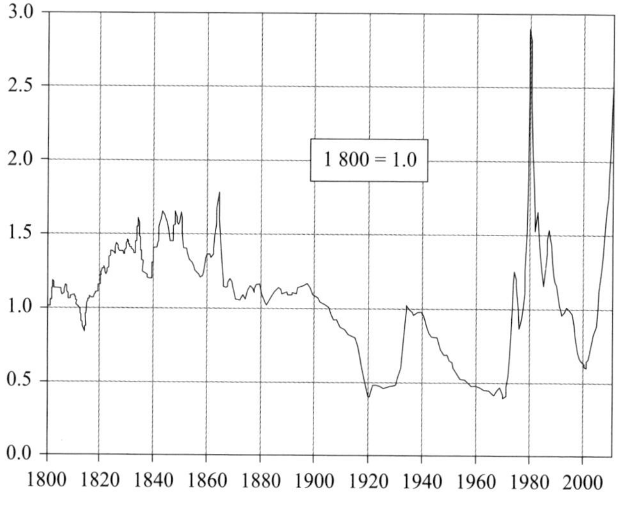

图8–20　1800—1970年间黄金价格大起大落

不过，20世纪70年代以后，黄金的价格规律大变，由以前的不愠不火，变成了大起大落，令人大跌眼镜。1970—1980年10年间，黄金的实际价格上涨了6倍左右。考虑到这10年间美国的通货膨胀比较高，实际的涨幅就更大。1970年的时候，黄金的官价是35美元每盎司，市场价高一些。到1980年，黄金曾经冲过850美元每盎司的高点。短短10年，名义价格上涨超过20倍。

不过，好景不长。1980—2000年间，美联储抛售黄金，捍卫美元，黄金价格经历20年的熊市，名义价格从1980年850美元每盎司的高点，一路下降到1999年250多美元每盎司的低点，下降了三分之二还要多。进一步考虑通胀的因素的话，则下降幅度更大。2000年之后，黄金迎来了又一轮牛市，2011年曾经达到1 900美元每盎司的高位，目前报价1 100美元每盎司左右。

那么，为何近年来金价大起大落？其实也不难理解。20世纪70年代以前，黄金作为货币的锚，是货币发行的基础。黄金的供给稳定，货币的发行也稳定，金价也相对稳定，这是一套自洽的体系。20世纪70年代以后，货币发行脱离了黄金的约束，印票子成为各国央行难以抵抗的诱惑。这样一来，更多的票子追逐更少的黄金和其他资产，金价的大起大落，也就难免了。

由此引出的问题是，黄金在未来的国际货币体系中，将扮演什么样的角色？更具体而言，人类的货币体系，能够回到金本位吗？看起来很难。原因很简单，黄金价格如此大起大落，已经不满足价值稳定的要求，不适合作为货币的基础了。倘若各国的货币发行要回到以黄金为锚的金本位体制，谈判成本之高难以想象。而且，黄金必将面临更加严重的投机交易，黄金价格将更加不稳。开弓没有回头箭，当“尼克松冲击”任性地摒弃黄金之后，人类就再也回不到金本位了。

（本文写于2015年11月12日）

黄金封印与通胀魔鬼

近年来令人色变的通胀，其实是20世纪以来的现象。在此之前，黄金把通胀的魔鬼牢牢地封在瓶子里。

如今的人们，谈通胀而色变。虽然金融危机以来全球的通胀率都不高，有些主要大经济体（比如中国）已经进入通缩，或者在通缩的边缘，人们担心的依然是通胀。无他，在人们的记忆依然清晰的20世纪，特别是20世纪的后半期，通胀是挥之不去的梦魇。

根据世界银行的数据（见图8–21），从1981—2014年这短短34年间，全球物价水平平均上涨了6倍，相当于年均通胀5.9%。其中高收入国家的物价上涨了2.2倍，年均通胀3.5%。中等收入和低收入国家的物价水平上涨了14倍，年均通胀8.3%。怪不得，人们对于年均四五个百分点的通胀，已经习惯成自然了。对于不到两个百分点的低通胀，反而不习惯，甚至开始担心通货紧缩。

有趣的是，高收入国家的物价34年只上涨了2.2倍，中低收入国家国家物价34年则上涨14倍，相差7倍之多。看起来，从20世纪80年代开始，发展中国家更易于发生通胀，而发达国家似乎找到了对付通胀的秘方。

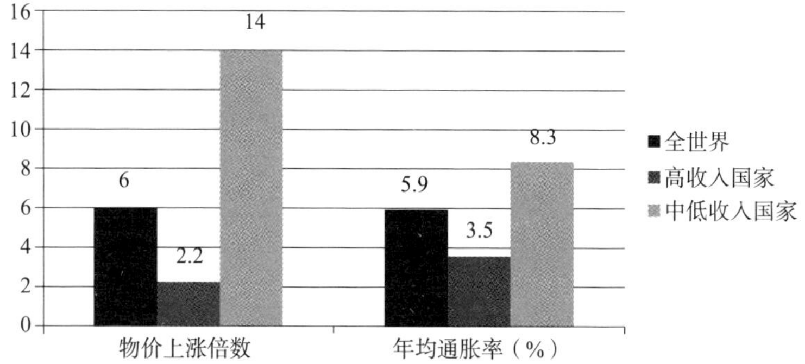

图 8–21　全球通胀（1980—2014）

不过，再将历史往前推溯，发达国家的通胀历史也并不是那么光彩。在 20 世纪 70 年代，一场严重的通胀席卷整个资本主义世界，OECD 国家的物价水平上升 165%，年均通胀达到 10%，英美等大国都未能幸免。1971—1980 年短短 10 年间，美国物价上涨 110%，年均上涨 7.8%。同期，英国物价上涨 260%，年均上涨 14%。这一通胀水平，和 20 世纪 80 年代的发展中国家的通胀水平比，也毫不逊色。倘若说发达国家找到对付通胀的药方，也不过是近年来，特别是 20 世纪 90 年代以来的事情。

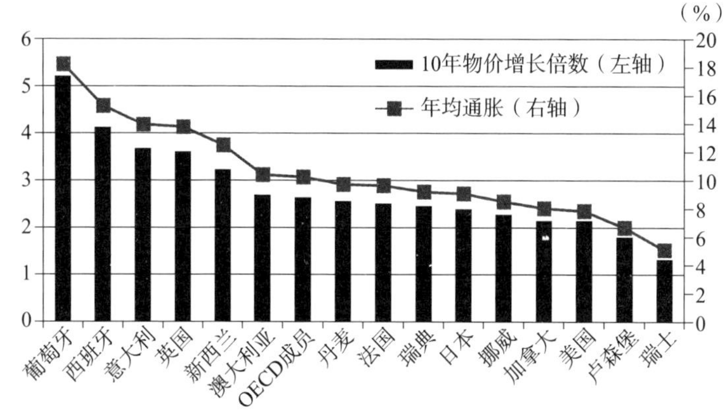

图 8–22　20 世纪 70 年代发达国家的高通胀（1971—1980）

看了这些数字，结合近年来人们对于此起彼伏的通胀的清晰记忆，很容易让人觉得通胀是一个普遍的现象，由来已久。我们沿着历史继续往前追溯，发现其实不然。我们熟知的通胀，其实是20世纪以来特有的现象。以前尽管也有物价水平的起落，但是一来没有那么大，二来起落互现，相互抵消。

囿于数据的局限，较长的历史我们只能看英美两个大国的数据。好在，英美先后是全球范围内的超级大国，他们的通胀历史在很大程度上代表了全球的通胀历史。

图8–23描绘了18世纪开始至今英美两国的物价水平。以1700年的物价水平为1，考察这300多年来英美两国的累积物价上涨。我们惊异地发现，在18、19两个世纪，物价水平几乎没有上涨。1900年的英美两国的物价，和1700年是差不多的。实际上，在相当长的时间里，这两个国家都是通货紧缩的。比如说，在18世纪上半叶（1701—1750），美国物价下降了35%，英国物价下降了5%。在19世纪上半叶（1801—1850），两国物价下降更多，分别下降了38%和24%。而在19世纪下半叶，两国的物价基本没变，稳定得出奇。实际上，再往前推几个世纪的话，两国的物价也是基本稳定的。基本稳定不是说物价没有变化，而是时而通胀，时而通缩，甚至有比较厉害的涨跌，但是彼此抵消掉了。

到20世纪，通胀水平突然爆发。在半个世纪的时间里，英美两国的物价分别上涨了216%和185%，远远超过前面两个世纪的总和。到20世纪后半纪，通胀进一步上涨，两国物价分别上涨6倍和19倍。考虑到英国的物价水平前面几个世纪都基本没有变化，而短短几十年就上涨20倍，真是让人啧啧称奇。

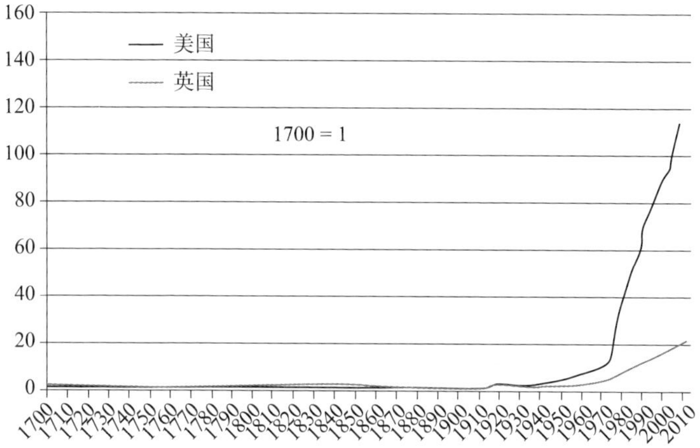

图 8–23　英美两国累积物价上涨（1700—2010）

实际上，20 世纪和 20 世纪以前的物价水平变化差异是如此之大。为了能够显示 18、19 两个世纪中的物价变化，我们对坐标轴进行了对数处理，否则前面三分之二的时间里物价都是接近水平的直线——因为 20 世纪以来物价水平太高了！

那么 20 世纪发生了什么，使得物价突然离开了地心引力呢？20 世纪上半叶有两场世界大战。战争是政客和将军的游戏，平民和战士的悲歌。一将功成万骨枯的背后，是大量的消耗，需要大量的军需物资送到战场上燃烧。在经济学家眼里，这些都是需求，而且是无穷无尽的“刚需”。需求这么大，供给弹性小，常常会跟不上，自然就会带来通胀。所以，很多人认为,20 世纪上半叶的通胀，和战争可能有关系。

可是，仔细琢磨，这个逻辑是有问题的。20 世纪上半叶固然有两次世界大战，可是根据什么说这一时期的战争消耗比以前大呢？毕竟，以往的战争更加频发，而且相对于以往的生产能力，战争的相对规模未必就比 20 世纪的更小。更重要的是，20 世纪下半叶，其实是人类相对和平的时期，通胀水平却进一步突飞猛进。看来，战争不是通胀的根本原因。

我们回顾货币史的话，20 世纪最重要的变化，是黄金逐步淡出历史舞台。“一战”期间，各国债台高筑，为了替战争融资，先后脱离金本位。脱离了黄金这个天然的货币之锚，各国的货币发行纷纷失控，经历了一次严重的通胀。仔细看图 8–24 的话，会发现在 1915—1920 年间，英美经历了一次严重的通胀，物价水平上涨了一倍以上。

这还远远不是最严重的。我们熟知的魏玛共和国的恶性通胀，就发生在“一战”以后的 1921—1924 年。德国作为战败国，本来德国马克就贬值得厉害，可是为了偿还大量的战争负债，不得不开动印钞机，然后就是德国马克持续地大幅贬值和恶性通胀。在此期间，匈牙利和波兰也发生过恶性通胀。看来，似乎一旦脱离黄金之锚，通胀的恶魔就被从瓶子里释放出来了。在此以前，黄金是通胀的封印。

“一战”结束后，各国先后回到金本位，20 世纪 30 年代又经历了大萧条，因而物价在 20 世纪二三十年代总体是稳定和下降的。为了对抗大萧条，各国先后脱离金本位，此后再也没有回到金本位。

黄金的封印被彻底撕下，人类通胀的历史，也从此正式开始。

（本文写于 2015 年 11 月 18 日）

通货紧缩难言是趋势

> 20 世纪 80 年代以来，发达国家的通货膨胀趋势性下行，但是很多发展中国家的通胀水平依然较高。目前全球的低通胀和通缩压力，更像是短期的周期，难言是长期趋势。

20 世纪，人类撕下货币的黄金封印，释放出通胀的魔鬼。在此之前，通胀和通缩互现，总体物价水平变化不大。图 8–24 以长期数据可得的英、美两国为例，显示了这一情形。1700—1900 这 200 年里，不是没有通胀，而是通胀与通缩互现，而且转换很快，不存在长期的、持续的通胀与通缩。二者相互抵消，以至物价总水平的长期变化不大。

看数据的话，在 1700—1900 年这漫长的 200 年里，英美的物价总水平几乎没有变化，美国下降了 20%，英国上升了 40%。要知道，这可是 200 年的累积变化，可谓微乎其微。英国的历史数据较长，在 1700 年前的漫长 500 年里，英国的物价水平也仅仅上涨了 10 倍，相当于每年上涨 0.45%。作为比较，在 20 世纪这 100 年的时间里，美国物价上涨了 20 倍，英国物价更是上涨了惊人的 64 倍。

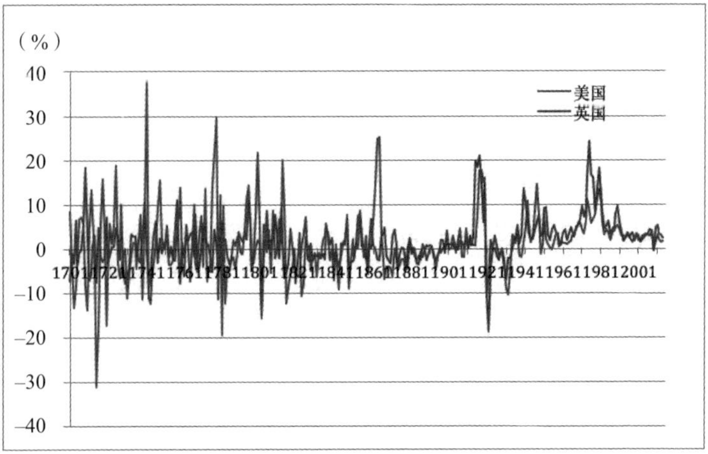

图 8–24　1700 年以来英美 CPI 波动

不过，仔细看数据的话，20 世纪 80 年代以来的一个重要变化，是通胀似乎有放缓的趋势。在长达 35 年的时间里，20 世纪 70 年代那样严重的、持续的通胀，再也没有出现过。2008 年金融危机以来，欧美的通胀率都很低，日本更是已经持续了 20 多年的低通胀甚至通缩，中国也已经持续了三年多的 PPI 负增长。那么，问题来了，通胀的魔鬼被装进瓶子里了吗？ 21 世纪会有长期通缩的威胁吗？

对通货紧缩的担心，不无道理。而 20 世纪 30 年代大萧条在人们心里投下的阴霾也远未散去——通缩一来，需求下降，工厂的东西卖不出去，没有利润，自然也不会雇用工人，失业率上升，大家的生计就会成问题。而这几年主要经济体的通胀水平很低，全球需求不足，也引发了对于通货紧缩的担心。

这样看来，通胀固然可怕，通缩才真正恐怖。怪不得，大名鼎鼎的欧文 · 费雪在 1933 年专门撰文研究债务负担与通货紧缩的关系，他的研究至今依然有借鉴价值。

不过，在担心之前，我们还是先看看实际情况到底怎样。图 8–25 显示了 1980—2014 年间美国和高、中、低收入国家每年的通胀水平。看起来，全球通胀是有一个下降的趋势，特别是美国和发达国家的平均通胀水平，20 世纪 80 年代中期以来，一直在 5% 以下，平均不到 3%，而且呈现下降的趋势。金融危机期间，美国经历了大萧条以后的第一次通货紧缩，通缩缓和以后的通胀水平也一直不高。

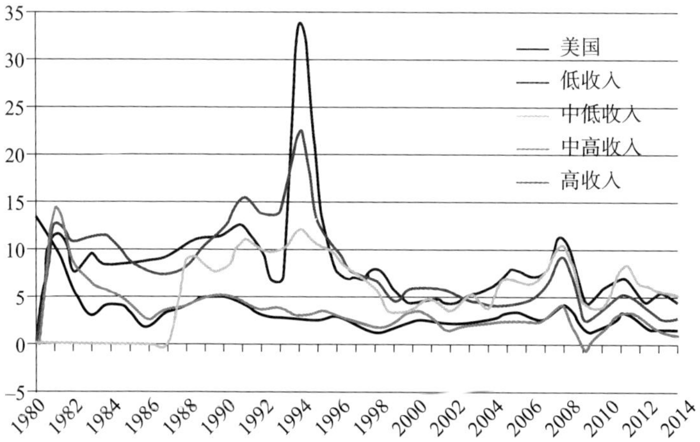

图 8–25　20 世纪 80 年代以来全球通胀（CPI）趋缓

不过，中等收入和低收入国家的情况有所不同，总体通胀依然不容乐观，20 世纪 80 年代以来大部分时间在 5% 以上。直到 2014 年，中低收入国家、低收入国家的通胀也维持在 5% 左右，只有中高收入国家的通胀水平下降到 3% 左右。而如果每年物价上涨 5% 的话，每 14 年物价水平就翻一番，这可是个不低的通胀水平。

一种可能性，是动荡和贫穷导致通货膨胀，这是中等收入和低收入国家通胀偏高的原因。是否如此，我们不妨用数据来验证，看一看主要发展中大国的通胀情形。因为近10年的通胀水平相对较低，进而带来有关大范围通缩的担忧，所以我们着重看2005—2014年这10年的情况。

图8–26显示了2005—2014年主要发展中大国的年均CPI水平，包括金砖五国（巴西、俄罗斯、印度、中国、南非）和其他主要发展中大国，如印度尼西亚、马来西亚、埃及、土耳其、乌克兰。其中，巴西、俄罗斯、马来西亚、土耳其的收入水平较高，在10 000~13 000美元的范围内，接近高收入水平，印度、孟加拉国的收入较低，在1 000~1 500美元之间。

应该说，这些国家过去10年的通胀水平非但不低，反而是偏高的。除了中国和马来西亚，其余各国年均CPI都超过5%，俄罗斯、埃及、乌克兰更是在10%左右。并且，需要指出的是，除了孟加拉国，这些国家都算是经济上比较成功的国家，远非动荡贫瘠的失败国家。看一些动荡、贫困国家的话，通胀率则更高。比如伊朗、委内瑞拉、埃塞俄比亚，这三国近10年的平均通胀率分别为20%、34%、18%。要知道，年均通胀20%的话，每4年物价就翻一番。

那么，怎么理解这些国家的通胀水平呢？无他，政府都有花钱的冲动。花钱就要筹钱，而所有筹钱的办法中，印票子的成本是最低的。票子印多了，通胀就在所难免了，只是对于战乱或者动荡的国家，这样的冲动会更加强烈。货币的“黄金封条”撕下之后，如何约束政府的印钞机，依然是一个没有完全解决的问题。这一点，即便美国也一样——金融危机以后，就是美国带头印票子。不过，美国等发达国家20世纪80年代以来更好地把握了印票子与控制通胀之间的分寸，这是发展中国家要学习的。

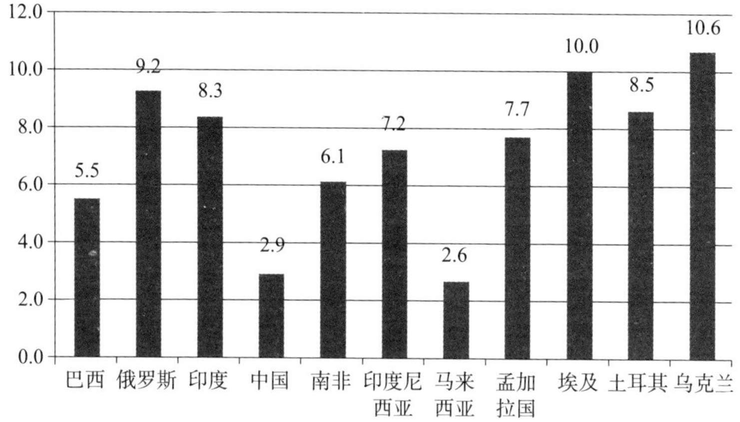

图 8–26 主要发展中国家年均 CPI（2005—2014）

事实上，就在不远的过去，恶性通胀依然困扰着很多大国。1993—1994 年间，巴西的通胀水平高达 2 000%，蔚为奇观。俄罗斯 1993—1995 年的通胀也都超过了 100%，1993 年更是超过 800%。现在已经接近高收入国家的土耳其，在整个 1980—2000 年一直保持着两位数的通胀，年均通胀达到 61%，令人匪夷所思。相比之下，2008 年左右我国那一轮高通胀，算是小巫见大巫了。

特别需要注意的是印度。印度人口已经有 13 亿，仅次于中国，而且还在快速增长，很快就会成为全球人口第一大国。20 世纪 90 年代印度经济起飞以来，通胀率一直不低，近 10 年均值达到 8.3%。倘若印度继续保持快速增长，这是相当于另一个中国的崛起，对全球需求的冲击之大，不可低估。

看起来，目前全球的低通胀和通缩压力，更像是短期的周期，难言是长期的趋势。

（本文写于 2015 年 12 月 1 日）

2012，会是又一个1997吗？

2012年和1997年同样面临较大经济困难，但是1997年的三大法宝（房地产改革、加入WTO、积极的财政和货币政策）已经不再好用。解决当今的困难，基础设施投资还有一定空间，但是根本之道在于加快国企、户籍制度等基础性改革。

面对2012的经济困境，不禁想和困难的1997年做一下比较。

1997年发生了什么？国人最难忘的，当然首推香港回归。对于长期跟踪分析宏观经济的人，有两件事应该依然历历在目，其一是国际上爆发了东南亚金融危机，泰国、印尼、马来西亚、韩国等国家货币贬值，财富缩水；其二是国内开始了通货紧缩，并由此进入长达5年的经济低迷，直到2002年。

站在2012年，很容易让人想起1997。国际上，欧洲发达国家接连爆发主权债务危机，没有实质进展，看来还有得折腾。主要发展中经济体，包括印度、巴西等，经济增长速度也迅速下行。全球经济二次探底，甚至进入萧条的担忧，再次浮出水平。国内，2010年开始的本轮经济下行，已经持续两年多，经济增速从超过10%

一路下行破8，二季度跌落到7.6%的低位。通货膨胀率从2011年6月6.5%的高位下滑到现在的2.2%。更严重的是，经济已经出现了自主收缩迹象。

历史惊人的相似不仅表现在目前的局势上，甚至还表现在发生的轨迹上。1997年的通货紧缩，可以回溯到1992年邓小平南方视察刺激开始的经济扩张，其后的大规模投资和高通胀，接下来的宏观紧缩，紧缩过度收手不及时，终于在1997年开始发生通货紧缩。通缩一旦开始，就会自我加强，因此耗时5年才走出来。

同样，本轮的经济收缩，也可以回溯到2008年底的大规模财政刺激开始的经济扩张，其后的大规模投资和通胀压力，同样导致了2010年开始的宏观调控。现在，调控效果的“充分显现”，不仅表现在通胀压力的下行，经济增速的显著下滑，更重要的还表现在经济已经开始有“自主收缩”的迹象，一些企业已经不愿意贷款了。

向1997年汲取经验

突破目前的困境，也要从历史经验中寻找线索。走出1997年开始的通货紧缩，仰仗于三件事情：一是住房制度改革，挖掘出一块巨大的市场需求；二是加入WTO打开了巨大的国际市场；三是实施积极的财政和货币政策，对抗经济下行，逐步改善企业的资产负债表，逐步解决大规模坏账、银行惜贷等问题。

在这些效果直接看得见的措施之外，还有一个很重要，可能也是最重要的措施，就是大规模的国有企业改制。这是一个基础性的改革，影响不可估量。一方面，国企改制大幅改善了全社会的企业微观运行机制，为未来竞争更加激烈的局面打开了一扇门。另一方面，国企改制释放了大量的国企职工，这些富有工业经验的劳动力，在进入市场以后，贡献出了更大的生产力。不破不立，国企改制的作用，虽然未必直接看得见，但是其深远影响可能大大超过了看得见的、作用更直接的住房制度改革和加入 WTO。

然而，2012 年与 1997 年已经大不相同，1997 年的办法，似乎难以再用。

首先看住房。住房改革已经 10 多年了，现在的问题，不是开启住房需求，而是过剩的投资需求已经造成了严重的房价过高，内需不能再靠房地产了。房地产是否有泡沫是一个复杂的问题[①]，关于高房价的副作用，笔者在这里也没有空间展开详述，只想指出两点：一是全社会如此之多的资源进入房地产进行投机，已经是明显资源错配和浪费，对增长潜力的伤害是不容忽视的；二是高房价提高了城市的生活和生产成本，阻碍城市化的健康发展。

其次看外需。2001 年底我国加入 WTO，因而 13 亿基础教育良好、勤劳肯干、渴望致富的劳动力大军一下子与全世界发育良好的大市场融合，彻底改变了这个星球的经济版图。借用周其仁的形象比喻，这是落差巨大的两个海平面的对接，结果就是世界对中国制造的巨大需求，强大的外需成为走出 1997 年的通货紧缩的另一个强大的推力。目前的国际形势是，欧洲陷入主权债务危机，美国经济二次探底，欧美经济甚至可能陷入长期低迷，印度、巴西等主要发展中经济体的经济增长速度迅速下行。看来，外需能够维持就不错，大幅增长是很难的了。

最后看财政、货币政策。在通胀压力依然显著的情况下，积极

---

① 笔者认为，中国一线城市和大部分二线城市的房价并没有泡沫，详见本书收录的《简单的幸福：我的 2016——2016 年宏观预测回测》。

的政策缺乏空间，但是随着通胀压力逐渐消退，财政、货币政策已经开始转向。具体表现是，一些大项目已经获批，一些减税措施已经在酝酿或实施，央行已经两次降息，并开始下调存款准备金率。宏观政策的时机，政策组合的细节，是永远值得钻研和商榷的问题，但是政策转向的确已经实实在在地开始了。

然而，积极的财政、货币政策，是对抗经济下行的一般对策，可以改善企业的经营环境，缓解经济下行压力。此外，还需要一些重要的突破口与之呼应。在1997—2002年的通货紧缩中，倘若没有住房改革和加入WTO这两大推力，仅仅靠财政货币政策中国经济是很难走出来的，至少要经历更长的时间。这两大改革带来的强大需求，不仅把中国经济带出了通货紧缩，还带来了其后近10年的高速增长，帮助消化解决了诸如银行坏账等诸多问题。在增长中消化、解决问题，是中国经济改革的基本经验之一。

经济的突破口在哪里？

外需大幅增长的可能性不大，那么只能靠内需。内需中消费是一个比较平稳的部分，短期内不会有大的变化，一般也不作为宏观调控的直接对象，剩下的就是投资。对于政府而言，产业性投资一般并不是政府的职责范围，剩下的就是基础设施投资了。通过国际比较分析我们发现，虽然近年来我国的基础设施已有一定改善，但是总体上依然十分落后。无论是大中城市，还是全国范围内，我国的公路、铁路、地铁密度，都远低于主要发达经济体，以及主要发展中经济体，还有好几倍的提升空间。全国各大城市，甚至县级城市，普遍存在的拥堵病，是城市基础设施落后的最生动的说明。北京“7·21”暴雨灾害，以及各大城市此起彼伏的内涝，清晰地告诉我们，城市的“内功”欠缺太多。这些看得见的需求引导的投资，应该不会太错，既方便了生产生活，还能降低各种交易成本，促进长期经济增长。印度尼西亚、马来西亚、巴西等国先后陷入中等收入陷阱，与基础设施落后有很大关系。

增加基础设施投资之外，还需深化改革，为长期的经济发展提供能量。已经发生的汇率机制改革，刚刚开始的利率市场化改革，争论、试点已久的土地、户籍制度改革，虽然都不尽如人意，但是毕竟已经开始。国企改革这个老大难问题，也该择机再出发了吧？

（本文写于2012年7月28日，首发于《21世纪经济报道》）

降息的效果：都是预期惹的祸

本次降息的实际效果是割取一部分商业银行的利润，转移给地产和大中型国企。考虑到商业银行的利益受损，不良资产的风险又比较高，政策层面可能会采取措施进行补救。

蹊跷的降息

这次降息蹊跷的地方太多了。2014 年 11 月 21 日晚上宣布的，可白天股市就提前上涨了，而且一涨就是 1.4 个百分点。降息就降息吧，还是非对称的，贷款利率比存款利率降得多，摆明了跟银行过不去？这也就罢了，还把存款利率上浮的上限从 1.1 倍提高到 1.2 倍，基准存贷利差进一步压缩，看来是跟银行死磕上了。

蹊跷归蹊跷，市场对这次降息的反应却非常积极。从 21 日开始算起，上证综合指数一连拉出 6 根大阳线，累积涨幅已经达到 9.4%，一举跨越 2 600 点大关，报收 2 683 点。上证指数上一次立于 2 600 点以上，还要回溯到 2011 年 8 月。三年弹指一挥间，高位买入的股民们不知在哪里安好了，也就难怪“牛头初现”“卖房炒股”的乐观情绪又跃然纸上了。

乐观归乐观，分析还是要有的。企业要投资，股民要炒股，都要对后面的形势有个清醒的认识。进了股市的人，看着大盘猛涨不跟风估计也很难，没跟上的估计很多人一边懊恼，一边摩拳擦掌。问题是跟风之后怎么办？钱进去了，脑子可得清楚，除非玩的不是自己的钱。

降息的实际效果

先来看看这次降息的主要内容：（1）存款基准利率下调 0.25 个百分点，活期利率不变，取消 3 年以上存款基准利率；（2）贷款基准利率下调 0.4 个百分点，减少贷款基准利率的档次，表现为只设 1 年以内、1~5 年、5 年以上三档，不再分设 6 月以下和 1~3 年两档；（3）存款利率浮动区间的上限由存款基准利率的 1.1 倍调整为 1.2 倍。

抽丝剥茧，可以推演出这次降息的三条实际效果。

第一，存款利率其实没降，或者说最多降了一点点。考虑到商业银行竞争比较充分，中长期银行用足上浮空间的可能性比较大。以 1 年期存款为例，基准利率从 3% 下降到 2.75%，但是上浮区间从 1.1 倍增加到 1.2 倍。一里一外，倘若用足上浮空间，最后存款利率不变。再比如，3 年期存款利率从 4.25 下降到 4，用足上浮空间的话，上限分别为 4.675 和 4.8，反而上升了 0.125 个百分点。类似计算，活期上限也是上升了 0.035 个点，3 个月、6 个月、两年期存款分别下降了 0.04、0.02、0.105 个点，下降幅度微乎其微。

第二，既然存款利率没降，市场化定价的贷款利率也不会下降。市场化定价下，贷款利率等于无风险利率加上一个风险贴水，现行体制下无风险利率可以用存款利率来近似，风险贴水取决于贷款户的资质，不会因为一次微小的降息而发生大的变化。既然这两者都不变，贷款利率并不会变化。对于非国企特别是中小企业，甚至一些地方国企而言，贷款利率已经市场化了。也就是说，市场普遍预期的降低企业融资成本，并不会发生。

第三，定价比较刚性的贷款利率还是会下降。比如房贷利率，比如大中型国企的利率，都是跟随贷款基准利率而调整，应该会随着降息而调整。这是这次降低实际受惠的部门。

降息之后看股市：大猪飞在天上，小猪趴在地上

房贷利率应该会下降，这对房地产市场是利好。毫不奇怪，这几天地产类股票的表现很突出。万科、保利、招商这三家大地产公司的股票，短短六个交易日分别涨了 18%、25%、32%，分明是一次地产股的大跃进。

涨势是如此喜人，大家“喜大普奔”兴高采烈，奔走相告之余，可能也会有一点狐疑：这么个涨法，怎么看着像创业板小股票，不像是地产龙头大股票？股票看多了，这么涨法的，大多是小盘股，没见过大盘股这么涨的（见图 8–27）。或者，中国人最后的心思还是在房子上，毕竟看着实在，即便放着不住心里也踏实。中国经济短期企稳，或者还是要看房地产行业的复苏。

大中型国企的贷款利率一般随着基准利率而浮动，而且常常是下浮，这次降息会降低它们的利息成本。不过，利息成本的降低主要是针对大中型国企，中小企业就没这个福分了。反应在股市上，是这次大盘股涨幅惊人。中国股市这两年一直是小盘股涨得比大盘股多很多，不过这次却是一反常态。数据上看，代表大盘股的上证 50 和沪深 300 指数分别上涨了 14.2% 和 10.7%，而中小板指数和创

业板指数分别只上涨了3.8%和5.1%，可谓是“大猪飞在天上，小猪趴在地上”。

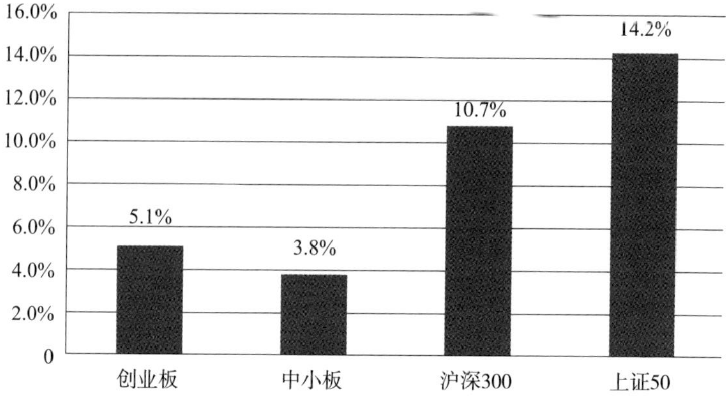

图 8–27　大盘股涨幅远超小盘股（11.21—11.28）

不过，仔细计算的话，利息成本的降低是很难支撑如此之大的涨幅的。目前全社会人民币贷款余额约为80万亿，平均贷款利率估计为7.5%左右，其中大中型国企占用了一半左右的信贷资源，平均利率估计不到7%。大中型国企贷款余额以40万亿计算，平均贷款利率下调以0.4%计算，利息成本下降1 600亿左右。

作为参照，2013年全国规模以上工业企业利润总额6.3万亿，2014年1—10月这个数为5万亿。1 600亿相当于全年利润的2.5%左右。按说2.5%的利润增加不该引起股价9.4%的股票市值涨幅，那么是什么风把猪吹到了天上呢？

这次降息突如其来，像是2012年夏天以来的第一场雪，本身的实际效果虽然不大，但是引发的遐想却是太多了。市场对于进一步降息降准的预期不是强烈，而是非常强烈。降息降准不但能改善企业利润，还能降低短期经济风险，一下子人们的风险厌恶情绪消失得无影无踪，猪自然被吹到了天上。看来，都是预期惹的祸。

不过，预期上去了，能否兑现却是另外一回事。有时候，预期就是用来被落空的。猪都飘到了天上，离落地还会远吗？

手心手背都是肉，挖肉不要太着急

可是，降息固然利好房企和国企，但是也有人受损。在银行资金成本不变的情况下，降息其实是割银行的肉补给企业。目前经济不景气，割银行的肉补给企业无可厚非，甚至可以说是有为之举。

从市场表现来看，这次银行股表现不算好，应该说很差。从11月21日到11月27日，银行股的表现是显著落后于大盘的，工农中建交五大行分别上涨4.1%、5.9%、5.5%、5.3%、10.7%，平均上涨6.3%，比起上证50指数10.5%的涨幅低了将近一半。银行指数涨了7.4%，同样是远远落后于大盘。11月28日，在宣布降息4个交易日之后，五大行突然爆发，一天就分别上涨了5.5%、6.0%、8.1%、7.1%、10.1%。不过，4个交易日之后的暴涨，应该是与降息无关了，而是受到进一步降准、存款保险等市场传言的刺激。

不过，手心手背都是肉，就这么挖银行，也不是个办法。尤其需要注意的是，这两年商业银行的日子虽然过得还可以，但是娇惯的孩子多淘气，潜在的风险其实也很高，特别是不良资产比例开始上升。倘若银行体系出了问题，那绝对不是闹着玩的，一夜回到解放前可不是开玩笑。一个可能性是，政策层面可能会对商业银行进行一些补救，安抚银行体系的利益，周五银行股的大爆发，或者与这个有关。

回到降息降准的预期上。考虑到目前实际存款利率为正，实际贷款利率很高，进一步降息的空间其实是有的。不过，挖银行补企业的事情不会多干，毕竟银行也是亲儿子，这么多年来政策层面一直对银行呵护有加，而且银行不良风险正在上升，不会挖得太狠。倘若要进一步刺激的话，降准的概率比降息高。

（本文写于2014年12月3日）

第九章

美国和日本——他山之石

狼，又没有来

北京时间2015年9月18日凌晨两点，美联储联邦公开市场委员会宣布维持利率不变，保持在0%~0.25%的水平。这样，从2008年12月开始，已经长达6年9个月的超低利率时代，仍在继续。被加息猜测苦苦折磨的市场，不知道该哭还是笑。总之，这一次，狼又没有来。

极低利率的副作用，是推高资产价格，增加金融市场的不确定性。投资界如此关心美联储的议息会议，原因就在于此。可惜，这个不在美联储的法定职能当中，美联储没必要给自己找麻烦。至于全球金融市场的动荡，嘿嘿，对不起，不是早就说过了吗？“我们的美元，你们的问题。”

何况，美国坐拥全世界最强大的金融市场，在充满不确定性的博弈中，不但不会吃亏，可能还会占便宜。倘若信奉阴谋论，美国不仅没有必要降低不确定性，反而要增加不确定性。你看，2008年的金融危机源于美国，倒下去的可是欧洲。

这次会议之前，市场曾一度普遍预期美联储会加息。毕竟，接近于零的利率已经维持了很长时间，这极为宽松的货币政策，已经广为诟病。然而，随着8月经济数据的出台，市场分歧越来越大，加息的概率降低。到了议息前夜，市场预期降息的概率只有23%。因为引起广泛关注，且存在严重分歧，这次议息被称为“10年来最重要的美联储议息会议”。最终，耶伦牵住了狼的绳子。

要理解为何这次美联储不加息，不妨先从美联储的会后公报开始。咬文嚼字的话，不难发现和7月29日的会议公报相比，这次公报的措辞更加谨慎。首先，美联储强调“经济在温和复苏”，而上次的措辞是“经济在过去几个月已经温和复苏”。细微的差别，在于上次强调经济“已经”温和复苏，而这次是“正在”温和复苏。英文语境中，“已经”的语气比“正在”强。换句话说，这次对于经济复苏的表述比上次要弱一些。

其次，这次公报对于通胀的措辞也更加谨慎。上次的表述是，“通胀继续低于长期目标”。这次的表述基本没变，但是使用的是“完成”时态，即强调通胀依然低。并且，在谈到原因时，上次说“通胀继续低于长期目标”，“部分是因为能源和进口价格最近（已经发生）的下降”，而这次在解释原因时去掉了“最近”两个字，表明对于能源和进口价格下降的持续担心，这和市场对于能源和大宗商品价格下行的担心是一致的。如此看来，加息的信号进一步减弱了。

最后，会议公告提到了全球经济和金融市场的因素，认为全球经济的放缓和金融市场的动荡将给美国经济带来负面影响，并导致通胀增速放缓，这又是一个延缓加息的因素。

此外，耶伦在会后的新闻发言和回答问题时，都提到了中国的经济放缓。不过，倘若认为这是美国人关心中国和新兴市场的局势，那就大错特错了。尼克松的财政部长约翰·康纳利就公开宣称："我们的美元，你们的问题。"这句话的最简单翻译是，你们的问题，与我们无关。从经济体量和全球化的趋势看，中国的经济形势影响美国的经济决策，这其实早就是个简单事实了，美联储主席说不说都一样。毕竟，中国是全球第二大经济体，中美贸易是全世界最大的双边贸易。

然而，这远不是美联储主席提到中国和新兴市场的真正原因。会议公告字字珠玑，不会平白无故说这些，更不会是为了向太平洋彼岸的中国人示好，而更可能是为以后的措辞埋下伏笔。比如说，中国经济第四季度继续低迷，中国股市继续波动，现在看起来都是大概率事件。这样一来，美联储在 10 月和 12 月的议息会上，可以继续说，中国和新兴市场经济继续放缓，国际金融市场继续动荡，我们决定暂不加息。你看，倘若下次美国依然不加息，又有了冠冕堂皇的理由。

像老鼠一样咬文嚼字，无非是要通过有限的信息，理解美联储的政策动向。其实，倘若看美国经济的总体图景，美联储的这一鸽派表态，一点都不奇怪。

根据国会授权，美联储有两大职能，一是充分就业，二是物价稳定。先来看物价（见图 9–1）。美国核心通胀这几年一直在 2% 的长期目标以下徘徊，现在保持在 1.8% 的低位。而且，由于石油价格的下滑，扣除石油和食品的非核心通胀更低，现在只有 0.2%。倘若石油价格进一步下滑，通胀下行的压力依然存在。更重要的是，20 世纪 90 年代以来，美国的通胀水平在波动中下行，趋势延续的话，应该继续下行，至少看不到上行的压力。

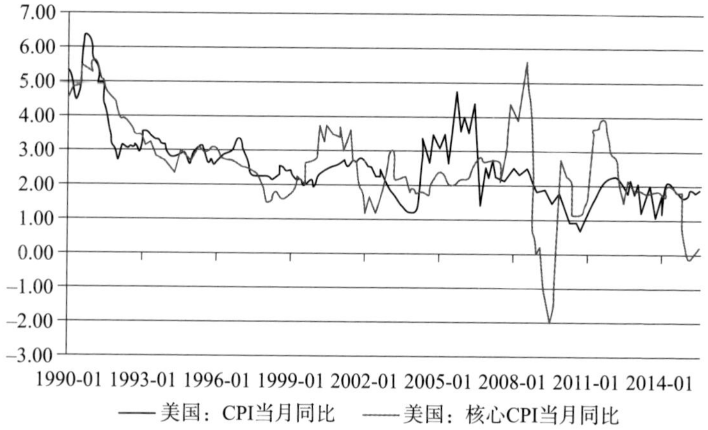

图 9–1 美国通胀的下行趋势

失业率这几年虽然在降低，从 2009 年 10 月的 10% 下降到现在的 5.1%，但是劳动参与率一直在下降。这样，考虑到劳动参与率之后的实际就业率，也就是就业人口占适龄劳动人口的比重，只有轻微的复苏，现在依然只有 59.5% 左右，远远低于 20 世纪 90 年代以来的 62%~64% 的波动区间（见图 9–2）。

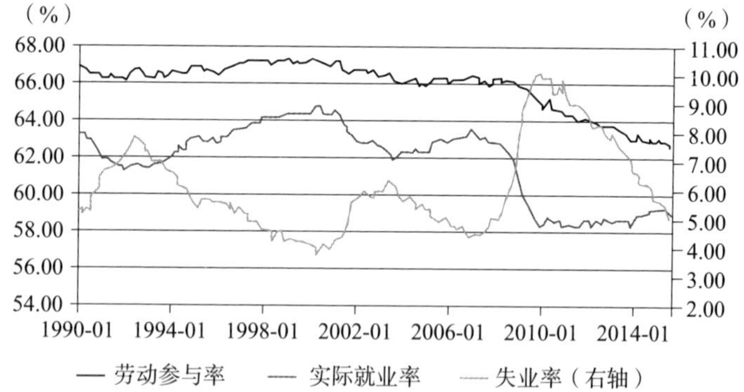

图 9–2 美国劳动参与率下降拖累实际就业率

罗斯福曾说，失业是一个社会最大的浪费。以实际就业率作为标准，充分就业远远没有实现。简言之，现在通胀不高，就业不充分，美联储当然没必要加息了。而且，就目前的经济数据看，短期内加息的压力也不大，不加息的理由依然很多。狼来了的声音，可能还要再喊几次。

（本文写于2015年9月21日）

加还是不加：耶伦的难题

> 北京时间2015年12月18日凌晨3点，美联储发布最新的议息结果。会议之前，美联储已经发出了强烈的信号，将加息0.25个百分点，因此结果几乎没有悬念。倘若不加息，美联储的信用将严重受损。

结果几乎没有悬念，却不意味着没有争论和质疑。著名经济学家、大名鼎鼎的前美国财长，前哈佛校长劳伦斯·萨默斯今天专门撰文，质疑美联储事先给出的强烈信号的合理性，并认为应该暂缓加息。美联储前主席格林斯潘也表示，美国经济看起来没有那么强劲。市场还担心，倘若加息引发经济的进一步疲软，然后不得不降息，将更加严重地伤害美联储的信用。看起来，尽管结果几乎没有悬念，耶伦面临的，是一个困难的选择。

先来看数据。图9–3显示，美国的物价并无显著压力，核心通胀这几年一直在2%的长期目标以下徘徊，11月刚刚达到2%，但是仅仅一个月而已，进一步的通胀形势有待观察。而且，由于石油等大宗商品价格的下滑，未扣除石油和食品的非核心通胀更低，现在只有 0.5%，生产者价格指数更是只有 –3.3%。最近几个月石油和大宗商品价格的进一步下滑，将产生进一步的通胀下行的压力。看起来，至少几个月内，美国并无通胀压力。

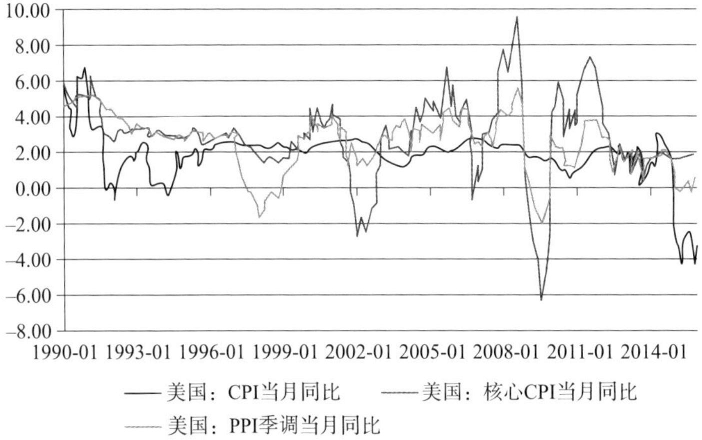

图 9–3　美国并无通胀压力

就业数据是美联储关注的另一焦点。尤其是最近的表态中，美联储对于就业尤其强调。简单看失业率的话，就业情况已经显著改善，11 月的失业率只有 5%。可是，失业率是一个很具有欺骗性的指标，是积极寻找就业的人口中失业的人数。换句话说，一个人失业很久了，不积极寻找就业了，就不计入失业率的分母，失业率就被“人为”降低了。另一个具有重要参考意义的指标，是劳动参与率，就是适龄人口中参与就业市场的人口的比率。由于劳动参与率一直在下降，考虑到劳动参与率之后的实际就业率，也就是就业人口占适龄劳动人口的比重，只有轻微的复苏，现在依然只有 59.3%，远远低于 20 世纪 90 年代以来的 62%~64% 的波动区间（见图 9–4）。

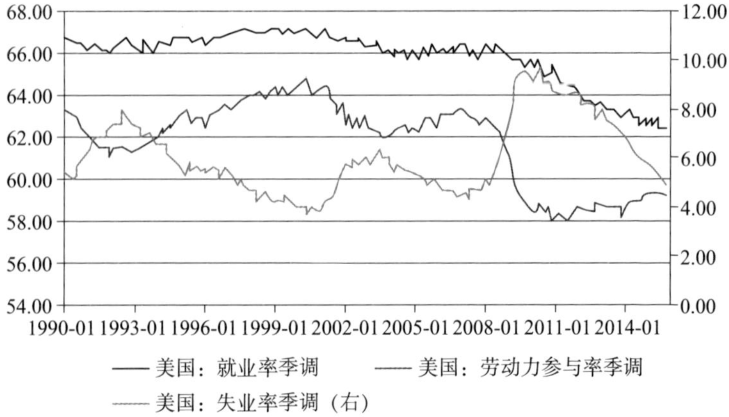

图 9–4 就业率低位徘徊，略见起色

考虑到美国一来没有通胀压力，二来就业依然存在隐忧，对于美联储加息的质疑，也就毫不奇怪了。萨默斯、格林斯潘等人的质疑声，也不难理解。

那么，美联储为何发出强烈的加息信号？看起来，原因不在通胀或者失业数据中。

不妨看看上一次加息的情形。美联储上一次加息，是 2004 年 6 月。当时的美联储主席，还是功勋卓著的格林斯潘。看当时的数据，美国的通胀压力也不大，CPI 达到了 3.1%，但是核心 CPI 只有 1.7%，失业率还比较高，有 5.6%。因此，美联储加息的时机并无大问题，从失业率数据看甚至稍微偏早。

不过，这次加息广为诟病，被认为加息太晚，导致了美国的房地产和股市泡沫，为后来的次贷危机和全球金融危机埋下隐患。功勋卓著的格林斯潘老人家，或者也多少为这次事件懊恼。

看图 9–5 和图 9–6 的话，现在美国的资产价格再次高企，美联储或者已经警醒。图 9–5 显示，美国的三大股票指数已经全面超越 2007 年 10 月的高位，而且不是超出一点点。比如，衡量大型工业企业的道琼斯指数，2007 年 10 月的高点在 14 000 点左右，而 2015 年初已经超过 18 000 点。衡量新型企业的 NASDAQ 综合指数，2007 年的高点在 2 800 点左右，今年已经超过 5 000 点。

图 9–5 股票价格全面超越危机前高点

股市繁荣，房市也不甘寂寞。本次金融危机，始于美国的房地产泡沫，可是危机之后不久，美国的房市就已经欣欣向荣。2012 年以来，美国房价止跌回升，现在已经趋近于 2006 年的高点（见图 9–6）。作为比较，日本的房价从 1990 年崩盘以来，迄今依然疲软，仅仅在近年来小有回升。

看美联储最近的公开表态，越来越多地提及金融市场的稳定。看起来，资产价格的波动，已经进入美联储的考虑范围。毕竟，2004 年的教训依然历历在目。而且，美联储多次强调首次加息之后的路径，估计也是吸取了上次快速加息刺破资产泡沫的教训，倾向于更为平缓的加息进程。在理论上，美联储的政策是否应该考虑资产价格依然是个有争议的问题。可惜，耶伦等官员无法等待理论给出一个明确的答案，而且估计也等不来。美联储的工作，会越来越难做。耶伦面对的，是以前从未出现过的情形。

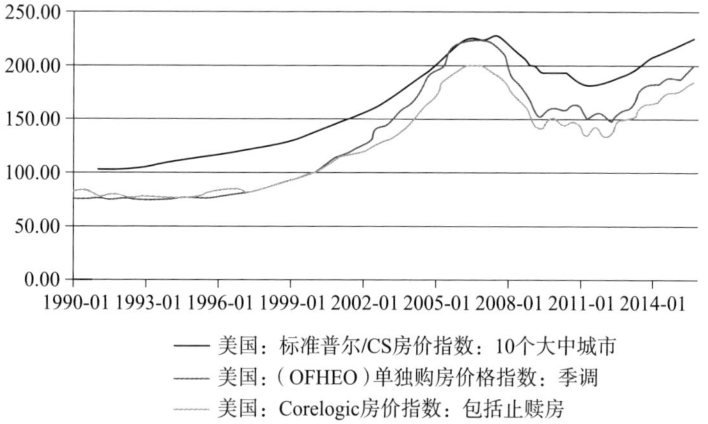

图 9–6 地产价格接近危机高位

加息几乎没有悬念，加息之后的情形，却难以预料。基本面上看，美国、欧盟、日本的情况都不算差，通胀压力不大，经济企稳回升的态势也算清楚。新兴市场的短期状况不容乐观，美联储也曾经打下伏笔，会考虑国际市场的情况。看起来，美联储这次不会启用这一借口延缓加息。不过，目前全球经济中，最大的变数在中国。这一点，格林斯潘没看懂，不知耶伦怎么样？

（本文写于 2015 年 12 月 18 日）

美国低利率冲击全球资本市场

2011 年 8 月初爆发的美国债务危机，不管最终结果如何，对全球资本市场和全球经济发展，都将产生深远影响。

美国债务危机依然在演绎当中，变数依然很多，其中一些变化，已经开始让人揪心。这里面影响最大的事件之一，可能是美联储在 9 日宣布，将把联邦基金利率在 0~0.25% 的历史最低水平至少维持到 2013 年中期。简单说，美联储提前宣告天下，未来两年将实行极低的利率，极宽松的货币政策。

从美联储的角度，这可能无可厚非。眼下市场恐慌，需要打强心针救市；把眼光稍微放长，经济不景气，需要宽松的货币政策刺激。此外，美国政府债台高筑，未来要不断地借新债还旧债，降息也绝对是好事。从美国国内各方面而言，美联储的政策都合情合理。而且目前市场恐慌，一下子宣布两年的政策，说白了就是“表决心”，“稳军心”。

问题是，实际效果如何？对别国的影响如何？美国经济要摆脱衰退，需要一个增长引擎。发展中国家如中国，靠基础设施、技术模仿、常规制造行业和出口就可以欣欣向荣。而作为全世界最大、最发达的经济体，美国经济要重拾活力，靠的只能是两条，一是消费，二是创新。

消费是美国经济的主体，占到其国内生产总值的2/3以上。次贷危机导致美国家庭的财富大幅缩水，至今房价依然在下跌。在此背景下，消费获得显著增长是不可能的。

创新是过去20年来美国经济活力的火车头。20世纪80年代里根执政，一系列供给方面的政策，比如减税，刺激了美国经济的活力。此外，80年代的增长实际上是修复70年代滞涨的损失。进入90年代，美国经济的亮点在于以个人电脑、互联网为代表的新技术革命，这是一次显著的技术革命。2000年以后，美国经济增长的火车头，变成低利率催生的房地产行业。

那么，美国经济的下一个增长点在哪里？现在还不是很清晰。笔者不会据此认为美国经济就此一蹶不振，因为在个人电脑和互联网兴起之前，我们也是不知道的。我们不知道下一个增长点是什么，什么时候发生，也不知道这个神秘的新生力量发生的条件是什么，更不知道怎样为它创造条件。一头雾水之下，保持谨慎是应该的。

现在美联储的政策是极度宽松的货币政策。伯南克这位1929年大萧条的学生念念不忘当年货币过紧加深大萧条的教训，金融危机以来大松货币阀门。可是，松货币不是万能药，危机之后还是要夯实经济复苏的基础。危机爆发时，金融系统有流动性问题，注入流动性可以缓解问题的症状，也能帮助避免不必要的连带效应。危机之后，要着手解决基本面的问题，货币政策就基本无能为力了。这就好比货币政策是“救急不救穷”的。危机爆发时松货币是应该的，是救“急”；危机平息后，还是要着手解决“穷”的问题。而灌货币之水是无助于解决穷的问题的，否则天下就没有穷国。

货币政策无助于解决美国的经济增长问题，这在日本的经验中已经相当明显。1991 年日本房地产泡沫破灭以后开始大幅降息，同时利率水平一直保持得很低，1996—2010 年一年期存款利率平均只有 0.3%。而且，日本还发明了一个现在的热门词：量化宽松。结果却是日本经历了“失落的 20 年”。

日本的宽松货币政策，没有能够挽救日本经济，却产生了常常被人忽视的副作用：套息交易，也就是低息借入日元，投资于高收益货币的投资产品。挟 20 世纪 90 年代以来全球资本市场开放的东风，套息交易把宽松的日元散布到了全世界。

历史惊人的相似，体现在 20 年后美国经济同样因为地产泡沫陷入低迷，也同样采取一样极度宽松的货币政策。不同的是，美国经济的体量比日本经济的体量大得多，美国的资本洪水远大于日本，今天的全球资本市场更加开放，结果只能是两个，要么美国的资本洪水冲垮全世界的资本市场，要么大家都把资本市场的大门关起来。笔者大胆猜测，全球经济金融一体化的进程，或许要走一段弯路。当然，这不是我们希望看到的。

（本文写于 2011 年 8 月 12 日）

日本：等不来的结构改革

> 国人对于近邻日本的心态，可谓非常“复杂”。微观层面，大多数人一面怨恨，一面羡慕，很多人一有机会还会移民过去。宏观层面，战争的伤痕一直没有愈合，民族的对立情绪一直是有的。无论如何，日本是东亚第一个实现工业化和现代化的国家，日本的繁荣对于东亚其他经济的繁荣是有贡献的，包括示范作用、资金技术支持，当然最重要的还是贸易的互惠带动。不管是从经济互利的角度，还是从地缘政治的角度，东亚的邻国其实都需要一个繁荣、稳定的日本。

日本的起飞与繁荣，大抵是明治维新（1868年）到20世纪70年代的事情，大致100年，中间还经历了漫长的“二战”，以及一些零零散散的战争。“二战”以后，日本经历了不到40年的持续繁荣。从20世纪80年代开始，日本经济开始陷入狂乱的泡沫时期，然后是长期的低迷。从1990年算起，日本经济低迷至今已经24年，离“迷失的30年”已经不远了，还会迷失多久亦不可知，安倍就是在这样的情况下再次出任日本首相的。

日本首相走马灯似的换，记清那么多首相的名字就很难，可是安倍晋三却让世界清晰地记住了他的名字，不是因为他是二进宫，甚至不是主要因为他强硬的鹰派外交政策，而是因为极为高调的“安倍经济学”，也就是以财政刺激、宽松货币、结构改革为三大支柱的扩张性经济政策。

具体而言，“安倍经济学”的具体政策指向可以总结为：（1）将通胀目标设置为2%；（2）促使日元贬值；（3）政策利率降为负值；（4）无限制实施量化宽松货币政策；（5）大规模的公共投资；（6）日本银行通过公开市场操作购入建设性国债；（7）修改日本银行法，加大政府对央行的发言权。

宽松的货币政策是最容易理解的，也是短期效果最好的。在美国、欧元区都努力印票子的背景下，日本仿效实行宽松货币政策并不奇怪。利率降低意味着企业成本下降，汇率贬值意味着日本产品在国际市场上价格更便宜，国际竞争力提高，对出口无疑有好处。2013年一季度，日本经济增速高达3.5%，看起来形势一片大好。金融市场对于宽松的货币政策的反应无疑也很积极，东京225指数从去年11月的低点8 700点左右涨到了15 000点左右，半年涨幅接近70%，真是令人叹为观止。

扩张的财政政策也不难理解，加大政府投资无疑可以增加短期总需求，拉动经济增长。减税政策的效果则需要讨论，倘若减税没有增加家户的收入，而是变相增加了企业的利润，则不过是政府向企业的转移支付。倘若企业的负债率较高，则不过是帮助企业修复资产负债表，刺激效果未必明显。

重要的是，短期效果与长期效果是两回事，短期效果好的话可能可以买到喘息的时间，但是也会埋下长期问题的种子。比如财政刺激，无疑可以带来短期的需求，直接换来短期的增长，但是也同时增加了财政赤字，增加未来的支付负担。倘若未来增长上去了，财政收入可以相应增加，则不构成问题，但是倘若经济增长没有上去，则会进一步加剧财政负担，拖累经济增长。经验已经表明，债负越重的国家，经济增速越慢，而不是相反。

货币政策也一样。压低利率，甚至推行负利率，加上大幅的货币贬值，短期内当然可以降低企业成本，增加出口。企业的债务负担越重，对于外需的依赖越大，这两个效果越明显。可是，这些效果能否持续需要进一步分析。

日本一季度的增速高达 3.5%，可谓惊艳。考虑到 2012 三季度日本经济负增长，四季度几乎零增长，看起来安倍经济政策不仅见效很快，而且效果显著。然而，仔细分析数据，隐忧也很明显。3.5% 的增速当中，净出口贡献了大约一半，日元的大幅贬值功不可没。另外的一半增长由内需贡献，主要是居民消费。考虑到 2012 年三、四季度的消费需求还很疲软，消费需求是短期内快速恢复起来的，从时间上看应该与股市大幅增长带来的财富效应有关。然而，企业的投资依然不见起色，显示企业的信心依然不足，投资机会匮乏。

换句话说，日本一季度的经济增长，主要来源于日元贬值带来的出口增长，以及宽松货币带来的股市上涨和财富效应，而企业的投资并未见增长。最后这一条很关键。可持续的增长，一定要看经济的供给面，而非需求面，而供给是要由企业来提供的。倘若企业不增加投资，供给怎么增加？

简言之，一季度的增长能否持续，至少现在还是一个很大的问号。消费和出口的增长能否持续，取决于所谓的财富效应能否持续，以及其他国家是否会对日元贬值做出反应。迄今为止，世界各国，特别是中国（包括台湾地区）、韩国，对于日本的极度宽松的货币政策，特别是大幅的货币贬值，显得意外的平静。不过，出口结构竞争性强的国家，比如说韩国，在汽车、电子、机器设备等领域的出口和日本竞争激烈，迟早会有反应。日本对亚洲的出口占总出口的一半，大幅贬值这种以邻为壑的做法，迟早会招来邻国的报复。看起来，美国和欧洲的激进政策，为日本提供了保护伞，而最近的领土争端等政治事件也干扰了日元汇率贬值本来应该引起的注意力。

股市的后续表现，取决于企业利润的增长状况。长期的利润，由企业的根本经营状况决定，目前还难以定论。短期的利润，可能会受到财政货币政策的影响，比如，财政补贴、减税等，都可以转化为企业的利润。再如，利率降低也是降低企业的成本，变相增加企业的利润。然而，这些利润本质上都是转移支付，而不是源于企业的价值创造，恐怕难以持续。

安倍宽松的货币政策还有一个重要的目标，就是提高通胀率，通过通胀来化解债务。然而，这个如意算盘有一个关键的环节可能过不去。现在日本债负很高，公共债务占 GDP 的比重达到 230% 左右，但是依然能够支撑的原因是利率很低，10 年期国债的利率不到一个点。倘若通胀上升，则名义利率也会上升，债务负担就会立即上升。比如说，通胀达到 2% 的目标，那么名义利率就很可能达到 4% 以上，这样日本国债的融资成本就会大幅上升。已发行债券的价格会大幅下降，引起投资者的损失和恐慌，新的债券的融资成本会大幅上升，股票的价格也会跟随下降。倘若如此，股市上涨带来的财富效应很快就会成为过眼烟云。

美国和欧元区的经验其实可以借鉴。二者都实行大幅宽松的货币政策，但是效果并不完全相同。美国的情形虽说也不太明朗，但是看起来比欧洲要好一些，欧元区则依然在衰退的边缘徘徊。美国和欧元区的一个重要区别，是美国的外债多，通胀赖掉的有一部分是别人的债。相比之下，而欧元区的债，多是内部，只能算是不同国家之间的转移支付。日本的情形，也是内债为主，赖债不过是储户向借贷者的转移支付。

当然，"安倍经济学"的第三支柱，即结构性改革，尚未出炉，所以现在判断"安倍经济学"的最终成效为时尚早。其实，安倍的三把利剑中，只有这一条才能真正提高日本企业竞争力，鼓励民间投资，促进经济增长。讨论中的政策目标，比如增加劳动力市场灵活性，鼓励妇女就业，改善企业治理结构，放松能源行业管制等，看起来都在正确的方向上。其实，知易行难，关键在于能否制定实施可行的政策。好在 6 月中旬八国峰会之前就会清晰，让我们静静等待。

简单概括，财政刺激和货币宽松带来的只是短期假象，可以赢得政治支持和喘息空间，但是结构改革才是关键。"安倍经济学"，本质是在结构改革的刀锋上跳舞，迄今只是吃了一点兴奋剂，活跃一下气氛，真正的舞步还没有开始。

另外，日本的时间可能真的不多了。一个老龄化已经很严重并日趋严重的经济体，更加迫切需要提高运转效率，并没有太多的时间去犯错误。古语曰：事不过三。对于日本而言，已经丢失了两个 10 年，第三个 10 年能否有根本性转机，或许是最后的机会。对于亚洲邻国而言，这关系到能否有一个和睦的邻居。

（本文写于 2013 年 6 月 1 日）

G20，你不必太在意

20 国集团（G20）又开峰会了，距上一次会 9 个月，距下一次峰会不到 5 个月。[①]

这是好事，世界 19 个主要国家以及欧盟的首脑碰碰面，加强沟通，减少误会，总比指桑骂槐，大打贸易战（甚至兵戎相见）强得多。要知道，这 20 个国家和组织占世界总人口的三分之二，占世界总产出的 85%，占世界贸易总额的 80%。G20 的交流，几乎就等同于全世界的交流。

可是 20 个人，加上那么多随从，在一起怎么谈事情，是个好大的问题，至少需要一张好大的桌子。能交换一点意见，澄清一些观点，就非常不错了。如果有共同的利益，事情自然好办得多。可是双边的共同利益已经费思量，多边的就更难说了。三个和尚没水吃，这是自古的道理。何况 20 个成员方在全球政治版图和经济链条中的位置不同，利益冲突多维存在，发展阶段不同，国情不同，约束不同，寻找协调一致的行动方案，谈何容易。（能够表明合作

---

① 此处指 2010 年 6 月 26 日至 27 日在加拿大多伦多召开的 G20 第 4 次峰会。——编者注

的态度，求同存异，就很了不起了。）

以金融改革和国际金融合作为例。

全球金融危机的风暴似乎是过去了。度过了危险期，似乎是该全面检查、彻底治疗的时候了，可是这药方似乎很难产。光在美国国内就几经周折，欧洲有着自己的声音，亚洲、拉美、非洲也都打着自己的算盘。

先说美国。峰会之前，美国国会抓紧通过了金融改革法案，这一难产的法案明显是一个妥协的结果，而且其中多数条款直接针对金融危机中暴露的问题。笔者认为其中有三点对了症。一是"沃克尔规则"，其精神与大萧条后1933年的银行法案（《格拉斯－史蒂格尔法》）类似，在于防范利益冲突和道德风险（只是比1933年的银行法案弱化了很多）。其二是发行商必须持有5%的自己的证券化资产，还是针对道德风险。其三是研究对评级机构的监管，依然是针对道德风险。一场这么大的危机，当然是很多因素的共同作用，笔者认为，这次危机的核心原因，在于道德风险。

再说欧盟。欧盟首脑峰会也开出了两张监管药方。一是公开全欧盟银行的压力测试结果，一是力推全球银行税。这两招都具有强烈的防御色彩。欧盟公布自己的银行的压力测试结果是好的（是在提高自己的银行的资质，也可以提高公众对欧盟的银行的信心），可是在全球推银行税就很难得到别国的认同。美国总统拯救自己银行的巨大的资金窟窿需要补，也想加强对华尔街的监管，因此支持银行税（但是两院对总统说了"不"）。可是加拿大、澳大利亚、日本、巴西等国就更不同意了：我们的银行又没出问题，为啥要征税？是税三分毒，这税又不是没有坏处。

可是这些跟我们有什么关系呢？我国的金融业依然受到严格

的管制，金融深化改革缓步进行，至今我们的利率没有市场化，银行受到窗口指导，信贷额度受到严格限制，股票发行依然实行审批制，债券特别是企业债券市场依然在襁褓之中，衍生产品刚刚起步，资本市场尚未开放。我们的金融行业因为监管严格而创新不足，与欧美国家恰恰相反。如果要吸取教训，就是要分析背后的逻辑，比如说防范道德风险，加强信息披露，避免犯同样的错误。千万不能别人一感冒，我们就跟着吃感冒药。吸取教训是对的，但指的是正确的教训。

我们可以吸取的另一个教训是，美国和欧洲都在着手做自己的事情（比如金融改革、银行压力测试），我们也应该更关注自己的事情。

G20 峰会上关于金融改革通过了一些一般性的文件，要点是减少道德风险，控制系统风险，加强审慎的监督，提高风险控制，增强信息透明度，加强国际合作。这里面每一条都有道理，但是如果不辅以具体的操作性策略，实际的意义不大。所以，我们要开下一次会，在不到 5 个月后。能出什么具有操作性的策略，让我们拭目以待。如果到时候没什么进展，也没关系，再等下一次吧。

这让笔者联想到当时我国在峰会上的三点建议。这三点建议各家自有各家的解读，针孔之见，笔者读到的是务实和针对性。

第一，推动 20 国集团从应对国际金融危机的有效机制转向促进国际经济合作的主要平台。我们对 G20 作为一个国际合作平台寄予希望，然而，这里面还有一层意思，没有一个操作和协调的运作机制，20 国集团终究会流于形式，无法有效发挥国际合作的作用。

第二，加快建立公平、公正、包容、有序的国际金融新秩序。我理解这里面的意思是，一个公平、公正、包容、有序的国际金融秩序的重要性不言而喻，但是，这样的秩序是什么样的，怎么样建立，我们不知道，有想法尽管说来听听，慢慢讨论吧。趁着这讨论的时间，我们抓紧时间做点实事。

有人对 IMF 寄予厚望，我对与虎谋皮的事情不感兴趣。增强你的话语权，就是弱化别人的话语权，这是一个零和游戏。让习惯了颐指气使的欧美让出话语权，不是不可能，但肯定不是在谈判桌上能完成的。中国改革的另外一个经验是，建立一个新摊子，比改革一个旧的烂摊子要容易得多。稳步推进我国的货币机制改革，推进人民币国际化，加强双边和地区性货币合作，可能会为我们还在衍化形成的国际金融新秩序中，赢得更大的生存空间。

第三，促进建设开放自由的全球贸易体制。这直接针对可能抬头的贸易保护主义。20 世纪的大萧条，给我们留下了宝贵的经验，其中一条就是贸易保护将加深危机，对谁都没有好处。这一点，对于依然依赖国际市场的我国，尤其值得注意。国内市场的发展困难重重，国际市场可不能一下子丢了。

G20 多伦多峰会闭幕了，我国政府的务实态度令人欣慰，开会的时候我们去混个脸熟，参与讨论国际合作，讨论国际新秩序，发出自己的声音。开完会回来，还是安心做好自己的事情，练好内功。毕竟，发展才是硬道理。

（本文写于 2010 年 6 月 29 日）

第十章

有中国特色的互联网金融

互联网金融为什么在中国这么火？

> 美国互联网和金融都很发达，为什么没有结合在一起，发展出一个更加发达的“互联网金融”？互联网金融在中国的兴起，根源在于传统金融服务的供给不足，以及金融管制带来的套利机会。在全世界范围内，并没有一个如火如荼的互联网金融行业的兴起。互联网金融的准确概念，应该叫作“中国互联网金融”。

2013 年，被称为中国互联网金融元年，可谓热闹非凡。多种互联网金融形式发展很快，引起高度关注，甚至首次进入了今年的政府工作报告。其实，学术界对互联网金融也有大相径庭的观点，有人认为互联网金融是完全不同于传统金融的“新金融”，有的人则认为互联网金融没什么新鲜的，炒作过头了。

热闹之余，有一系列的问题需要思考。到底怎么看这个新生事物？为什么会这么火？前景到底如何？与传统金融业的关系到底是怎样的？金融行业的版图会不会重写？

要回答这些问题，有一个简单的办法，就是看一看其他国家的经验，比一比异同。一看就会发现，互联网金融在美国和其他国家早有发展，P2P、众筹、网络银行、网络保险、第三方支付都出现过，但是规模都很小，也就几十亿，与庞大的传统金融行业比起来简直微不足道。

那么，为什么互联网金融在美国没有这么火？美国也有互联网，也有金融，而且互联网和金融都很发达，为什么没有结合在一起，发展出一个更加发达的"互联网金融"？倒是在中国，金融没那么发达，网速也很慢，互联网金融却非常热闹。那么到底是什么样的风云际会，孕育了"中国的"互联网金融？

仔细分析，我国互联网金融的兴起，与我国传统金融的落后，金融服务的供给不足，对金融市场的管制密切相关。正是传统金融服务的供给不足，很多人的金融服务得不到满足，才为互联网金融的发展留下了空间。

比如说，支付宝的发展，就是因为传统的银行支付手续烦琐，很不方便，安全也没有保障，才促使了支付宝这种第三方支付的出现。在美国，绝大部分人都可以用信用卡做网上支付，因此第三方支付的市场很小。美国第三方支付的典型代表是 PayPal，早在 1998 就成立了，但是发展规模并不大，因为传统的支付方式已经做得比较好，给 PayPal 留下的市场空间不大。

再如阿里小贷的发展，根源就是很多小微企业的信贷需求得不到满足，因为我们的中小金融机构不发达，国有大银行、股份制商业银行的规模大，不太适合于服务中小微企业，中小金融机构又太少，服务的供给不足。这时候阿里介入，因为掌握了这些企业的大量交易信息，这些信息可以用来甄别企业的资质，帮助决定放贷。这样，就抓住了市场的一个机会，阿里小贷就发展起来了。

上面两个例子都是有关传统金融服务供给不足的，再举一个与管制有关的例子，就是余额宝。余额宝的快速发展，根源在于我国的利率管制。活期存款基本不付利息，现在的利率只有 0.35%，可是对应的一年期贷款基准利率有 6%，2013 年货币市场的利率也经常达到 6% 甚至更高，这样就存在一个巨大的套利空间。只要能把钱从活期存款搬到货币基金里面，就可以赚大钱。余额宝就是干了这么一件搬运的工作。

查一下数字的话，银行系统的个人活期存款 18 万亿元，这里面有 1% 的钱跑到余额宝里面，就是 1 800 多亿元。现在余额宝的规模是 5 000 多亿元，相当于个人活期存款的大约 3%，看来余额宝的空间还很大。这里还没有考虑其他定期存款，现在个人定期存款还有 28 万亿元，利率也就不到 3%，和货币市场之间还是有一个套利空间，而且定期存款还要牺牲流动性。考虑到定期存款的存款搬家，余额宝类产品可以吸引的资金总量就更大。

看起来，互联网金融在中国的兴起，根源在于传统金融服务的供给不足，以及金融管制带来的套利机会。中国的互联网金融，就是在这样的情况下应运而生的。在全世界范围内，并没有一个如火如荼的互联网金融行业的兴起。其实，互联网金融的准确概念，应该叫作“中国互联网金融”。

（本文写于 2014 年 4 月 8 日）

“高科技”外衣下的民间金融

> 不管怎么看，现在的互联网金融也都是“民间”金融，只不过利用了“互联网”的手段而已。

上回说到，互联网金融在中国的兴起，得益于传统金融服务供给不足留下的发展空间，也得益于金融管制创造的套利机会。需要进一步拷问的，是这些空间和机会以前也都存在，甚至比现在还要大很多，为什么是偏偏是“互联网”抓住了机会？换句话说，“互联网”在“互联网金融”里起到了什么作用？

回答这个问题，不得不提民间金融。私人之间的借贷、专门的“抬会”、民间的高利贷等，一直都是存在的，在江浙等地还很盛行。这些金融形式，也是对现有金融服务供给不足的反应，在这个意义上，和互联网金融并无不同。然而，民间金融一直没有能够得到正常发展，发展成为稳定的金融机构。思来想去，我国金融管制过于严厉，不发牌照是主因。

举例来说，2000 年左右进行的城市信用社改造，在浙江留下了 4 家民营城市信用社，分别是台州市泰隆城市信用社、温岭市城市信用社、金华义乌市稠州城市信用社、宁波象山县绿叶城市信用社。无一例外的是，这 4 家信用社后来都发展成为很不错的中小型城市商业银行，分别是泰隆、民泰、稠州、东海。这 100% 的成功概率，是民间金融机构完全可以办好的最好证词。回头看，倘若当初多发一些民营银行的牌照，或许民营银行已经发展壮大了，我国金融业的版图，可能已经大不一样了。

对民间金融的防范，一直和“防范金融风险”这个义正词严的高端词汇联系在一起的。无可否认的是，风险控制是金融的核心要义，马虎不得，金融风险当然要认真防范。不过，“认真防范”和“严厉防范”在本质上不同的。

现实中的情形是，一提到金融风险，大家就如临大敌。看到风险，不明觉厉，于是一棍子打死，安心回家睡觉。真不知道，这是防范“金融风险”，还是防范“金融”？或者，不知道如何防范金融风险的人，也就只能防范金融了。

“防范金融”看起来简单，但是这只是对监管者而言。一纸文件就不让人家干了，真是简单之至。可是对于有金融需求和努力提供这些需求的人来说，这是麻烦的开始。不让合理合法地干，可是市场里又有巨大的需求，怎么办？只好在法律的边缘地带干了。管制，无非是增加了商业的成本，降低了商业的效率而已，商业本身是消灭不了的，除非要消灭市场经济。

曾经走访过一些专门服务于小微企业的中小银行，也调研过一些小微企业，眼看着企业和银行在共生中共赢。若没有这些小银行，很多小企业就更加困难。现实里，我们真正服务于小微企业的金融机构太少了。

相比于传统的民间金融，互联网金融的运气好得多，至少到目前看起来是这样。政策层面总体上是比较宽松的，甚至进了《政府工作报告》，李克强总理明确表示“促进互联网金融健康发展”。

其实，不管怎么看，现在的互联网金融也都是“民间”金融，只不过利用了“互联网”的手段而已。你看P2P、众筹、第三方支付，哪一个不是“民间”的？

政策上对民间金融一直谨慎提防，但是对互联网金融却比较宽松，背后的原因不得而知。一个可能性，是近年来我国对于民间金融的包容性也在增加，虽然不如人意，毕竟也没有一刀切取缔。更大的可能性，则与我国政策层面一直以来对“高科技”的崇拜有关。

因为一直落后，一直在追赶，我们对于科技创新的力量一直是认的，科技兴国的理念一直深入人心。20世纪90年代互联网在美国刚刚兴起，是理所当然的“高科技”，国人见了这么高端、大气、上档次的东西，也自然礼让三分。用“高科技”包装已有的商业模式，是企业创新的一个重要方式，企业家们心知肚明的。

其实，有了政策空间，即便没有互联网，金融也照样能发展起来。美国版的“余额宝”，也就是美国货币市场基金在20世纪七八十年代的兴起和发展，就是最好的例子。当时由于Q条款的限制，银行不能向活期账户支付利息，其他账户的利息限制上限，但是当时通胀水平很高，市场急需高利率的固定收益产品，于是货币基金就在当时的银行体系之外应运而生了，并且开始提供支付服务，相当于一个活期存款账户了。因为在银行体系之外，这种货币基金账户不受Q条款的限制。当时没有互联网，但是市场里有需求，政策上有空间，就发展起来了。

（本文写于2014年4月15日）

金融改革，“倒逼”能走多远？

金融改革是系统性改革，牵一发而动全身，一点点推进的空间其实不大，很快就会碰上体制和监管的瓶颈。

互联网金融的蓬勃发展，给人们这样一种希望，就是“倒逼”金融改革，促进我国传统金融机构和金融市场的发展，提高整体金融效率。这种美好的希望能否成为现实？“倒逼”能走多远？会碰到什么样的坎？不妨先来看看现实中的情况。

为何互联网金融在国外不愠不火？

其实，传统金融企业“触网”，利用互联网改善自己的服务，早就发生了。你看各大银行、券商、保险公司都有自己的网站，在网上可以完成很多种类的业务，包括开户、销售、转账、缴费、证券交易等。以前有个事情就要跑银行，现在很多银行业务在家就可以完成，甚至在路上用手机就可以完成。传统金融的互联网化，不仅开始了，而且已经很深入了。这不奇怪。互联网本质上是信息传播的技术，可以大幅降低各种商业交易的成本，谁都可以用，用来设计新产品，改善服务，增加竞争力。

冷静的观察者会注意到，在美国、日本、德国等国家，互联网金融虽然早有发展，但是远不如在国内火热。原因有两个。一方面，它们的传统金融比较发达，没有给新的金融企业留下太多空间。新的金融形式，包括 P2P 贷款、众筹、第三方支付等，规模并不大，并没有对已有金融体系产生冲击。

另一方面，这些国家互联网金融发展的主要形式，并不是另起炉灶，而是传统金融企业的信息化，或者说“触网”，利用互联网设计新产品，改进服务。传统金融企业利用互联网使得自己更强，更好地满足了市场需求，留给新金融企业的空间就更小了。

当“倒逼”碰到监管这面墙

理论上讲，我国传统金融也可以走这样一条道路，直面新兴的互联网金融企业的竞争，利用新技术成长成不仅更大，而且更强、更有效率的企业，演化出更有效率的金融市场。2014 年 3 月的《政府工作报告》里面，在“深化金融体制改革”这一节提到了“促进互联网金融健康发展”，大概也隐含了利用互联网金融推进金融体制改革这一层意思。

可是，这一美好希望要面对理论和现实的多层拷问。其中最重要的就是，在历史上，是什么阻碍了银行、券商、保险公司成长为更强、更有效率的企业？遇到了什么阻力？互联网能清除这种阻力吗？

这个问题不难回答。只要运用简单的“比较法”，找出和美国其他国家的异同，不难寻得答案。互联网各国都有，金融各国都有，可是各国的金融市场的发展差异很大，和各国的监管体制的不同有很大的关系。互联网金融的发展，终究也要碰到监管这面墙。倘若监管体制不改变，互联网金融最终也只是昙花一现，“倒逼”金融改革的愿望，也会落空。“倒逼”是一个充满期许的词，可是碰到“体制”“监管”这一层层很硬的墙，撞得开吗？

看起来会很难，至少不能太乐观。关键的一点，在于金融改革是系统性改革，牵一发而动全身，一点一点推进的空间其实不大，很快就会碰上体制和监管的瓶颈。

举一个例子。余额宝等“宝宝”类产品的快速发展，是我国互联网金融发展中的一个重要现象。余额宝从2003年6月成立，短短半年多达到5 000多亿元的规模，成为中国最大的公募基金，堪称典范。

然而，细心的观察者会注意到，余额宝其实是绕开传统银行业的监管，做了一个搬运工的工作，把居民储蓄从利息只有0.35%的活期存款账户搬运到利息达到6%以上的货币市场，利用的是巨大的利差导致的套利空间。活期存款是银行成本最低的资金来源，这必将对传统银行形成压力。几大银行用集体抵制来反应，就一点也不奇怪了。

这种竞争是好事情，竞争才会导致进步，其中出现摩擦很正常。需要深究的，是背后真正的阻力在哪里。银行的人会说，我们在重重监管之下，而“宝宝”们则几乎不受监管，我们的资金成本比看起来高得多，我们才是“不正当竞争”的受害者。要改革，先把加在我们头上的枷锁拿掉，大家一起“正当竞争”，看看谁厉害。银行说这句话的时候很有底气，因为毕竟在市场里打了这么多年，不仅积累了资金，还积累了人才、风险控制等全套的金融技术，相对来说还是有很多优势的。特别是风险控制，那是金融行业的核心竞争力，不是一下子就可以建立的。

汇率扭曲压住利率市场化

要理解银行的不满，不妨举个例子。我国银行的存款准备金率高达 20.5%，中小金融机构为 17%，此外还有 75% 的存贷比的约束。这意味着银行有超过 1/5 的资金是不能进行放贷赚取资金利润的。假设银行放贷的平均利率是 5%，那么银行全部资金的平均利润就被打下来 20%，只剩下 4% 了。一个百分点，对于银行可是个很大的数字。

20.5% 的存款准备金，在全世界范围内都是高得离谱的数字。为何会维持这样高的存款准备金率？原因当然很复杂，不过央行的资产负债表提供了一个视角。左边资产方最大的是外汇储备，现在大约 3.95 万亿美元。外汇储备对应的是外汇占款，就是央行大把买进外汇储备时形成的基础货币，现在这个数字是 27 万亿人民币。央行的总资产在 32 万亿人民币左右，所以，央行的资产方基本就是外汇储备。

央行外汇储备的收益率很低，大致等于美国长期国债的收益率减去人民币对美元的升值率，这几年算下来大概也就 1%~2%。这样央行也就不能为自己的负债付出更高的利率，否则央行的资产负债表就没法平衡。采用的办法，就是提高存款准备金率，用这种方法锁住外汇占款，而存款准备金的利率是很低的（法定和超额分别是 1.62% 和 0.72%），这样央行的资产负债表才可以平衡。形成的结果，就是央行负债的很大一块，是存款机构的存款准备金。

提高存款准备金率，实际上是提高了商业银行的资金成本，因此就要用一种办法来补贴商业银行，现实中就是我们看到的存贷差。这种压低存款利率补贴商业银行的方式，最终补贴的是外汇占款和外汇储备的低收益率，最终买单的是所有的储户。

换个角度可以看得更清楚。倘若央行释放基础货币不是通过购买外汇，而是通过购买国债，而国债可以提供大约 4 个点的收益率，而不是 1~2 个点，那么央行就完全不需要用很高的存款准备金率来锁定资金了，也就不需要用存贷差来补贴商业银行因为存款准备金的损失了，利率市场化的这个障碍就没有了。

这个逻辑链条的核心，是汇率与利率的联动，压低汇率导致产生大量外汇储备，外汇储备收益率低导致提高法定存款准备金、压低存款利率。要实现利率市场化，汇率制度要先改革。最近央行把汇率每日浮动范围从 1% 增加到 2%，是在正确方向上迈出的一步，下一步应该是进一步减少对汇率中间价的干预，更多地让市场力量决定汇率。现有的大量外汇储备，成为压在央行资产负债表上的一块大石头，也要通过调整汇率，鼓励企业和居民海外投资来化解。

上面的简单例子，说明了一个核心问题，即金融改革的系统性很强，局部推进很快就会碰到“体制”的墙，监管也会随之而来。从一个简单的余额宝，不但可以引出利率市场化，还可以追溯到汇率改革。倘若不理顺汇率、利率这些源头上的基础性制度，恐怕互联网金融难以走得太远，“倒逼”的美好愿景也难以成真。

（本文写于 2014 年 4 月 22 日）

互联网是增强还是取代金融中介？

互联网和大数据时代，信息和噪声都在快速增加，对分析数据、提炼问题提出了更高的要求。金融中介的作用不但不会被取代，而且会增强，并利用新技术演化出新的形态。

有关互联网金融的讨论中，“脱媒”是一个常见的词，意指互联网金融的发展，便利了信息的传播和交易的进行，削弱了传统金融机构和金融市场的作用。甚至有人认为，互联网金融和传统金融的本质区别，就在于借用互联网的强大信息交换功能，让资金的出让者，也就是储蓄者，直接面对资金的使用者。这样，互联网金融中完全不需要传统的金融中介和金融市场。

这是一个很有创意的提法。试想，现在金融机构，包括银行、券商、基金公司、保险公司等，挣了那么多钱，其实都是从储蓄者和借贷者的收入里分了一杯羹，而且是好大的一杯羹。倘若互联网金融可以完全取代它们，就是相当于替储蓄者和借贷者省了钱，相当于节约了社会资源，当然是极好的事情。

可是互联网金融真的有这个魔力吗？从两个角度看，都让人心存疑虑。

首先，国际上有这样的先例吗？我们看到有这样一个国家，因为互联网金融的发达，而完全取代了传统的金融中介和金融市场了吗？看起来不仅不是这样，甚至还是相反的。早先欧洲、美国等发达国家和地区，互联网金融发展得并不好，远没有在国内这样火热。而且，我们看到的现象，是传统的金融企业“触网”，利用互联网成为更大更强的企业，提供了更多、更好的服务，赚了更多而不是更少的钱。

当然，我们也不必“言必称希腊”，国际上没有的事情，不意味着我们就一定不能有。可是，我们还是要想想这样的事情为何在别的国家没有发生，是什么因素阻挡了这种事情的发生？这种因素在我们这里存在吗？要是不存在，当然就没有问题了。

这就要谈到让我们心存疑虑的第二点，就是金融中介和金融市场为什么会存在？互联网会根除这些因素吗？看起来会很难。金融中介有一个重要的功能，就是收集和处理信息，克服交易双方之间的不对称信息。这一点，完全依赖技术手段，不依赖于中介机构和市场设计，很难完成。

比如说，传统银行的重要业务就是吸收存款和发放贷款，吸收存款的关键在于储户信任你，相信来提钱的时候你能还本付息。解决这个问题，早期是用抵押的方法，富人才能开银行，身家资产都是抵押。银行开大了以后，自身资本金充足，本质也是一种抵押。后来演化出存款保险，加上了政府信用。其实，吸收存款是一个没有技术含量的活，有抵押就可以了。

发放贷款就不一样了。把钱贷给谁，区别很大。找对了主，本金能回收，还能赚利息。找错了主，利息泡汤不算，本金也回不来。想想一笔贷款利息是 5 分的话，坏了一笔就相当于 20 笔白做了。

存贷业务的关键是贷款质量，也就是找对贷款人，信贷经理们干的就是这个事情。那么互联网能取代他们吗？答案是否定的。互联网是信息传播手段，而不是信息识别、分析手段，分析还是要人来做的，不管是用传统的当面交流加拍脑袋的方法，还是借助新的技术、模型手段，都离不开人，离不开雇用这些人的金融机构。

举例来说。在互联网上，各种各样的“信息”都可以传播，真的假的都有。其中包含的究竟是“信息”还是“噪声”，就需要人的进一步分析。在所谓的大数据时代，数据增长的速度远远超过信息的增长速度，这意味着数据里面包含的噪声的增长速度远远超过信息的增长速度。于是，过滤噪声，去伪存真，从数据里面提炼信息的需求就越来越大。从这个意义上讲，大数据时代，其实也是“大噪声”时代。大噪声时代，对人们的分析数据、提炼问题的能力，提出了更高，而不是更低的要求。

这些，都不是冰冷的机器和互联网可以做到的。人工智能未来的发展空间有多大，现在不好定论。但是迄今为止，人工智能还都是“人工”的智能，是在人的智力指导下的智能，还不能脱离人而存在。迄今为止，互联网也不能独立完成数据的分析，更不能独立完成信贷的决策。金融机构和金融市场，还是会继续存在以完成这些功能。

其实，倘若人类真的进入“机器智能”的时代，问题可能会更严重。人类真的会完全相信机器吗？真的会让机器决定人类社会的金融运作吗？这带着科幻色彩的问题，还是留在科幻世界里去探索吧。

看起来一个更合理的演化方向，是随着互联网技术的进步，金融中介和金融市场的形态会发生变化。直接融资的发展，也不是消灭了金融中介，而是用直接融资的中介，比如投资银行、基金公司等，代替了间接融资的中介，比如商业银行和储蓄贷款协会。金融中介不会消失，金融市场依然存在，但是中介的形态会变，市场的运作也会变。适应这种变化的人，会在市场里面找到机会。

（本文写于 2014 年 4 月 29 日）

理财产品会推高企业融资成本吗？

> 既然企业选择了理财融资，其他的替代融资成本一定更高。换一个角度讲，理财是增加了一个供给资金的渠道。经济学的基本原理告诉我们，增加供给是会降低价格（融资成本）的。

听说有个火热的观点，说理财产品推高了企业的融资成本，听来不禁一惊。这话什么意思？倘若如此，现在企业融资成本这么高，日子这么难过，是不是要开始整顿理财产品了？找来原文一看，果然如此，文中说“要下决心整顿金融的同业业务和各类的理财业务”。

看到这样的话，那是要被吓一跳的。我平头小百姓的钱，刚刚能拿到5%左右的理财利息，又只能回去拿0.35%的活期存款利息了？这点钱在领导、富豪们看起来或者不多，可是小百姓没什么投资门路，股市这么差又不能投，房子那么贵买不起，而且还要限购，怎么办呢？事关草民那点蝇头小利，不由得往里多想一层。

先算一笔大账。全国40多万亿元的储蓄存款，这是理财产品潜在可以吸引的钱。一个点的利差就是4 000多亿元，平均储蓄利率按两个点算，理财产品利率保守按5个点算，中间的利差就是3个点。如果40万亿元的储蓄不能理财，算起来就是12 000多亿元的利差，这个钱就从小百姓的账上划走了。每个人损失不算太多，可是人口多，储蓄总额大，加起来就是很多钱。这12 000亿元，分起来是很大的一块肥肉，估计很多人都会垂涎的。

怕自己理解错误，仔细再读原文，看看这个结论是怎么得出来的。文章论证严密，层层递进。比如文中举了一个例子，浅显易懂，说公众拿钱到一家银行购买利率8%的理财产品，这家银行再加3个点，11%走通道，通道的特权机构再加3个点，就进入实体，14%左右，这层层加码，就推高了企业的融资成本。

乍看起来，这没什么不对呀？雁过拔毛，每过一道手，企业的成本都要加一层。可是，逻辑到这里远没有完，这里面有几个问题，还要继续刨根问底问下去。

第一个问题，一层层把利率加上去了，企业为什么还会接受这么高的利息成本呢？资金太贵，不借就是了，为什么一定要借？一定有原因的。容易想到的，是项目进行到了一半，不得不追加资金，或者是短期运营资金出了问题，要应急。这几年企业经营经历宏观、微观、国际、国内的冲击，这些事情发生是常有的。给定这些资金需求，企业才愿意出这么高的利息借钱。否则，企业大可以不借。

这里或者有人会说，企业的资金需求不一定合理，不一定要满足这些不合理的资金需求。这是一个问题，但是属于另一个问题。要解决这个问题，大可以追本溯源，具体看看企业的资金需求到底合不合理，要不要满足，不合理的大可以从源头上进行治理。毕竟，治病要从病根入手。不用一刀切，乱吃药，治理理财产品，切断小百姓的那一点投资门路，除非小百姓的身体吃药吃坏了根本不心疼。

第二个问题，给定企业的资金需求，理财产品真的会提高利率吗？其实恰恰相反，理财产品其实是降低了企业的融资成本的。企业融资无非是股票、债券、贷款、上下游应收应付款、民间借贷几条路，企业倘若能拿到利息更低的资金，哪个傻瓜会去拿利息更高的资金？除非这个钱不用还。借钱没打算还的个案不是绝对没有，可是大部分产品应该不是这样的，否则理财产品已经发了好几年，大规模的违约早就发生了。

现实中，理财往往和信托联系在一起，这些项目银行融资很难，发债的成本也很高，发股票更不可能，万不得已才付这么高的利息走信托和理财这条通道。倘若没有信托和理财这条道，这些项目可能就融不到资，或者寻找其他的融资通道。

既然企业选择了理财，其他融资通道的成本只会高，不会低，否则企业不会舍低求高，多付利息成本。

从这个角度讲，理财产品不但没有推高企业的融资成本，反而降低了企业的融资成本。道理其实很简单，可行的替代融资成本一定更高，这是企业的选择已经表明了的。换一个角度讲的话，理财是为企业增加了一个供给资金的渠道，增加了资金的供给，增加了资金供给方的竞争，供给增加怎么会提高价格呢？经济学的基本原理告诉我们，增加供给是会降低价格的。实在是不懂，至少原文没有解释。

第三个问题，上面层层加码，推高利率的逻辑，看起来是有道理的，到底问题出在哪里？仔细推敲的话，问题出在推导的方向反了。看起来是银行和特权机构分别加了 3 个点，把企业的借贷利率从 6% 加到了 14%。实际上，逻辑的方向是反过来的，是企业处于各种原因不得不出 14 个点的利率来融资，好不容易找到了这一融资途径，然后银行、特权机构、出资人来分享这 14 个点的利息。最后呢，银行拿 3 个点，特权机构拿 3 个点，理财产品的投资者得到 8 个点。

其实这是一个常见的定价问题，分析思路有两种。第一种是成本加成定价，层层加码推高融资成本的思路，就属于这一种。第二种是市场需求定价，后一种思路，即企业融资需求不得不付一个高利率，然后资金供给方和各种机构分享这个高利率，属于市场需求定价。成本加成定价的一个基本问题，是不能回答企业为什么愿意付一个这么高的成本来借钱。

其实，倘若相信企业是理性的，那么立即就可以推出两句话：（一）企业一定没有利率更低的融资方式了；（二）任何以更低的利率给这家企业融资的个人或机构都是傻瓜。我智商不高，万万不敢随便说谁是傻瓜，尤其是市场里拿着真金白银打拼的人。倘若有人认为企业是“不理性”的，那么为何不从这个“不理性”入手考虑问题，从病根入手治病，而是治理理财产品这个小百姓难得的投资通道呢？

治理的方法复杂了，不在本文讨论之列。倘若是增加信息透明度，防止诈骗，估计没有人反对，这是所有金融产品需要满足的条件，也是金融服务努力的方向。无论如何，也不用加一个“理财产品推高企业融资成本”的罪名。

成本加成定价，是一个常见的错误，不妨举个例子来说明一下。目前最具有代表性的例子，可能要算房地产了。很多人以为是地价高了，而地价是房价的大头，所以地价推高了房价。可是房价高了，为什么大家还买呢？嫌贵可以不买的。北京、上海的房子这么贵，还是很多人买。偏远农村的房子这么便宜，一栋房子也就十来万元钱，在北京也就买两三平方米，可是还是大面积空置。农村人为什么不把地价定得高高的，然后把房子推高，卖得贵贵的？这么好的生意，为什么没有人做。成本加成定价的谬误，由此可见一斑。

最后，大城市房子贵，还是因为大家看好大城市房子的价值，不管是居住价值还是投资价值，才愿意出一个高价来买。一旦购房人出高价买了房子，开发商、地方政府就可以分这笔钱，地价归地方政府，利润归开发商。这和上面企业愿意出高价借钱，然后投资人、银行、特权机构分这个利息的道理是一样的。

企业融资成本高，是一个需要解决的问题。粗看起来的方向，应该是遵循十八届三中全会的精神，促进金融体制改革，建立完善多层次的资本市场，打通更多的融资渠道，促进各个融资渠道之间的竞争，利用市场机制缓解信息不对称问题，这样才会最终降低企业的融资成本。

中国的事情最忌扣“帽子”。帽子一扣，什么创新改革都容易停滞不前，甚至胎死腹中。银行理财产品作为现有金融体系下的一个创新，当然会有不足之处，不过要是加一个“推高企业融资成本”的莫须有的罪名，再配上“整顿金融的同业业务和各类的理财业务”的决心，恐怕十八届三中全会的改革精神（支持金融改革，支持金融创新，促进金融发展等），就难免又成了镜花水月。

（本文写于2014年5月13日）

第十一章

过于勤政的 IPO 改革

注册制改革之一：不会一蹴而就

市场对注册制改革千呼万唤，政策层面也很积极，但是推行起来困难重重，进展不会太快。

刚刚过去的 2015 年，生动地演绎了一次“金钱永不眠”。存款利率上限的彻底放开，标志着利率市场化的基本完成。惊心动魄的股市震荡硝烟未散，“8 · 11 汇改”拉开了汇率改革的大幕。到了年底，人民币的贬值和唱空中国的悲观论调相得益彰，形成一道独特的风景。至于“利率市场化完成，汇率市场化启动”的基本格局，则淹没在一片批评声中。希望在不太遥远的将来，人们能够意识到 2015 年在中国金融改革中的里程碑地位。

至于“里程碑”会不会变成“里程‘悲’”，则是见仁见智的事情。这不，新年还没过完，周小川行长就出来喊话，说“改革的艺术在于：有窗口时就要果断推进，没窗口时不要硬干，可以等一等，创造条件”。这几年金融改革孤军深入，船行浅滩，已经几次触到了暗礁，周小川行长或是意识到了。

展望 2016 年，金融改革会放缓吗？大概不会。毕竟，金钱永不眠。若没有金融领域的改革，中国改革就更加止步不前了。可是，改什么呢？利率市场化已经基本完成，汇率市场化已经启动，债券市场改革已经启动。看来看去，IPO 注册制改革，极有可能成为 2016 年中国金融改革的标志性事件。

所谓注册制，是相对于现在的核准制而言。核准制下，政府主管部门不仅审查上市公司报表的形式，还要审核内容，剔除不好的公司，执行上市“把关”的功能。注册制下，政府主管部门只要求上市公司依照规定进行信息披露，只对保送的文件进行形式审查，而不进行“内容审查”，投资者自行判断上市公司的投资价值。因此，注册制也称为“形式审核”，核准制也称为“实质审核”。相应地，注册制强调事中和事后的监督，而不是事前的准入，因此也称为“公开管理”制度。

市场对于注册制的呼唤，已经很久了。新股上市的“堰塞湖”“三高”（高市盈率、高发行价、高超募资金）凸显了中国股权融资市场的发展严重滞后。一面是居民 55 万亿元的巨额存款，拿着低得可怜的利息。一面是排着长队等着融资的企业，而且一等就是好几年。对于瞬息万变的市场而言，特别是技术更新换代很快的高科技企业而言，简直就是噩梦。一边是郎有情，一边是妾有意，怎么就不能走过鹊桥呢？

中国的注册制改革，还有相对特殊的宏观经济背景，就是目前中国经济的杠杆率很高。用社会融资总量减去股票总值额加上财政负债余额计算，估计在 250% 左右，比金融危机前增加了大约一倍。目前全球金融市场的剧烈动荡是家常便饭，几乎每天都在危机之中，债务和风险的考虑自然是重中之重。倘若能够通过股权融资把百姓的储蓄转化成企业的资本金，实在是一举多得的美事。

图 11–1 显示，2006 年以来我国的新股发行融资，平均每年也就 2 000 亿元的规模，和十几万亿元的社会融资总量比起来，简直是可以忽略不计。倘若 IPO 融资量可以增加到 2 万亿元，相应的贷款等债务融资减少 2 万亿元，则对改善我国的总体杠杆率有显著的帮助。

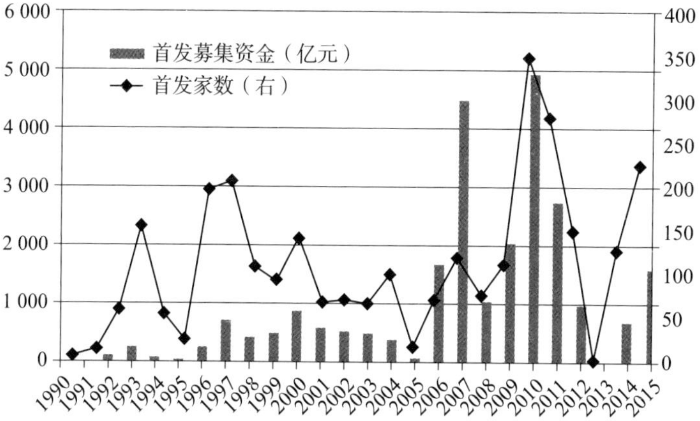

图 11–1　IPO 家数与融资额（1990—2015）

政策层面意识到股权融资的重要性，对注册制改革也是志在必得。2013 年 11 月的十八届三中全会决定“健全多层次资本市场体系，推进股票发行注册制改革，多渠道推动股权融资”。作为本届政府全面深化改革的纲领性文件，“注册制改革”可谓是白纸黑字地写进了“基本大法”。

基本大法定了调，执行部门当然要积极行动。2014 年 5 月 8 日，国务院发布《关于进一步促进资本市场健康发展的若干意见》（国发〔2014〕17 号，俗称“新国九条”），要求“积极稳妥推进股票发行注册制改革”。鉴于《证券法》修订需要时间，国务院甚至提请全国人大常务委员会授权，调整适用《证券法》关于股票公开发行核准制的规定，实行注册制，并于2015年12月17日获得授权，从2016年3月1日开始实施，授权有效期两年。

证监会更是马不停蹄。2015年12月，证监会连出三个文件，修订《首次公开发行股票并上市管理办法》和《首次公开发行股票并在创业板上市管理办法》，删除有关“公司独立性”和“募集资金运用”的有关规定，修订《证券发行与承销管理办法》，取消预付款，简化定价机制，改革配售和回拨机制。

看起来，证券发行注册制已经是箭在弦上，不得不发了。根据证监会副主席方星海的说法，在股权分置改革以后，注册制改革是中国股票市场的最后一个堡垒，改革以后就再也没有大的制度性障碍。中国股市的健康发展，似乎指日可待。真的是这样吗？

天真如我，有可能信以为真。经验丰富的股民老张，估计是不会这么想的。前景一片光明，眼前困难重重，可能是一个比较客观的判断。从股民老张的角度想一想，一个证监会不“核准”的股票，发出来我敢买吗？本来是有政府的隐性背书的，现在政府说我不背书了，扔给了“市场”，让投资者“自行决定”。听起来很美，可是改革的步调协调好了吗？

比如说，“发行人是信息披露第一责任人”这一条，就让人很不放心。发现违规造假，目前的处罚上限是融资额的5%，酝酿增加到融资额的10%，足够让众多的“圈钱投机者”望而却步吗？这个处罚力度意味着，只要被抓住的概率小于10%，理性的人们就会注册一个公司上市圈钱。这里的“人们”，可不是专指已有的企业家们。13.7亿人，都可以注册公司上市，都是潜在上市圈钱者。

笔者从不怀疑中华民族历史久远，道德约束力很强，但是一个极小比例的冒险者群体，就足以整垮这个市场。坏的制度，会把好人变成坏人。到时候，难道投资者真的指望赔付？泛亚和e租宝事件，已经告诉我们赔付是多么不靠谱的事情。到了清盘赔付的阶段，终究是一地鸡毛。若真的到了那个时候，现在广为诟病的“核准制”，恐怕要被深深地思念了。

这里面的要点，是市场要平稳运行，终究需要一个“把关的”。对中小投资者的保护，终究离不开一个市场准入的约束。这个“把关的”，不一定是政府，可以是市场中介机构、行业协会等。从小小菜市场，到全球规模的金融市场，莫不如此。菜市场尚且如此，瞬息万变的股市，怎么能够例外？

而且，仔细看看美国、日本等国家的注册制，人家也不是简单地“一放了之”，还是有把关的地方。比如说美国，也不是不进行实质审查，而是在形式审查的过程中，通过大量发问，确保信息披露准确、充分、完备，实际上完成了部分实质审查的功能。对于不在全国性交易所上市的公司，还有州一级的实质审查把关。而全国性交易所有自身的利益，也会对上市公司进行严格审查。此外，还有一套相对完善的会计师、律师、投资银行系统，来帮助完成上市的过程。在这些方面，我们还是有明显差距的。

倘若推行注册制，“把关”的责任政府不管了，那就是要“市场”来管，也就是发行人和各种中介机构来管。发行人的自律是靠不住的，那么中介机构能充当“市场守望者”的角色吗？理论上一定能，否则我们无法理解美国、日本等国家运行良好的注册制。可是，现实中呢？人家的条件我们具备了吗？现在的券商、保荐机构、会计师事务所、律师事务所等，有多大的财力、声誉、诚信力、独立性？又有多大的积极性“守望市场”？

此处还有一个逻辑上的悖论。中国的金融中介机构，从一开始就是含着政府的金钥匙出生的。机构的信誉里面，本来就有一大部分是政府的信誉。倘若政府不管了，意味着机构的信誉也大幅下降。倘若要中介机构们来守望市场，就需要建立机构过硬的激励机制和财务基础，逐步建立中介机构的诚信和声誉。如何着手强化机构的诚信与声誉，是注册制改革的重点。

（本文写于 2016 年 2 月 26 日）

注册制改革之二：诚信有价，有奖有罚

> 注册制的核心是企业和中介机构要有诚信，对自己的行为负责，这样才能用市场的自律代替政府的把关。建立这样的诚信，要求提高对诚心者的奖赏，也就是对不诚信者加大处罚。

前文讲到，目前大力推进注册制，虽然令人遐想无限，但困难不可低估。搞不好，这么一个市场化的改革，倒变成“大利空”了。2月25日股市莫名其妙地暴跌6.4%，据说和注册制将在3月1日推出有关，弄得证监会第二天一早出来辟谣。

推行注册制的一个重要前提，是金融机构要能够接过审查机构的棒，完成自律和市场把关的重任，确保信息披露完备、真实。倘若信息披露不严格、不充分，少数资质不良的企业上了市，最后演化成类似泛亚和e租宝一样的事件，反而会欲速不达，导致注册制改革的倒退。

也许是注意到了这样的风险，证监会的态度也是积极中不乏谨慎。证监会的主要领导不止一次强调，注册制改革的实施“是一个渐进的过程，发行的价格和节奏不会一步放开”，注册制改革要

“加强事中事后监管，通过监管制度的安排和严格的执法来保障发行人履行诚信的责任，中介机构履行把关的责任”。

这里面的要害，是发行人为何要“诚信”，中介机构为何要“把关”？对于资质很好的发行人来说，诚信不是问题，良好的资质本来就是他们最重要的“资产”，也是最重要的“抵押品”。作为有产阶级，他们会谨慎行事，免得一夜回到解放前。对于他们而言，上市是为了“更上一层楼”，除非资质变坏，走投无路，不会胡作非为。可是对于资质不好的企业来说，诚信就是个廉价的说辞了。无产阶级失去的只是锁链，得到的将是整个世界。

说白了，不管是“核准”，还是“注册”，担心的都是资质不良的企业，而不是资质良好的企业。问题是，事先我们并不了解企业的资质。从保护中小投资者的角度，不妨先做“有罪推定”，从严把关。各位看官不要以为这是笔者偏向投资者，做“有罪推定”这样违背基本法理的假设。事实上，美国的证券法也是做出了“有罪推定”的，一旦诉讼发生，举证的责任在被告发行人而不是原告投资者。

从严把关下，资质良好的企业在上市和诉讼过程中会付出较高成本，比如佣金、会计费、律师费等。从全局看，不妨看作是维护市场总体运行必须付出的代价，得到的补偿是上市的好处。否则，就不会有股票市场了，大家也就都没得玩了。这个成本，不妨认为是必要的浪费。

对于资质不好的企业，一旦发现，须得重罚。目前的情况，是我们的处罚太轻了，不足以威慑潜在的造假者。造假者获利的数量级是亿，而处罚的数量级是几十万，不到百分之一，根本起不到威慑的作用。比如说，花 50 万做个假账融资一个亿，抓住了罚款 50

万，总共成本也就100万，抓了也无所谓，可谓是一本万利，何乐不为？

相比较而言，美国对于欺诈的处罚严厉得多。上市公司的主要高管必须对公司财务报告的真实性负责，一旦财务报表被证实存在违规不实之处，将按证券欺诈被判处最高达25年的刑期，并处高额罚金。

一个著名的例子可以帮我们看清美国对于欺诈的处罚之严。2002年，风光一时的安然公司涉嫌财务欺诈。丑闻曝光后，被美国证交会罚款5亿美元，股票被从道琼斯指数除名并停止交易。安然事件后，公司多名高管入狱，CEO杰弗里·斯基林被判刑24年，罚款4 500万美元，财务欺诈策划者费斯托被判6年监禁外加2 380万美元罚金，创始人肯尼思·莱虽因诉讼期间去世撤销刑事指控但仍被追讨1 200万美元赔偿金。此外，安然投资者通过集体诉讼获得高达71.4亿美元的和解赔偿金。

发行人被罚，中介机构也难辞其咎。安然财务欺诈的帮凶安达信因妨碍司法公正被判“有罪”后破产，退出从事89年的审计行业。从此，全球“五大”会计师事务所变成了“四大”，只剩下毕马威、安永、德勤和普华永道。投资银行也未能独善其身，因涉嫌财务欺诈，花旗集团、摩根大通、美洲银行等被判向安然破产的受害者分别支付20亿、22亿和6 900万美元的赔偿金，总额42.69亿美元。

安然事件后，美国出台《萨班斯－奥克斯利法案》（Sarbanes Oxley Act），保护投资者利益。除了规定对欺诈的重罚措施以外，还有更有趣的一条，就是“举报有赏”。如果举报信息最后导致100万美元以上罚款，举报者将可以得到相当于罚款金额10%~30%的奖金。2013 年，SEC 宣布给予一位举报者 1 400 万美元奖金。当然，为了保护举报人，SEC 并未透露检举人的信息。

从安然事件中，可以清楚地看到美国对于欺诈者的处罚有多严重。上市有各种好处，比如融资，比如擦亮企业品牌，比如增信，这是对于企业的“奖”。好处当然大家都想要，对于欺诈行为“重罚”，才能有效防范浑水摸鱼，保护投资者利益，保障市场运行。

安然的例子，是对已经上市的公司。美国法律对于上市欺诈的处罚同样严厉，包括行政、刑事、民事三重处罚。行政处罚就是拒绝注册，对已经注册的公司签发停止令，其实就是退市了。刑事处罚是对不实、不完全、误导性披露的责任人处以不超过 1 万美元罚款和 5 年以下监禁。注意，这个处罚只需要不实披露行为的发生，不需要产生欺诈的后果。

民事处罚，就是要赔偿不实披露带来的损失，以及承担诉讼费用。这个金额可以是天文数字，原被告的范围也很广，举证的责任也偏向于保护投资者。原告的范围，不仅限于一级市场，还扩大到二级市场。原告不需要证明损失和不实披露的关系，只要求其购买时不知道不实披露。各位看官，这个范围可就大了，被告倾家荡产在所难免了。

被告的范围，则不仅包括发行人和所有主要高管和相关人（发行人、执行官、财务官、控制人、会计、董事、合伙人等），也包括相关专家（会计师、工程师、估价师等）和中介机构（注册登记的每一个承销商）。更严厉的是，在一个普通法国家，举证的责任不在原告，而是在于非发行人被告，要求他们做到尽职调查。实际上，这就相当于有罪推定了。

这里需要强调的是对中介机构的处罚。安达信也是百年老店，一下子就破产了，处罚之严，可见一斑，几大投行也付出了40多亿美元的罚金。换一个角度看，几大投行财大气粗，交得起40多亿美元的罚金，也是从以往的证券业务挣来的。为了保住这么回报丰厚的业务，以后也要更加小心。而单个的企业，则没有百年老店的信誉，赌一把是一把。看起来，让机构承担连带责任，进行把关，还是很重要的，因为它们有声誉、资本和未来收益流做“抵押品”。

反观国内中介机构，则是另外一套行为逻辑。业内都知道，会计师、审计、律师事务所等中介机构为了争抢业务，“非常配合”企业客户的需要，反正大家都差不多，法不责众。至于信誉，本来就没什么信誉，又有什么好维护的呢？

说来悲哀，大力发展金融机构这么多年，付出了不少的努力，就是没有能建立起机构的信誉来。当然，机构也不是完全没有自己的信誉，只不过是可怜的一点而已，一旦出了问题就靠政府撑着，不知这样的局面还能撑多久。

这里面的悖论是，现有机构的信誉或多或少来自政府。现在要推注册制，要更多依赖市场，就突然发现市场机构的建设还很不完善。注册制的实质是让市场在选择上市企业中发挥决定作用，这和十八届三中全会的决议中“使市场在资源配置中起决定性作用”的精神是一致的。

市场不是一个抽象的概念，而是一套实实在在的运行机制，包括机构、规则、奖惩机制。在市场从抽象的概念上升为具体的存在之前，注册制注定要生存在襁褓之中，喜不喜欢都一样。注册制如何走出襁褓，将考验国人的智慧。

（本文写于2016年3月4日）

市场机构的“计划基因”

> 和中国的其他改革一样，IPO 制度改革也是一直沿着“渐进”的思路进行。渐进式的改革无疑有很多合理的成分，但同时也意味着一直在保持着计划经济的基因，一直在拖延、回避“羽化成蝶”的痛苦。

前文讲到，从“核准制”到“注册制”，实质是把“把关”的责任从政府交给市场。问题的关键是，如何建立一个能够完成“把关”责任的市场，包括完善的中介机构和市场规则？

这世界上最难的，不是批判一个旧世界，而是建立一个新世界。这时候，所有的批评都没有意义，除非能够帮助建设新世界。好在，新中国的股市已经有长达 25 年的历史，新股发行制度也经历了多次改革，不妨梳理其中的变迁，从中寻找一点有用的信息。

沪深两市都是 1990 年建立，迄今走过近 30 个春秋，新股发行制度，先后经历了试点（1990—1992）、审批（1993—2000）、核准（2001 年至今）三个阶段，现在要走向注册制。两市成立初期的新股发行，由沪深两市地方政府决定。上海的“老八股”（申华电工、豫园商场、飞乐股份、真空电子、凤凰化工、飞乐音响、爱使电子、延中实业），除了凤凰化工外，都是上海当地的企业，而深圳“老五股”（深发展、万科、金田、安达、原野），则全部为深圳当地公司。

1993 年 4 月，国务院发布《股票发行与交易管理暂行条例》，将股份制试点推向全国，同时确立审批制，实行额度管理，证监会制定当年股票发行额度，经国务院批准后，由计委将额度指标分配给各省市、有关国家部委。各省级政府、国家部委推选企业，证监会对预选企业进行实质审查、安排发行。

1996 年 9 月，国务院发布《关于 1996 年全国证券期货工作安排意见》，在审批制框架下，改“额度管理”为“总量控制、限报家数”，国务院证券委、计委制定股票发行总规模指标，但不再对各省市、部委下达额度指标，改为下达发行家数指标。

从 1993 年至 2000 年，新股发行制度一直实行的是审批制。审批制下，发行股票的权力是作为一种“指标”，分配给各省市、有关部委。证监会虽然进行实质审查，却不能不平衡各家的利益。我国经济从计划经济脱胎而来，“配额”的概念，是深入骨髓的。

2001 年开始，新股发行开始实施核准制。核准制的法律准备，是 1998 年的《证券法》，其中第十一条规定“公开发行股票，必须依照公司法规定的条件，报经国务院证券监督管理机构核准”，由此确立了核准制的法律地位。此次推行注册制要修改《证券法》，修改不成还要提请人大特别授权，原因就在这里。

此时的核准制，采用的是通道制的做法。证券公司根据自己的通道数量，每个通道推荐一家拟上市公司。证监会每核准一家，通道空出，证券公司才能再推荐一家，即“过会一家，递增一家”，因此称为“通道制”。

不难看出，通道制是审批制的简单变形，只不过是用证券公司取代了以前的各省市、部委。不难想象，只要各省市、部委成立自己的证券公司，审批制向通道制的过渡就可以顺理成章、非常平稳。平稳归平稳，缺点也不难想象。证券公司是各家成立的，其核心资源“通道”是各个省市、部委给的，你难道期望这些证券公司能够真正市场化运作？

表 11–1 IPO 制度里程碑

日期	机构	文件名	意义
1993 年 4 月 25 日	国务院	股票发行与交易管理暂行条例	全国证券市场统一管理，审批制正式确立，实行额度管理
1996 年 9 月 2 日	国务院	关于 1996 年全国证券期货工作安排意见	审批制框架下，改“额度管理”为“总量控制、限报家数”
1998 年 12 月 29 日	全国人大	中华人民共和国证券法	确立了核准制的法律地位
2000 年 3 月 16 日	证监会	中国证监会股票发行核准程序、股票发行上市辅导工作暂行办法	明确了核准制审核程序
2001 年 3 月 17 日	证监会	关于发布《中国证监会股票发行核准程序》的通知	取消审批制，发行核准制正式启动，实行通道制
2003 年 12 月 18 日	证监会	证券发行上市保荐制度暂行办法	改通道制为保荐制
2004 年 12 月 7 日	证监会	关于首次公开发行股票试行询价制度若干问题的通知	确立了询价制
2013 年 11 月 12 日	中共中央	中共中央关于全面深化改革若干重大问题的决定	指明注册制方向
2013 年 12 月 2 日	证监会	首次公开发行股票时公司股东公开发售股份暂行规定	建立老股转让制度

到 2003 年 12 月，证监会发布《证券发行上市保荐制度暂行办

法》，改通道制为保荐制，企业发行上市必须要由保荐机构进行保荐，并由保荐人具体负责保荐工作，承担发行上市过程中连带责任。

一眼看去，这又是个进步。可是，保荐人和券商什么关系呢？怎么看都还是一伙人，换个名字，加一道工序而已，保荐人干的活，主承销商都可以干。现实中，保荐机构与主承销商通常是同一家证券公司，实质上是“一套人马，两套表格”。明眼人一看就知道，这样的改革，最多有心理按摩的作用。

此后，证监会又出台了很多文件，比如推出询价制（2004 年 12 月）、老股转让制度（2013 年 12 月），并反复修改、完善询价、定价、配售制度。可是所有这些改革，都不能改变证券公司与生俱来的政府基因，不能改变证券公司的行为模式，发育不良，也就难免了。

至于其他中介机构，比如会计师事务所、律师事务所，也都接受政府牌照的管理，出生的基因和证券公司大同小异。而且在竞争激烈、生存为主的背景下，也顾不得所谓长远声誉。说白了，不管挣了多少钱，机构的心态还是“穷人”，长远是一种奢侈，顾不上的。说实在的，这样的心态，不仅弥漫在金融市场，也渗透在社会经济生活的方方面面，只不过金融市场波动大，反应明显而已。

反复审视上市制度的演变，不难看出和中国的其他改革一样，IPO 制度改革也是一直沿着“渐进”的思路进行。渐进式的改革无疑有很多合理的成分，但同时也意味着一直在保持着计划经济的基因，一直在拖延、回避“羽化成蝶”的痛苦。终究有一天，我们要面临这个痛苦。在人均收入 8 000 美元，以往改革带来的红利即将耗尽的背景下，面临这一痛苦的时候到了。

（本文写于 2016 年 3 月 12 日）

IPO改革疲于奔命，因未抓住要点

IPO改革的勤政和效果不彰，说明没有抓住要点。终究，还是要理顺发行价格，让价格信号起作用。

为了梳理IPO制度的变迁，着实下了不少功夫，几度意欲放弃。倒不是笔者过于较真，而是实在不得已。一来，不理清历史，就很难理解现在，更找不到症结。二来，政策文件确实太多，令人眼花缭乱，理不出头绪来。不说别的，仅仅2009年以来，证监会就推动了四轮IPO制度改革，与进一步完善的配套文件更是一大堆。只看这么多文件，很难说证监会的同志不勤政、改革不积极。

费了好大的劲，才算理出个大致脉络。总体说来，核准制下的IPO改革，分为三个阶段。

第一阶段，确立核准制，建立询价、配售基本框架。2000年3月，证监会发布《中国证监会股票发行核准程序》和《股票发行上市辅导工作暂行办法》，明确核准制操作程序。次年（2001年）3月17日，核准制正式实施，直到今天。现如今，注册制改革吵得很凶，但是困难重重。证监会主席刘士余的最新表态，是注册制改革“不能单兵突进”。

2004 年 8 月，全国人大修订《证券法》，删除了新股发行价格须经监管部门核准的规定，为询价制扫清了法律障碍。同年 12 月，证监会发布《关于首次公开发行股票试行询价制度若干问题的通知》，正式确立了“询价制”。2006 年 9 月，证监会发布《证券发行与承销管理办法》，确定了新股发行询价、网上网下配售的基本框架。至此，核准制下询价、配售两大制度基本确立，以后的历次改革，都围绕这两大核心内容进行。

第二阶段，2009 年以来，共进行了四轮新股发行制度改革，分别是 2009 年 6 月，2010 年 10 月，2012 年 4 月，2013 年 11 月。这四次改革分别出了一个文件，文件名很有意思，都是一个“动宾结构”，后面的宾语基本一样，都是“新股发行体制改革的指导意见”，前面的动语也差不多，分别为“关于进一步改革”“关于深化”“关于进一步深化”“关于进一步推进”。作为读文件的外行，笔者从标题上是真看不出区别来。至于内容，也就是围绕询价、定价、配售、网上网下回拨，来回想办法。

第三阶段，2013 年以来，又多次发布文件，调整、规范、完善询价、定价、配售、回拨、信息披露等事项。看起来，IPO 制度已经形成一个独立的专业，复杂程度超出想象。对于笔者这样的“非专业人士”，实在也是抓不住要点。注意到的，是开始强调信息披露，简化程序，向注册制过度。

表 11–2 收集整理了所有这些变化，分为上述三大部分，耐心的读者不妨一阅。这里的关键问题是，这么多轮的改革，效果如何？

表 11-2 核准制的确立、改革、完善（2000—2015）

日期	法规（文件）	主要内容
（一）核准制的确立		
2000 年 3 月 16 日	中国证监会股票发行核准程序、股票发行上市辅导工作暂行办法	明确了核准制审核程序
2003 年 12 月 18 日	证券发行上市保荐制度暂行办法	改通道制为保荐制，企业发行上市必须要由保荐机构进行保荐并承担连带责任
2004 年 12 月 7 日	关于首次公开发行股票试行询价制度若干问题的通知	确立了询价制，规定发行人及其保荐机构应采用向机构投资者累计投标询价的方式确定发行价格
2006 年 9 月 17 日	证券发行与承销管理办法	确定新股发行询价、网上网下配售的基本框架
（二）核准制改革		
2009 年 6 月 10 日	关于进一步改革和完善新股发行体制的指导意见	完善询价和申购报价机制：要求询价对象真实报价，杜绝“高报不买、低报高买”；将网上网下申购对象分开；对网上单个申购账户设定上限，提高中小投资者中签率
2010 年 10 月 11 日	关于深化新股发行体制改革的指导意见	进一步完善定价、配售机制：网下摇号配售；允许主承销商自主推荐机构投资者参与网下询价配售；完善中止发行和回拨机制；增加定价信息透明度
2012 年 4 月 28 日	关于进一步深化新股发行体制改革的指导意见	允许主承销商推荐个人投资者参与网下询价配售；提高网下配售比例；发行价格市盈率高于行业市盈率的 25% 时，应加强信息披露
2013 年 11 月 30 日	中国证监会关于进一步推进新股发行体制改革的意见	加强信息披露、推进市场化；取消了“25% 市盈率红线”，但要求剔除申购报价中最高的部分（至少 10%）；引入主承销商自主配售机制；网上配售应综合考虑投资者持有非限售股份市值及申购资金量

（续表）

日期	法规（文件）	主要内容
（三）核准制完善		
2013年12月2日	首次公开发行股票时公司股东公开发售股份暂行规定	建立老股转让制度
2013年12月13日	修订《证券发行与承销管理办法》	引入主承销商自主配售机制；提高网下配售比例；发挥公募基金、社保基金定价作用；调整回拨机制；提高发行承销全过程的信息披露要求
2014年1月12日	关于加强新股发行监管的措施	进一步加强对报价、定价行为的管理，拟发行价格市盈率高于同行业平均市盈率的，应加强信息披露
2014年3月21日	关于修改《首次公开发行股票时公司股东公开发售股份暂行规定》的决定	从严审核募集资金的合理性，对老股转让设限
2014年3月21日	关于修改《证券发行与承销管理办法》的决定	规范定价、配售行为，加强监管，削弱了券商的自主配售权
2015年1月23日	发行监管问答——关于反馈意见和发审会询问问题等公开的相关要求	进一步公开审核信息，公开IPO反馈意见及反馈意见回复，以及发审委询问的主要问题和审核意见
2015年5月22日	证监会优化股票发行行政许可程序	简化了见面会方式；财务资料过有效期的，不再中止审查；企业可自主确定公众股发行比例、主承销商数量
2015年11月24日	关于进一步规范发行审核权力运行的若干意见	除《证券法》明确规定的基本上市门槛之外，取消其他发行条件；审核标准统一化、公开化：归纳整理以往审核标准和典型案例，向社会公开；明确部分审核环节期限；加强对审核流程及审核人员的监管，防止权力寻租

（续表）

日期	法规（文件）	主要内容
2015 年 12 月 30 日	关于修改《证券发行与承销管理办法》的决定；关于修改《首次公开发行股票并上市管理办法》的决定；关于修改《首次公开发行股票并在创业板上市管理办法》的决定；关于首发及再融资、重大资产重组摊薄即期回报有关事项的指导意见	将多处审慎监管条件改为信息披露要求；取消新股申购预先缴款制度，弃购股份可再次配售；调整网下申购报价上限剔除方式，剔除比例可以少于 10%；小盘股发行取消询价，由发行人和主承销商协商定价、网上发行；建立摊薄即期回报补偿机制、建立保荐机构先行赔付制度及投资者诚信制度

注：表中所有法规（文件）均为证监会发布。

反复频繁的改革，固然是勤政的表现，可能也意味着没找到抓手。从效果来看，也并不令人满意。多次改革以后，IPO“三高”（高市盈率、高发行价、高超募）依然存在，新股上市后连拉十来个涨停板依然是常态。因为有赚无赔，股民还是一窝蜂打新，新股的中签率还是很低。

一组简单数据，可以让我们了解新股发行有多么疯狂。从 2015 年 11 月 30 日最新一轮 IPO 重启以来，截至 2016 年 3 月 18 日，沪深两市共发行上市 44 只新股，集资总额 191.19 亿元，最低市盈率 17.72，最高市盈率 22.99，平均市盈率 22.07，平均中签率 0.16%，上市后平均连拉 14 个涨停板（涨停板打开之前的连续涨停数），上市后 20 天平均回报 378.03%。这样疯狂的上涨，其实是这几年新股上市之后的常态，难怪“打新”成为一种策略，亿万股民蜂拥而至。

效果不彰，说明改革没抓住要点，症结到底何在？不妨回头看看那么多的文件，那么多轮改革，围绕的核心问题是什么。看来看去，无非就是围绕着定价、配售两大环节。那么到底是定价出了问题，还是配售出了问题？

其实，配售本来不是个问题，是因为定价出了问题才成为问题。假若价格合理，有涨有跌，怎么会有成千上万倍的超额认购呢？那么多人排队，新股上市只涨不跌，那一定是价格定低了，涨价就是了。幸亏是在网上排队，要是在现场排队，没准会发生大规模踩踏，人身安全都会出问题。

对于涨价，估计很多人会有不同意见。能想到的，是上市企业资质不好，不值那么多钱，所以不能涨价。可是，那么多人排队买，说明值钱。反对的意见，大概是说大家也不认为企业好，排队是因为新股只涨不跌。

打破砂锅问到底的话，只涨不跌是为哪般？还不是因为定价低？只要价格足够高，怎么会只涨不跌？

看起来，定价机制是要调整，让市场来定价，这是发挥市场作用的前提。对 IPO 定价的管制不放开，IPO 的乱象很难消除。至于要加强配套措施，强化信息披露，防止利益输送，那是同时应该采取的配套措施，毕竟市场从来不是在真空中运行的，从来都需要一套规则。但是，不能因为配套措施不完备，就把价格这个主要手段给废了。本末倒置，因噎废食，说的好像就是这类情况。

回头斟酌十八届三中全会的决议原文，措辞还真是讲究。决议原文说道："经济体制改革是全面深化改革的重点，核心问题是处理好政府和市场的关系，使市场在资源配置中起决定性作用和更好发挥政府作用。"这里强调的，是"市场在资源配置中起决定性作用"，在此基础上，"更好发挥政府作用"，而不是相反。决议接着写道："着力解决市场体系不完善、政府干预过多和监管不到位问题。”你看，决议完全清楚市场体系是不完善的，政府干预是过多的，同时合理的监管是不到位的。

在IPO的语境下，十八届三中全会要求的，其实就是要放开价格，让价格机制发挥作用，让市场决定买谁的股票，用什么价格买股票。至于要建立规则，防止欺诈，充分披露信息，防止利益输送，那才是政府应该管的事情，才是“更好发挥政府作用”。

（本文写于2016年3月26日）

放开 IPO 价格会怎样？被浪费的“破发”经验

2010—2012 年间，我国新股发行实行市场化定价，引发了一轮“破发”潮，发行价格也开始大幅下调，说明价格机制可以发生作用。

前文讲到，要让市场在 IPO 资源的配置中发挥决定性作用，关键是要放开价格，让市场定价。在放开价格的同时，要“更好发挥政府作用”，充分披露信息，防止欺诈，防止利益输送，为市场定价机制的运行创造良好条件。

这样做行不行？会不会出现乱定价、乱圈钱？估计很多人心里打鼓，笔者自己心里也没底。没经历过的事情，总是说不清。好在我们 IPO 的历史，也不是没有做过这样的尝试，不妨仔细看看发生了什么。

2005 年之前，证监会对新股价格设置发行市盈率上限，价格一直是管着的。1996—2005 年间，IPO 的平均的发行市盈率约为 18.5。在企业普遍融资困难，上市需求很旺盛的情况下，这个定价是很低的。从 2004 年开始，我国陆续出台或修订系列法规及政策文件，开始市场化定价的尝试。

首先，2004 年 8 月，全国人大修订《证券法》，删除了新股发行价格必须经监管部门核准的规定，市场化定价改革拉开序幕。紧接着，2004 年 12 月证监会出台《关于首次公开发行股票试行询价制度若干问题的通知》，确立了询价制，分为初步询价和累计投标询价两个阶段，初步询价确定发行价格区间，累计投标询价确定发行价格。到了 2006 年 9 月，证监会出台《证券发行与承销管理办法》，确定了新股发行询价、网上网下配售的基本框架。至此，市场化定价的框架初步成形。

市场化定价的框架是初步成形，波折却刚刚开始。由于出现新股发行“三高”（高发行价、高市盈率、高超募资金）、“炒新”盛行的问题，2009 年 6 月到 2013 年 11 月，证监会又推动了四轮新股发行制度改革，反复修改完善新股发行定价和配售机制。表 11–3 梳理了这些重要的文件。

表 11–3　市场化定价历程

日期	部门	法规	主要内容
（一）市场化定价框架确立			
2004 年 8 月 28 日	全国人大	修订《证券法》	删除新股发行价格须经监管部门核准的规定，开启市场化定价
2004 年 12 月 7 日	证监会	关于首次公开发行股票试行询价制度若干问题的通知	确立询价制，分为初步询价和累计投标询价两个阶段，初步询价确定发行价格区间，累计投标询价确定发行价格
2006 年 9 月 17 日	证监会	证券发行与承销管理办法	确定新股发行询价、网上网下配售的基本框架
（二）市场化定价改革和终止			
2009 年 6 月 10 日	证监会	关于进一步改革和完善新股发行体制的指导意见	完善定价、配售，优化网上发行机制，提高中小投资者中签率

（续表）

日期	部门	法规	主要内容
2010年10月11日	证监会	关于深化新股发行体制改革的指导意见	进一步完善定价、配售：网下摇号配售，扩大询价对象，完善报价和配售约束，完善中止发行和回拨机制，增加定价信息透明度
2012年4月28日	证监会	关于进一步深化新股发行体制改革的指导意见	调整询价范围和配售比例，进一步完善定价约束：询价对象中引入个人投资者，加强定价监管，提高网下配售比例
2013年11月30日	证监会	关于进一步推进新股发行体制改革的意见	加强信息披露、推进市场化。取消了“25%市盈率”上限，引入主承销商自主配售

那么，效果如何？图11–2显示了2006年6月以来每个月的IPO平均市盈率、上市首日破发率、上市首日回报率（空白地带表示IPO暂停，没有新股发行）。仔细琢磨这张图，还真有意思。

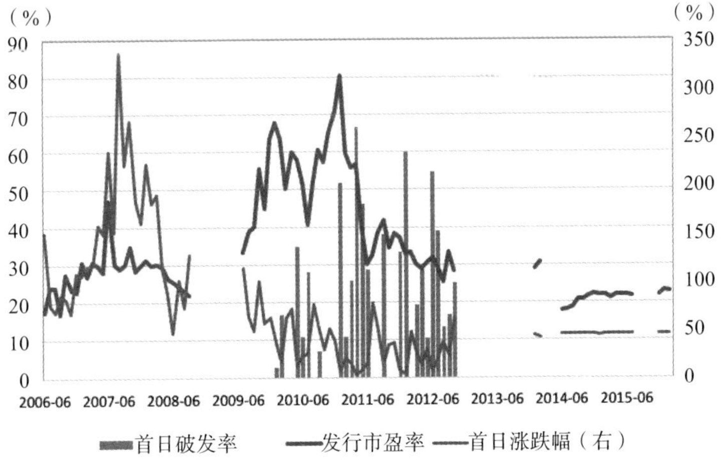

图11–2　发行市盈率、首日回报率和首日破发率

2009年7月IPO重启，不再限定价格，结果就是上市市盈率大幅上升。7月IPO刚放开的时候，共有5家公司上市，平均市盈率33倍，无一破发。其后，发行市盈率一路上行。2010年1月，平均市盈率涨到了令人咂舌的68倍，同时出现了一家公司破发，是1月28日上市的中国西电，首日跌幅1.39%。

别小看这小小的1.39%的跌幅。这一次破发，标志着市场化定价考验的来临。上一次破发，要回溯到1996年。漫长的14年过去了，破发终于重现A股江湖。1998年的时候，中国市场上出现过破发，但是都在B股。

破发出现以后，一发不可收拾。2010年2月，24家公司上市，4家破发，破发率六分之一。3、4月短暂喘息之后，5月26家公司上市，9家破发，破发率超过三分之一。到了6月和7月，又分别有3家和7家破发。

随着破发的频频发生，发行市盈率开始下行。到2010年7月，有25家公司上市，平均市盈率下降到41倍，比1月的68倍下降了40%。看起来，如果打新不是稳赚不赔，发行市盈率就不会一味高举高打，而是会大幅下调的。这种价格的自行调整，是“市场发挥决定性作用”的核心。

不过，这种调整不是一蹴而就，而是曲折前进的。2010年8月开始，发行市盈率再次上行。到了次年1月，一路冲到了80倍的高位。好在随着发行市盈率的上升，破发率再次上升。2011年1月，31家公司上市，16家破发，破发率超过一半。同时，首日回报率也降到了5.5%的低位。5.5%本来是一个很可观的回报率，可是和之前多则几倍，少则百分之几十的回报率相比，简直是寒酸。

大规模的破发，大幅降低的打新回报之下，发行市盈率再次下行。在整个2011—2012年间，发行市盈率震荡下行。到2012年11月IPO暂停前夜，发行市盈率已经下降到28倍的低位。注意，这不是管制的结果，而是市场调整的产物。看起来，市场定价机制已经开始起作用。

道理其实很简单。打新不一定赚钱，人们自然就会掂量，要做功课，挑企业，这样股票上市就面临着卖不出去的风险，也就不敢乱定价了。这种风险和选择机制，是市场机制的核心。

遗憾的是，市场开始发生作用，却抵不过市场之外的舆论压力。新股“三高”发行，频频破发的背景下，新股发行圈钱，新股发行太多导致大盘下跌严重的声音慢慢大了起来。2010年10月至2012年10月，A股一路下跌，上证指数从2 900点跌到2 000点，跌去三分之一，许多股民和机构投资者要求暂停IPO。

2012年7月开始，一些大型门户网站就“是否应该暂停新股IPO”发起调查。新浪网的调查结果显示，参与投票的近20万名投资者中，有97%的人认为市场低迷与新股无节制发行有关，95%的人赞同暂停IPO。同年7月28日，《第一财经日报》报道称，数位私募基金经理也支持暂停IPO。

在巨大的压力之下，7月31日至9月28日，证监会发审委没有对任何公司首发申请进行审核。9月28日重开发审会，但市场持续下跌，11月2日浙江世宝上市后，再也没有新股上市，IPO进入暂停。

到2013年12月，IPO重启。虽然没有限制价格，但是限制超募，实际上是变相限价，而且要求定价时去掉网下报价最高的部分，至少删掉10%。具体而言，证监会于2013年12月2日发布《首次公开发行股票时公司股东公开发售股份暂行规定》，要求根据询价结果，若预计新股发行募集资金额超过募投项目所需资金总额的，发行人应当减少新股发行数量，同时可以调整公司股东公开发售股份的数量，从而引发了老股东套现的问题，匆忙又再次暂停IPO。

其中的典型案例，是奥赛康事件。该公司拟公开发行不超过7 000万股，发行市盈率67倍。其中，老股转让4 360万股，老股东套现近32亿元，远超新股发行股数和募集资金量。此事件引起了监管层注意，紧急叫停，之后IPO再次暂停。随后证监会紧急出台了《关于加强新股发行监管的措施》，限制高价发行，并对参与发行的券商、发行人和询价对象展开了全面核查。

到2014年6月IPO重启之后，证监会进行了窗口指导，要求企业的发行市盈率不得高于行业平均市盈率和23倍市盈率，同时被建议不要进行超募以及老股转让。至此，A股IPO的市场化定价尝试被彻底终结。在一片浮躁声中，这一次宝贵的改革经验，再也无人提起。

回头看2009—2012年这一轮市场化改革，令人唏嘘。市场化定价机制已经开始发挥作用，却迫于压力半途而废。两万五千里长征，就快要到陕北了，却又放弃了。行百里者半九十，最后的坚持，其实是最重要的。

2012年，可惜了。

（本文写于2016年3月30日）

镜花水月的打新收益

> 打新的收益看起来很高，但是高收益吸引更多人来打新，降低了中签率，也就降低了实际得到的收益率。

不知从什么时候起，新股认购也就是“打新”，有了另一个别称，叫作“打板”。热爱篮球的同学们别误会，这不是打篮球时的打板投篮，而是新股上市之后，往往连续多个涨停，所以打新成功相当于是“打板”了。

2014 年 6 月 IPO 重启以来，由于规定首日涨幅不超过 44%，次日以后又受到涨停板限制，上涨的力量使不完，因此接连多个涨停板。简单统计，2014 年 6 月至 2016 年 4 月 6 日共有 321 只新股上市，首日全部封在 44% 的上涨上限，无一例外，平均打 11.8 个板（含首日涨停板），平均累计涨幅 352%。如此整齐划一的单边上涨，真是令人叹为观止。了解市场机制的人都知道，市场要交换，就要大家观点不同，有买有卖，有涨有跌。这样的单边上涨，真让人怀疑是不是市场里的现象。

看起来，打新的收益真的很高，打新和篮球打板入筐一样“酸爽”。不过，这表面的高回报，不一定能落入囊中。再高的回报率，也得中签之后才能拿到。而新股上市之后的高涨幅，必然吸引更多人来打新，势必降低打新的中签率。

比如说，2015 年 11 月 IPO 重启以来，截至 2016 年 4 月 6 日，沪深两市共发行上市 52 只新股，上市后平均连拉 13.5 个涨停板（涨停板打开之前的连续涨停数），上市后 20 天平均回报 366%。3 月 22 日之后上市的 7 只股票，还在继续拉涨停板的过程中，涨停板还没有打开。不过，这 52 只新股的平均网上申购中签率，只有 0.14%。用中签率乘以涨幅，就可以计算每只新股的实际回报率。这样计算，这 52 新股的平均打新收益为 0.68%。这样一看，就没那么诱人了。

图 11–3 计算整理了 2006 年以来每个月的平均新股涨幅和中签率。2014 年之前，新股上市首日不受涨停板限制，新股涨幅就是首日涨幅。2014 年 6 月之后，首日涨幅限制在 44%，然后经常出现多个涨停板，新股涨幅为截至涨停板打开那一天的累计涨幅。

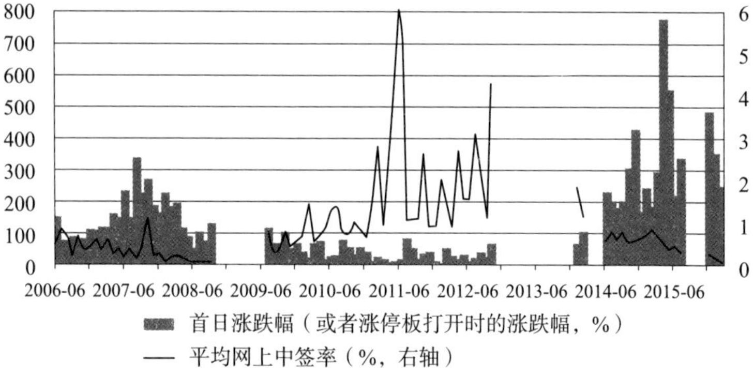

图 11–3　新股涨幅和中签率

图 11–3 显示，2006 年以来的三轮 IPO 大潮，中签率和新股涨幅呈明显的反向变动的关系。2006—2008 年，以及 2014 年以来，

新股涨幅较高，但是中签率都比较低。2009—2012 年，新股涨幅较低，还伴随着破发潮，而中签率则比较高。

新股涨幅和中签率的反向关系，意味着打新的预期收益可能就比较稳定。这一点在图 11–4 中得到部分验证。2006—2012 年间，打新收益围绕着 0.24% 的平均水平波动，最高达到 1.65%（2007 年 10 月），最低为 –0.26%（2011 年 4 月）。

2014 年 6 月 IPO 重启以后，由于增加了首日 44% 的涨幅限制，上涨的劲头受到压制，首日之后跟着许多个涨停板，累计涨幅大幅增加。这样算出来的打新回报，平均在 1.5% 左右。

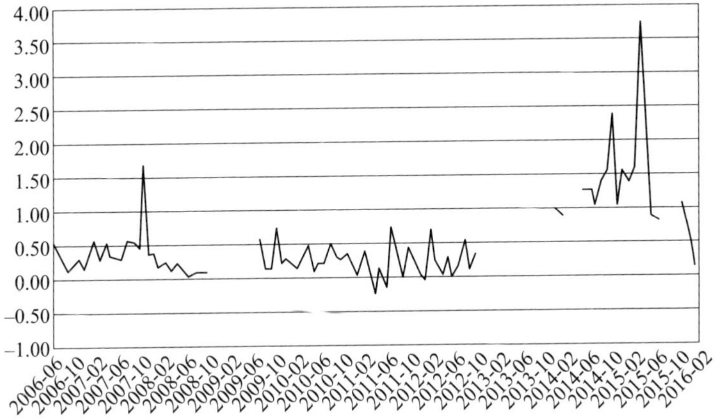

图 11–4　打新回报率

这个打新回报高不高？一轮打新大概要不到 20 天的时间，一年满打满算打 20 轮，0.24% 的打新回报折成年率就是 4.8%（乘以 20），和理财产品的回报率差不多。即便是 0.4% 的打新回报，折成年率也就 8%，也高不到哪里去。看起来，市场还是有效的。新股的高回报，吸引了众多的打新者，压低了中签率，这样打新的预期收益就下降了，直到和理财产品的水平差不多。

打新还是理财，平均收益其实差不了太多。而且，这里还没有计算一个成本，就是为了打新，账户里必须有股票，沪市打新需要沪市股票，深市打新需要深市股票。为了打新，锁定账户的股票，对于股市投资而言，也是一个不小的约束。此外，打新的活期资金成本，由于比较低，年利率 0.35%，没有被计算在内。

2014 年以来有些例外。由于人为限定发行市盈率，而且限定 44% 的首日涨幅，导致新股涨幅越来越高，2015 年 4 月达到了 772% 的高位。虽然中签率一直在下降，2015 年 4 月的打新收益还是达到了 3.73% 的水平。折成年率的话，大约有 67%，这就高得吓人了。怪不得，专门的打新基金也会出现。

不过，市场终究是有效的，这么高的打新收益，必然吸引更多的人打新，进一步压低中签率。到了最新有数据的 2016 年 2 月，中签率被压到了可怜的 0.06%，打新预期收益只有 0.13%。排队打新的收益，完全消失殆尽。由于 2015 年 11 月以来打新不再需要沉淀资金，打新没有资金成本，预期这个收益还会下降，趋近于零。

新股打新收益看起来很高，但是在残酷的市场机制面前，终究是镜花水月。可惜的是，这么有效的机制，被排除在了新股发行定价之外。

（本文写于 2016 年 4 月 7 日）

致谢

写作是一个人的旅行。你看到风景，风景看不到你。你眼中波澜，心中寂寥。所以，写作者会真心感谢身边的人。

于我而言，太太是这个孤独旅程中最好的伴侣，她听得懂我的火星文，并且能够翻译成人类语言。她是个很好的发问者，能够激发我对话的兴趣。我的很多思考，是在与她的交谈中受到的启发。太太还是很好的监工，没有她的督促，很多想法都会停留在想法层面，然后就没有了然后。

感谢我的学生们。我知道自己的思维有时过于严密，有时过于跳跃。与我对话，可能是件痛苦的事情。听我的课，也不得不容忍我的天马行空。尽管，我以为自己已经丝丝入扣了。